若者保守化のリアル

「普通がいい」というラディカルな夢

中西新太郎

花伝社

若者保守化のリアル——「普通がいい」というラディカルな夢◆目次

序章

社会の壊れ方・人間の壊され方

（1）現代日本で「若者」という存在をつかまえることの難しさ

若者 youth について考えること、若者の振る舞いが社会的関心を集めることには、そうなるだけの背景がある。そもそも、若者が特定の年齢階層に属する一まとまりの集団としてとらえられ扱われるようになったのも、また、その意識や行動に共通の傾向・特徴があるとされるようになったのも、そうとらえることができる社会的基盤や歴史的背景が存在したからである。若者、子ども、女性、障がい者等々、あらゆる社会集団を「社会集団」というまとまりで考えることが適切かどうかは、そうできる社会的・歴史的基盤があるかどうかによる。若者文化について、「〇〇族」や「〇〇系」と呼ばれる集団の中には、実際には集団とみなす根拠がない場合がある。「〇〇世代」という呼称もそうだ。「ゆとり世代」に共通とされる特徴づけがいかがわしいことは、ゆとり世代と名指しされた若者ならきっと実感しているだろう。どのようなまとまりがどんな社会的・歴史的基盤の上に成り立つのかを検討せずにうかつに一括りにしてはいけない。

若者という社会集団を一まとまりに括れるのかという疑問は当然あるはずだ。仮に15歳から21歳までを若者と定義しても、それを集団と呼ぶのはピンと来ないだろう。見知らぬ者同士が話しをして、「なんだ、タメなんだ」と確認しあう時、年齢が同じことでのまとまりが意識されているようにみえるが、「タメ」には、年齢だけでなく、同じ時期を生き育った経験やそれにもとづく感じ方の共有という含みがある。「同期」という言葉も同様で、似たような背景・体験を持っているかもしれない集団が意味されている。集団というからには、まとまりとして考えられる何らかの内容が存在していなければならない。

では、若者というとても大雑把な括りに、何か共通の特徴なり要素なりがあるのだろうか。

「青春まっただ中の時期にいる者」という、若者について普通にイメージされる特徴だって、よく考えると疑問が出てくる。青春の中味が現在では曖昧になっているために、「青春まっただ中」と言われても、どんな時期のどんな生活を指すのかがわからない。結婚して子育て中の若夫婦を青春まっただ中と言うことは少なそうだが、では同棲中のカップルはどうか？　シューカツに苦しむ若者は青春イメージに含まれそうだが、30代前半の若者の仕事体験を青春の範囲内に入れることは、従来の青春観念にはなかったように思う。『トクサツガガガ』で描かれる、ＯＬで隠れ「戦隊もの」オタクの主人公が送る生活は青春の内に入っているのか…と考えてゆくと、青春というといかにも若者らしい時期の内容もかなり曖昧である。

若者という括り方の内実がそんな風にわかりにくくなっていることは現代社会に特有の事態と言えそうだ。若者 youth という観念が登場したのは、子ども期から大人への移行期を取り出し位置づけることが必要となったからだが、日本に限らず、現代社会では、その移行期のすがたがかつてのように明瞭ではなくなってきたため、若者とはどんな存在なのかもわかりにくくなった。大人への移行期は、近代化された社会では、通常、学校から社会へと出て行く（職に就くことがその中核だ）過程と重なっていて、経済的に自立し一人前に生活できるようになる（社会人として自立する）までの時期というように考えられていた。いまもそうした自立イメージ（社会人としての自立）は残っているけれども、現実の移行期は、それほど明瞭な過程とは言えない。パラサイトシングルという言葉が考案されたことからわかるように、就職しても実家から出ようとしない（実際には、出られないという方が実態に近い）若者は、従来の常識からすれば「いい大人のくせに」と言われてしまう存在だが、立派に「若者」である。大人への移行期と言われるけれども、大人とはどんな存在なのかも現在ではわかりにくい。若者の問題として扱われるフリーターの年齢上限が行政の扱いで34歳とされたことは、若者という存在が明白な像を結びにくくなっていることの一例だろう。

本書では、誰でもすぐにイメージを浮かべられる若者という存在の実像がそれほど明白でないこと、明白でなくなった重要な理由として、大人への移行期の内実が大きく変容していることを問題にする。日本型青年期と呼ばれる移行期の特徴が1990年代半ばから動揺にさらされ、社会に出てゆく標準的みちすじが崩れてゆく、そのすがたをたしかめることが、本書の目的の一つである。標準的みちすじが崩れるとは、「こういうプロセスをたどっているのが若者」という定型的イメージが成り立たないことを意味する。本書に収めた論考は、この目的に照らし、90年代後半からゼロ年代に進んだ変化に焦点を当て、変化の様相を若者の生活世界と意識、ライフコースの諸局面にわたって検討している。

「若者の変化」として語られる多くのトピックは、〈大人への移行＝社会人としての自立〉の内実が変容したこと、つまり、社会による若者の位置づけが変化したことの帰結にほかならない。ざっと四半世紀にわたる巨大な社会変化が大人への移行期に揺さぶりをかけ、移行期の内実を変えてきたのであり、その現実に直面した若者は、この変化にそくした身の処し方を否応なく求められる。「若者の変化」と映ることがらは、したがって、若者に対する社会の側の変化する位置づけとこれに直面した若者の「応答」（社会の求めに対する逸脱や不適応等を含め）との関係を示すのであって、「若者は〜だ」（例えば、「最近の若者は打たれ弱い」等々）と、この関係を若者の属性であるかのようにみなしてはならない。仕事に就きたての若者がいかに頼りないかを述べる論評は数多いが、90年代末からの企業による「即戦力」要求が、若年層の労働に対する要求をどれほど肥大化させてきたか、そうした社会的背景を抜きにして、「若者の頼りなさ」を言うのはまったくリアルではない。若者の振る舞いや意識の描かれ方から浮かび上がるのは、彼ら彼女らをそのようにとらえる社会の特質でもある。

もちろん、若年層が自身を表現するさまざまな技法や回路も存在する。そうやって社会の表面に現れるすがたがそのまま若者の実像でリアルなのだとは言えないにせよ、そういう表現・表出は紛れもなく若者たち自身のものである。そこで、「なぜそのように表出されたのか」を受けとめること、ある特定の場所や状況におかれた者がどんな技法や回路をつうじて「自分」を表出できるか・しているのか追求することが必要になる。たとえば、大人の問いかけに「大丈夫です」と答える少年少女の常套文句がどんな技法と回路にもとづいて自身をつたえているのか想像してみなければならない。「大丈夫です」という表現によって巧妙に覆われた、彼ら彼女らの状況認識がこの表現をつうじてつたわってくるだろう。

この点を踏まえるなら、既存のモノサシを安易に使用して若者たちの振る舞いを裁断することの危険は明白だろう。不思議に思え常識外れにも映る振る舞いの中に、大きく変化した社会構造と時代状況の下で何とか生き抜こうとする若者たちの「応答」を読み取るべきではないだろうか。本書に収めた諸論考はそうした読み取りの試みである。それらが唯一の読み取り方だと言うつもりはない。さまざまな読み取りをつうじて現代日本社会が若者を位置づけるかたちとその特質とが明らかになればよい。

(2) 生存権の侵犯・損壊

本書が論及の対象とした四半世紀ほどの若年層の仕事・文化・意識動向から窺えるのは、端的に言えば、日本社会が壊れてゆくプロセスである。若者がおかれた社会的状況を知ることは、したがって、社会の壊れ方を知ることでもある。

社会が壊れるとは、社会形成の基盤が制度、社会文化、心性の全般にわたって脆弱化することでこれまでの社会紐帯も生活のあり方も維持できなくなり動揺にさらされる状態を指す。無縁社会という造語は、この様相をうまく言い表した言葉であった。日本社会を壊していった最大の動因は、本章が対象とする時期に進行した新自由主義的な社会改造にほかならない。貧困化の急速な拡大も格差社会も無縁社会も、この時期を特徴づける社会問題の数々は、「構造改革」を旗印にすすめられた政策と政治がもたらした社会改造と、これに並行した心性の変質抜きには説明できない。「貧困も格差もいつだってあった」という主張でこの変化を小さく見せかけるのは誤っている。貧困と格差が存在し続けてきたのは事実だが、壊れてゆく社会のプロセスに組みこまれた貧困、格差の内容も様相も、「いつだって存在した」という認識ではとらえきれない性格を備えている

社会形成の基盤が奪われるのであるから、社会が壊れてゆくプロセスは、その社会に生きる人間が壊されてゆくプロセスである。正確に跡づけることはできないが、「壊れた人間」というイメージは、その描かれ方はさまざまであれ、90年代半ばからのサブカルチャー領域で着実に浸透していったように思う。鬼畜やクズといった言葉が誰かを指して言う普通の言葉になってゆく何気ない変化の中にも、人間が壊されてゆくさまが映し出されている。人は壊れるのではなく、壊れゆく社会に余儀なく生きることで壊されるのだ。

もちろん、人が壊されるとはたんなる比喩ではない。「いま、この状態では生きてゆくことができない」というせっぱ詰まった状況におかれた時、人が取りうる（そうとしかできない）すがたや振る舞いが、「壊される」ということの内実である。そして、壊されることの究極が生存を奪われることであるのは言うまでもない。

壊されることの究極である生存を奪われる事態は、いまこの日本社会で、感覚からすれば、ありふれたことがらとなっている。たとえば、若年層に多い、過重労働が原因の自殺は生存を奪われたと言うべき事態だろう。若者たちを使い捨ての労働力として扱う働かせ方が彼ら彼女らの生存をいとも簡単に奪ってしまう。あるいはまた、介護生活の行く末を苦にするあまりの心中もまた奪われた生存と言うべきではないだろうか。

社会的に強いられた死と呼べそうなこうした事例は、いまでは、全年代層にわたって出現しており、異常な例外とは決して言えない。生存を奪われる事態が普通にある、そのことが異常であり異様なのだ。そんな

事態は社会の一部で起きていることにすぎないという理由でこれを軽視することはできない。就職からリタイア後の生活にいたるまで、新自由主義時代を生きる私たちのライフステージの至る所に落とし穴がひそんでいて、あっという間に最低限の暮らしもままならない事態に追いこまれる――「いつそうなるかもしれない」という状態に大半の人々がおかれていることが問題なのである。

生活のあちこちで生存権が脅かされ無力化されてゆく社会に私たちはいま生きている。生存権を謳った憲法25条はあっても、その25条が通用しない世界がすさまじい力で広がっている。「普通に」働いているつもりの労働者でさえ生活が成り立たない、そんな低処遇・不安定雇用が固定化され、まともな働き方（ディーセント・ワーク）を保障しない企業が普通に存在する。「それでも大半の人間は何とかやっているじゃないか」という見方は、この現実が与える破壊力を見のがしてしまう。

生存権を侵犯し損壊する社会変動が、この20数年間に社会に出ていった若者たちを直撃した。本書で取り上げているさまざまな困難をまとめてとらえるならば、生存権の侵犯・損壊と言うことが適切のように思う。「生きづらさ」という言葉には、この状況がよく反映されている。

筆者はかつて、90年代初頭から90年代末にかけての若年層の葛藤表現を「自分探しの時代から生きづらさの時代へ」の変化と呼んだことがある。「自分探し」という言葉はバブル期の若者たちのアイデンティティ問題を幾分揶揄的に言う流行語であったから、「豊かな社会」で生きる当てを失った若者の葛藤と安易に了解すべきではないし、若年層を縁辺化する作用がバブル期にあってもはたらいていたことを見落とすべきではない。しかし、「生きづらさ」という言葉には、生存権の侵犯・損壊が若者たちの生を支配する核心的な力となったことが的確に表現されている。以下のスピーチが訴える状態は「生きづらさ」の基底にある現実と言えるだろう。

「私はせっかく大学に来たのに本さえロクに読んだ記憶がない。ずっとバイトして、寝てた。周りは週7スナック、トリプルワーク、もっとも一っと働いても1限に出てた。部活もやってた。「自分はなんて甘えてるんだろう」って責めて、将来設計なんて出来もしない。自分が嫌になってばっかりだ。就職したって手取り14万じゃ、奨学金返して、好きな人や友だちといられない。子どもなんて育てられないよ。」

（2015年12月6日 AEQUITAS（エキタス）主催「第2回上げろ最低賃金デモ」スピーチ）

言うまでもなく、ここで指摘されている窮状は、貧困という次元に限っても唯一のすがたではないし、窮状が「生きづらさ」として意識される経路も「生きづらさ」の表現も一律ではない。息を殺すようにして目の前にある困難に耐えるすがたも、周囲からは自堕落と思われる振る舞いに出るのも、「生きづらさ」の表現形かもしれないのだから、「その様子なら大丈夫、もっと頑張れるはず」と勝手に判断するのは危険である。身動きがとれない状況で、それでもその場面々々を何とか切り抜けようとする人のすがたは、私たちの貧弱な想像力をはるかに超える多様さを持っている。

(3)「苦しい」と言わせない社会が人間を壊す

生存権の侵犯が生活の広い領域に及んでいてそれらを見逃さずとらえるのは難しいけれども、ただそれだけならば、窮迫をとらえる社会的センサーをいかに鍛えるか考えればよいはずだ。もちろん、それだって大きな努力が必要ではある。しかし、生存権の大規模な侵犯を覆い隠し、「生きづらさ」の表面化を押しとどめる、それ以上の困難が存在する。

苦しいことを苦しいと訴えられない、自分がおかれた生きづらい状況を率直に表明することが難しい、そうさせないメカニズムが社会生活の隅々まで覆っていること——これが生存権の損壊を進行させる深刻な原因である。

現在の日本社会で「普通にものを言うこと」がどれほど難儀な事態になっているか、本書で触れる若者たちのさまざまな振る舞いや意識から知ることができるだろう。「大丈夫です」という返答の陰に、その場では言えないことがあり、「死にたい」というつぶやきが誰にも聴かれることなく毎日社会のあちこちでささやかれていること、それらはみな、苦しさを表面化させないメカニズムが強力にはたらいていることの結果だ。

「言わせない」というこの力は、本書で繰り返し触れるように、何よりもまず、職場、地域社会、学校など、社会生活のさまざまな場面での大小の権力を後ろ盾にした抑圧作用にほかならない。労働現場で弱い立場におかれることの多い若年労働者や女性労働者に対するハラスメントの数々が権力を持つか否かという背景に左右されることは明らかだ。職業生活を中心に若者たちが社会の周辺部に位置づけられ、いかに無力な状態におかれているか——以下の章ではこの点に焦点を当てた検討を加えている。

学校という社会でも、力の弱い児童生徒が「ルールを守れ」という秩序の順守を徹底して植えつけられる。そうしたしくみの背後にも、制度的政策的な権力のはたらきが存在している。本書で触れるように、「猟奇的」少年犯罪をきっかけに不気味な若者という像が広がるが、それは規範意識の醸成という統制強化を上から進める格好の理由づけに利用された。

すでに多くの調査や分析によって明らかにされてきた若年層のこの窮迫状況は、しかし残念なことに、近年、真剣な対処が急務の社会問題とは意識されなくなったように感じる。若者の貧困にかんする多数の言説の内で、コンビニなどで眼に触れやすいのは、「こんなに酷い生活、転落物語があるんだ」と好奇心を（とりわけ若年女性に対する性的好奇心を）煽る実録ムックの類であり、窮迫の現実に迫る調査や検討はそれらと比べると影が薄い。就業や労働現場での困難についても、人手不足で就職状況は好転したのだから問題はなくなったとの受けとめ方が、いまでは優勢のように思われる。長期にわたる処遇低下も非正規化の進行も眼に入らぬかのような状況である。

若者がぶつかっている困難（若者問題）に対するこうした過小評価は、まずもって、彼ら彼女らに対する制度的、政策的位置づけに由来する。つまり、若年層の扱いに関する政治が若者問題のとらえ方を深く規定している。若者が結婚しない（できない）現実を放置することは社会政策、家族政策上の大問題であるから、これを放置するなど、政治的にみても許されないはずだが、現実には無策と言ってよい「放置」が続いている。（それどころか、人口急減を前提にした社会改造プランが打ち出され、窮迫状態を一層拡大させる事態すら予想される。）

こうした不合理な「対処」がまかり通る一つの背景には、困難な状況におかれても若者ならば自前で（実は自己責任でという意味だ）その状況をクリアできるはずという通念があるのではないか。

若者は、一般に、エネルギーに溢れアクティブに活動できる存在のようにイメージされるから、その意味で強者の側に分類され、彼ら彼女らが陥る窮迫が社会的に弱い立場におかれた結果であることは理解されにくい。だが、本書が問題とする若年層の窮迫、生存権の損壊は、彼らが以前よりもさらに弱い立場、社会的弱者の位置に押し込められていることを示す。そうした弱い立場、世間から見捨てられた場所に追い込まれた若者の感覚、その場所から見える社会の酷薄さは、たとえば、テレビドラマ「サギデカ」（ＮＨＫ２０１

9年）が鮮明に描写している通りだ。このドラマが確実に参照したと思われるルポルタージュ『老人喰い』（鈴木大介、ちくま新書2019年）がつたえる特殊詐欺グループによる「研修」は、あたかも労働学校でのそれのように、現代日本社会での富める者と貧苦にあえぐ若者との途方もない格差の現実を問題にする。弱者の位置に固定化された若者の実感を見事にとらえ、富者から奪いとる「事業」を社会正義の実行にさえ感じさせるのである。特殊詐欺を正義と言いくるめるのは、もちろん、詐術だが、特殊詐欺「業界」の下層労働者にリクルートされる青少年が社会的弱者として明確に位置づけられ扱われている点に注意したい。詐欺組織のリアルな経験に裏づけられたこの認識に比し、若者を全体として強者の位置においてしまう若者イメージはあまりにも空想的といえよう。

（4）置き去りにしてよい個人・集団を生み出す社会

問題は権力を後ろ盾にした抑圧作用のためにものが言えないことだけではない。たとえば若者の貧困を悪く言えば見世物のように眺め、所詮自分とは別世界のことがらのようにみなす状況について考えてみよう。

そういうまなざしが張りめぐらされている社会では、たとえ力尽くで抑え込まれていなくても、自分の窮状を社会に訴えることなどとうていできない。「自分の問題を外に出すな」という圧力が充満している場では、それを破るような振る舞いは、「破る」というだけで非難の対象となる。「出る杭は打たれる」という諺は「横並び」の秩序を乱してはならないとする日本社会の特質を表すとされ、企業社会の秩序を説明する時にも用いられた。しかし、「自分の問題を外に出すな」という今日の社会的圧力の特質も機能も、そういう説明には収まりきらないように思う。簡潔に言うなら、「現実に生じている不平等や格差をどのように受けとめ解消するか」というような問題提起そのものが異端視され、「置き去りにすること」を正当化し、置き去りにしてよい個人・集団を生み出してゆく社会が出現している。それはつまり、新自由主義的な統治、秩序がつらぬかれ、そこで生きる私たちの感覚や倫理観にまで沁みこんでいる社会ということにほかならない。

誰もが安心して生きられる社会を実現することの困難は、さまざまな事情から不遇な状態におかれた人々の存在によって明るみに出る。現実の世界で私たちはダブルスタンダードを生きている。私のようには生きて行けない人々、現実があることを知っている。知っているが、その状態をすぐに解決できない。ここまでは誰も否定できない事実であり現実だ。その現実と向き合い、どのように考え行動するのかが、「社会人」である私たちに問われていることがらであるはずだが、置き去りにしてよいという正当化がなされたとたん、そうした問いかけ自体が吹き飛んでしまう。

「置き去り」の実例は現代日本の社会生活のいたるところに溢れている。地域を問わず世代を問わない普通の風景だ。いじめられて苦しむ子ども時代から置き去りにされてはお終いという教訓が一人ひとりに叩きこまれ、行方不明の高齢者が取り立てて問題視されることもない。「歩くの辛い／俺だけ一人／真面目に生きると損／どうせ彼女もできないし／望まれずに生まれて／望まれて死んで／…どうせ不細工なおっさんですよ」と呟いた秋葉原連続殺傷事件の加害者は、そうなるだけの理由があって社会外にはじき出された存在ではない。しっかり社会にしがみついていなければ無視されて当然とみなされるのだ。人生とはクソゲーだと主人公に述懐させる以下の描写は、これをうまく言い当てている。

「もし現状で無理やり答えを出すなら『とりあえず生きろ、あとは知らん』としか言いようがないルールとコンセプトだけを持ったゲームなんて、一体どこが神ゲーだというのだろう。

それどころか、人と同じことをしても顔や体格や年齢で差別され悪いように取られたり、どんなにがんばっても本番で体調を崩したら全て無駄になったり、クソゲーである理由として説明できる要素ばかりが目につく。なんの罪もない俺みたいな弱キャラが、ただ生まれつき弱いというだけでこんなにも虐げられる。

理不尽で不平等。弱者に不利。

つまりは――『人生はクソゲー』。

このありふれた定型句こそが、この世界の本当のことなのだ。」

（屋久ユウキ『弱キャラ友崎くん1』小学館ガガガ文庫2016年・一一頁）

このように、いまの社会では、置き去り状態に陥らぬよう必死に努力する状況を社会成員に強いる「恐怖の政治」が支配している。いつでもどこでも誰でも、「社会」から排除され置き去りにされる危険に満ちている中で、「それはイヤ、何とかして」と、一人だけ声を挙げると、すぐさま、そうやって他人に助けを求められるだけの人間なのか、お前は」というリアクションが飛んでくる。この社会で「普通に」生きていてよいと認められるためには、置き去りにされないだけの「能力」や資格を持っていることを証明しなければならない。社会に評価される「能力」を何も持っていない人間は、その存在自体が社会に負担をかけ、社会にとってのリスク、「害毒」となる。そういうモノサシが力を持っている環境で、「あなたの個性は何？」「あなたにだって他人にはない個性があるはず」…と言われると、何か自分の「売り物」がないとダメという心境に追いこまれてゆく。「弱い」と見られてしまうことがすでに劣等の証拠だ。弱いことを気にしていると気づかれてもいけない。自分の無力を恥ずかしいと思っていることさえ知られてはいけない。「社会的な運命が個人的な責任にされることで、劣等は恥ずべきものとなる。…中略…社会的地位という道具的な価値づけを背負わされて、恥じることそのものが恥ずべき事態になってきている。恥ずかしめられたとなれば、それは劣等の指標となり、赤面したり伏し目がちでいることがまさに、劣等状態の一義的で疑いようのないメルクマールとなる」（ジークハルト・ネッケル『地位と羞恥』法政大学出版局1999年）というように。

それぞれが困難を抱えながら、なぜ黙ってその場をやり過ごさねばならないのか、沈黙を強いるこうしたメカニズムから明らかだろう。そして攻撃してもかまわない、責められないと判断したとたん、他者へのすさまじいバッシングが広がる理由も。「どうせ置き去りの運命ならこの社会に冷水を浴びせてやる」という一方での絶望と、他方での、「お前には攻撃されるだけの理由があるのだから、やっつけてもかまわない」というバッシング行為（スマホやPCで悪意ある投稿をしたことのある者はざっと4人に1人、投稿後の心理で一番多かった回答は、「気が済んだ、すっとした」（31・9％）「やらなければよかったと後悔した」（13・6％）、「何も感じない」27・6％。独立行政法人情報処理推進機構「2014年度　情報セキュリティの倫理に対する意識調査」）とは、このメカニズムの表裏にほかならない。壊れた社会が人間を壊してゆくのである。

（5）「普通に生きたい」というラディカルな夢

生存権が危うくされる極限状態に耐えることは難しい。いっそのことこの社会から外れてしまおうという誘惑にかられても不思議ではなく、「社会退出」の様々な試みが出現していることに注意したい。集団自殺や「無差別殺傷事件」は理解不能な異常事と報じられることが多いが、それらもまた、何らかの窮迫状態・感覚を背景とする社会退出の振る舞いだというのが本書の理解である。

もちろん、極端な仕方での社会退出を試みる若者は相対的には少数にすぎないだろう。日本社会の将来について明るい見通しなど持たない若者が多数であることは事実である（生活の将来について、内閣府「国民世論に関する意識調査」２０１７年では、「良くなっていく」女性25・9％、男性27％（いずれも18歳～29歳））。そういう若者たちがこの社会で生き抜くとなれば、ものを言う機会や環境を保障されぬまま、困難があっても耐えるしかない――それが普通の「処世術」なのだろうか。

沈黙して社会に何も要求しないかに映る「おとなしい」若者のすがたから、そうした知見が引き出されるかもしれない。しかし、若年層のリアルな、そして現実主義的な振る舞いや意識からは別の理解を導くことも可能だと思う。本書で述べる「生のミニマリズム」は、経済的なダウンサイズを強いる体制、システムへの適応であると同時に、欲望を際限なくあおる社会や市場原理の支配に対する不服従の発現とも考えられる。シェア・エコノミーが広がる背景にも、同様の両義性を看てとれそうだ。不要と感じる消費を切り捨て、生活のさまざまな場面で共有できそうなものは同じ志向を持つ者との間で分かち合うことにこだわりを感じない――自分の日常をかたちづくるそういう姿勢、心持ちは、大胆に言えば、資本主義社会を支えてきたエートスとは乖離している。本書では扱えないが、開発主義にもとづく従来の地域開発とは異なる地域社会再建の多様な試みに多くの若年層が参加し始めていることも、この乖離を示しているだろう。

現在の社会システムに対するこのような忌避感ないし不服従を、その積極面を強調するなら、持続可能な社会のあり方の模索とみることもできよう。思想史に照らせば、社会連帯主義の系譜上に位置づけることも可能だし、イタリアなどの協同組合理念とも親和性を持ちうる。ただし、そうした位置づけ、親和性は、あくまで、社会への感じ方のレベルであって、社会連帯や協同の理念が強力な社会運動の上に築かれた欧米の場合とは、状況も表現方法も異なっている。しかし、それにもかかわらず、持続可能な社会、すなわち、自分たちの仕事と生活がこの先も何とかやってゆける社会を望んでいる点に、若者たちの社会像の重要な特徴があるように思う。

持続可能な社会を目指すというと聞こえがいいけれど、核心にあるのは、自分たちの生きる環境をこれ以上悪化させたくない、仕事も生活も普通の状態に保ちたいという願望であり感情ではないか。そう願うのは、普通の状態を維持することが難しく、いつそこから滑り落ちてしまうかわからないぎりぎりの世界で生きているという認識、日本社会の受けとめ方がひそんでいるためだろう。周知のように、各種意識調査での若年層の生活満足感は90%を超える高率であり、そこから、しばしば、社会に何の不満もなくまったり生きているのがいまの若者という像が引き出される。しかし、この満足感の実相は、いつ何時脅かされるかもしれない「現状」を守りたいと願う現状維持意識の強烈さであるように筆者には映る。

現状維持を望む志向は、言うまでもなく、保守主義に当たる。生活保守主義の強い志向を持つことを指して若者の保守化と指摘するのは、そのかぎりで正しい（ただし、この場合の保守化は右傾化とは異なる。意識調査の結果から、若者の特徴を「右傾化なき保守化」と指摘する松谷満「若者「右傾化」の内実はどのようなものか」（田辺俊介編著『日本人は右傾化したのか』勁草書房２０１９年所収）、参照）。

しかし、ここで注意すべきは、この生活保守主義が、経済大国化の果実を手中に収めたポジションに居て、現在の豊かさを維持したいという意識ではない点である。普通に働き暮らすことが「ぎりぎり」という現実をリアルに感知した上で、普通に生きたいと思う、そういう現状維持の志向であり保守主義なのだ。「普通でいい」「普通がいい」とは、大人から夢を問われた時、そう問う大人のうかつさに黙って肩すかしを食らわせる「模範解答」だが、その「普通」にだってたどり着くのが難しいことを同時につたえている。社会が要求する「普通」（期待される標準的ライフコース）と自分が思う「普通でいい」の「普通」とが一致しないようにも感じられる。「能力があると知られてしまうような仕事には絶対就きたくない」と語った学生が問題にしているのは、能力を発揮させそれを評価する社会の「普通」と、そのように測られながら生きたくない自分の「普通」との落差だろう。

「普通がいい」の「普通」には、このように、出来合いのモノサシでは測れない、それぞれの若者が抱く生き方の多様さがこめられている。普通であることの奥深さや魅力、そして難しさがそこにはある。ただ、彼ら彼女らが築いてゆこうとする普通の生き方には、社会から置き去りにされない最低限の環境・保障が不可欠だという共通の根がある。ぎりぎりの状態からたたき落とされない基盤が必要だという点で、「普通」の実現（維持）は生存権の保障という理念と深くリンクしている。

「子どもが欲しいな。［主婦になりたいの？］そう、将来は主婦しながらレジ打ちで働きたい。けどサンエーは嫌。かねひででレジ打ち。［何が違うの？］かねひでが気楽でいい。」

（打越正行「〈地元〉の不変性とダイナミズム――〈地元〉周縁に生きる沖縄の下層若者から」社会理論・動態研究所『理論と動態 Vol.3』２０１０年）

「主婦しながらレジ打ちで働く」普通の実現には、実際には、生存権を保障する具体的で制度的な手立てが絶対に必要である。だからこの「普通」の追求は、生存権が侵犯され、置き去りを正当化する社会の下では、きわめてラディカルな性格を帯びている。たとえあれこれの「普通」の夢が、他人《ひと》に気づかれにくい場所でひっそりと囁かれようと。

（6）普通に生きるために不可欠な民主主義

生存権の保障という理念を活かさなければ人間が壊されてしまう、それが若者たちの普通に生きている場の特徴である。くり返すが、それは特別な困難、窮迫状態にある者に限ってのことではない。

例えば、最低賃金の水準がどうなるかで普通に暮らせるかどうかが左右されることを考えてみよう。時給1500円という最低賃金要求が多くの共感を得ているのは、この事実を反映しているだろう。また、夜8時になる前にコンビニ以外の店が全部閉じてしまう地方の市町村で、夜遅くの仕事に就く若者、通学時間の長い高校生などにとって、コンビニは生活の命綱だ。スマホを持てないのは、生活のためにバイトが必要な若者には一大事である。こうした生活現実に照らすなら、生存権の保障という理念を持ち出すことは決して大げさではない。

コンビニが開いているのも、最低賃金が上がっている――もちろん、その額は生存権の保障にまったく届いていない。しかし届いていないことを知る若者はいまだ少数だ――のも、その背景を知らなければ、現在の社会的しくみがあるからだと感じて不思議ではない。すでに述べた意味での現状維持の志向は、したがって、現在の秩序や政治を支持する保守主義につながりうる。ものを言わせない強力な秩序と置き去り状態を正当化する「恐怖の政治」が支配する状況の下で、ぎりぎりの「普通」を維持したいと願う時、いまの状態を確保できていることの重要性がとりわけ強く意識されるのは当然だろう。また、これを可能にすると感じる（つまり頼りになると感じる）保守政党が、たとえ消極的にせよ、支持されるのも意外なことではない。自分たちの処遇低下や窮迫状態をもたらしたのが、当の保守政権党による新自由主義政策であるにもかかわらず、それとは別の回路で保守政治に反対しない態度が醸成されてゆく。既存の社会秩序を超えるラディカルな現状維持志向と現実政治に対する認知との分裂である。

一見奇妙なこの分裂が生じるのは、おそらく、社会の周辺領域に追いやられる者にまでも、自己責任という観念を内面化させ、社会のつくり代えを断念させる秩序組織の力がはたらいているからである。別途検討を要するが、その力は、社会生活の広い領域に市場化を浸透させてきた現代日本社会の特質に関係している。

よく聞かれる「若者はなぜ保守政党を支持するのか」という疑問は、保守主義や保守政党、支持あるいは政治といった観念の内実を検討せずに、そのまま受けとることはできない。生存権理念と結びつく若者のラディカルな保守主義が、現在の権威主義的な政治・社会秩序の下ではそのラディカルな性格を、多くの場合、抑え込まれていることは事実である。しかし、ラディカルな現状維持志向と現実政治に対する肯定的認知との分裂は、この関係を組み代える梃子次第で、現実政治に対する批判へと転回しうる。梃子の役割を果たすもの（社会を編み直す技法）を、本書では、民主主義という理念の問題として考えている。普通に生きられる世界を築くのに有用な民主主義であり、生存権を保障することと切り離せない民主主義である。統治の一形態とされる民主主義の狭い理解では、壊れた社会の窮迫や困難を克服する展望が開けない。グローバル資本主義がもたらす窮状に対し、同様の問題意識に立つ多くの試みが続けられている。現代日本の若者は、眼前に立ちはだかる困難、障害をどう受けとめくぐり抜けようとしているのか、そしてその経験を通じて、社会を編み直すどのような道をたどろうとしているのか、そのことを追求したい。

第1章

いまを生きる若者たち——右肩下がりの社会の中で

1　いつでも幸福でいられる不幸

（1）社会閉塞と生活満足度のギャップ

いま、若者たちの意識を考える際の出発点は明白だ。成長の夢は終わった、ということである。日本社会の未来について問う意識調査は、おしなべて、将来の社会がいまよりよくなると考える若者の少なさを伝えている。ロスト・ジェネレーションを生んだ1995年から、リーマンショックを経て、上向きの社会像を描く者が減るのは当然だろう。雇用形態も所属企業も激しく流動する環境に身を投じ、「成功するぞ」と意気込む「ポジティブ」な若者を財界がいくら期待しようと、現実はまるでそうならない。勤続志向はますます強まり、成果主義、能力主義が若者のチャンスを拡大するといったかけ声を信じない。これを現実主義というなら、若年層を襲った貧困化と格差の経験をしっかり受けとめた結果の、まことに見事な現実主義である。

右肩上がりならぬ右肩下がりの時代に入ったのだという、この正しい感覚は、しかし、すぐさま社会に対する閉塞感につながるわけではない。未来に期待がもてそうにない社会だからといって、閉塞感、絶望感が蔓延《まんえん》していると思うのは早計だ。ネットカフェ難民の社会問題化から知られるように、大衆的貧困化の進行が若年層をも巻き込んで、生存権の危機と言うにふさわしい現実を生み出したのは事実である。最低生活も危うい事態は、若年労働者だけでなく、幼少期から大学生の生活にまでも頻々と現れている。そうした窮迫の実態がありながら、生活満足度が劇的に低下しているかというと、そうなっていない。橋下徹大阪市長が率いる大阪維新の会の急成長は右派ポピュリズムのように語られるが、そのポピュリズムの支持基盤に窮迫した若年層・貧困層の存在があると即断はできない。追いつめられた若者や貧困層がそう仕向けた社会へのルサンチマンを晴らすという構図でもって現在の社会状況を単純化してしまうのは危険だ。

「それでもまだ幸福なほうだ」と思える心理、「とりあえず毎日普通に過ごせているからＯＫなんじゃない」と感じられる意識回路があるかぎり、社会閉塞の現実を意識化することは難しい。社会の未来が拓けそうになくとも自分の人生にそれなりの展望がある（と感じられる）場合、社会の閉塞と個人意識とのギャップが生じるだろうことはわかる。しかし、ここで問題にしているのはそういう事態ではない。一人ひとりのライフコースについてさえあまり展望がないなかで、それでもなお満足を感じられるような状況である（リクルート「高校生価値意識調査２０１２」によると、「社会の未来は明るい」と感じる者は3割だが、「自分の未来は明るい」と感じる者は55％強である）。

こうした満足感（幸福感）の存在は、しばしば、社会批判、社会変革の必要性を唱える主張に冷や水を浴びせる恰好《かっこう》の材料となる。「格差や貧困をあげつらう人々は若者が閉塞感に苦しんでいるかのように描くけれど、多数の若者はそう感じていないじゃないか」というわけである。30代になっても結婚の展望ももてない事実に象徴されるように、社会全体が右肩下がりであるだけでなく、個人の人生も親の代と同じ水準の生活をいとなめそうにない。だからといって、この社会を転覆させるような意識は広がっていない。社会的困難が拡大すれば社会批判、社会運動が広がるという図式は通用しないのだ。若者を既存の枠組みで不幸だなどと言うな——そういう批評は珍しくない。

脱原発運動の持続的な拡大がすすむ最近の状況では、これらの主張はやや説得力を失っているかもしれないが、若者たちが直面している困難の強さ・深さと「それなりに満足」という意識との間に大きなギャップがあることは否定できない。

(2) 右肩下がりの時代の幸福追求

自分たちの困難を社会に訴える回路をもてないのは、若者たちの批判精神が脆弱《ぜいじゃく》だからではない。ざっと40年近くにわたって、政治的社会化の基盤・環境が徹底して壊されてきたことが最大の原因であった。自分たちの思い、怒りをストレートに表明できない、しないという若者への論難は、それゆえ、非難の矛先をまったく間違えている。不満を社会的に表明する「力」は社会の側が用意し蓄積する。社会が不満を聞きとれないのはなぜかを問うべきなのである。この点を踏まえるなら、問題は以下のようになる。

自己を政治化する保障を奪われた若者たちが、本来社会的な性格と広がりを持ち社会問題としてとらえなければ解決しようのない困難にぶつかり、それらの困難を抱えて生きるとき、自分たちのその状況をどう意識するのか？　あるいは、どのように意識すれば、困難と向きあって生きることが可能になり、生きやすくなるのか？

現代日本の若者たちが共有すると思われる具体的意識を手がかりに、この問題を考えてみよう。恋愛についてである。交際相手をもつことは現代日本の若者にとっては、ローティーンの時代から、強迫観念と言ってよいくらい強い規範になっている。90年前後から独特の様式化を遂げた恋愛文化のもとで、恋愛、交際は日常生活の必須アイテムのように見なされ意識されている。ところが、新成人の恋愛・結婚意識の趨勢《すうせい》を追うある調査では、交際相手がいない者の比率は男女ともに増加し、男性ではついに8割を超えている（オーネット「新成人の生活・恋愛・結婚・社会意識」２０１１年）。「恋愛は必須アイテム」という規範と実態とがずれているのである。これに並行して「恋愛しなければダメ」という意識も薄れはじめ、結婚のみならず恋愛についてさえ、「草食系」男女が増加しているらしい。筆者はこれをむしろ望ましい変化と考えており、恋愛難という困難とは考えない。ただ、この例から注目したいのは、「交際相手がいなければそれはそれでかまわない」という意識のあり方である。一般化して言えば、「何か不足していることがら（もの）があっても、それなりに生きていければ私は大丈夫」というエートス（心のかまえ）が息づいているのではないか。

規範化された恋愛文化に背を向ける点では、このエートスは「達観」とも言うべき見事な対処術だろう。強調したいのは、生のさまざまな困難についてもこれと同様の対処術が発揮されている点である。自分の願望や要求を小さくし、方向を転換させてしまえば、とても解決できそうにない困難に「無駄な」（実りない）エネルギーを使わずにすむ。手の届く範囲だけに関心を向ける態度だと非難してもはじまらない。強大で脅迫的な秩序のなかで自分が生きられる余地をつくるために編み出された知恵であり処世術なのだから。

「こうすれば満足できる」という生の水準をこのように自在に操作し、不足を補うために目を血走らせて生きることを拒否する――このような処世術を生のミニマリズム（最小限主義）と呼ぼう。「自分がいま可能なしかたで、満足でき幸福な生き方を実現できればそれでけっこうじゃないか」という感覚を基盤にすれば、幸福感や満足感はそうそうのことでは減退しない。大切なのは、居心地のよい場所を発見すること、心地よく暮らせる条件（環境）を確保すること――これが安心と呼ばれる心情にひそむ志向性なのである。

「そんな幸福感は思い込みにすぎず、幻想のなかで生きるようなものだ」という批判は当然にあるだろう。現実の生活が追いつめられ、先の展望が塞がれるなかで満足だと思っているだけのこと、という批判である。しかし、幸福幻想をそのように批判すればすむとは、筆者には思えない。未来を輝かしいものと考えられない者がそれでもなお満足できそうな世界を夢想すること、夢想するだけでなく追求してみること――そこに幸福追求の一つの姿を認めることはできないだろうか？　幸福追求の権利を「普通」の若者たちが獲得する回路のなかに、この幸福感を位置づけることは可能ではないだろうか？

(3) 大切なのは安心できる人間関係

たしかに、「何もなくたって生きられるさ」というミニマリズムは、自分の欲求を無限に小さくすることで、死んでいるのと同じ状態にまで人を誘導しうる（ライトノベルの文化形象に現れたこの様相について、拙著『シャカイ系の想像力』岩波書店2011年、を参照されたい）。自己の生の価値（尊厳）までも放棄させる回路を、このミニマリズムはひそませている。

しかし、「居心地のよい場所」を探そうとする処世術は、同時に、居心地のよさをつくりだしている「関係」に焦点を合わせ、どうしたらそんな関係を当たり前のこととして味わえるのかを、共有された社会的、文化的目標へと押し上げもする。アニメ「けいおん!」の大ヒットは、とりたてて波乱のない、まったりした「日常」の価値が広く受け入れられ、求められていることの反映ではないか。「女子会」のような集まり方、ネットメディアを介してのさまざまなパーティー組織（ネットゲームでのグループ形成のような仮想現実のそれだけでなく、オフ会の組織も含め）が広がっているのは、居心地のよさを追求するいとなみが社会的世界へと拓かれはじめたことを意味するように思える。

そして逆に、先に見た恋愛関係の衰退傾向は、近年の恋愛文化がますます強い規範に縛られるようになり、居心地のよさを損なっているからだと推察できる。二次元の世界にしか興味を抱けない「オタク的心性」が一般化し、生身の恋愛関係、人間関係を避ける退行がすすんだ、という認識は一面的だ。問題にすべきは、生身の恋愛関係、人間関係のもつ強い規範的要求（たとえば、キャラ立てやモテのために各人が求められる努力と、努力していることの挙証責任）のほうである。

こうして、「何もなくても（自己の努力をみせなくとも）その場に居合わせるだけで心地よい」場所が探索され、探索の「共同」作業が出現するようになる（ただし、従来の共同とはちがって、それぞれの探索が行き交うような社会的舞台に乗っていくという意味での共同である）。

「それなりに満足できる世界」の追求（幸福追求の現代的な姿）は、したがって、居心地のよい関係の探索と獲得という、きわめて質の高い理想像を隠しもっていることになろう。質が高いというのは、この要求が「関係をどのように変えるか」という問いかけを含み、人と人とのつながり方を問題にしているからだ。生の豊かさは自分たちがつくっている関係のあり方によってこそ左右されるという認識（関係のユートピア）である。そして、恋愛相手がいればよい、結婚できればよい……といった既存の形式に囚われず、居心地のよさを基準とした関係の評価にもとづいて幸福感、満足感が測られるようになった。そうなったのは、「満足に」結婚できない、恋愛できない等々の現実のせいかもしれないが、その現実を生きることで、幸福の尺度が別にあることを体得しはじめたのが、現代日本の若者たちではないだろうか。それは、右肩下がりの社会のなかで進行する静かな意識革命だと言ってよいように思う。そしてそうとらえるなら、幸福感の持続は、「幸福は見つけられる」という感覚の吐露であり、ひいては、いまとは異なる「もう一つの関係（社会）」を追求する意識の震源地だとも考えられる。

(4) 居心地のよさと隣りあわせの孤立

「幸福は見つけられる」という感覚が、ともに居心地のよい社会の追求に向かわせる羅針盤であるとすれば、たがいの関係を壊し孤立させるメカニズムはこの羅針盤を破壊し、生そのものを傷つけてしまうだろう。

他者との関係から切り離された社会的孤立（排除）は、関係のユートピアを断念させ、生きていることの意味、生の価値観（尊厳）自体を根底から失わせる。居心地のよい関係は自分たちしだいでつくれるという感じ方（充足感）は「関係のユートピア」がいつか実現できる遠い彼方にあるのではなく、日常の世界と隣りあわせの、すぐ近づける場所にあることを意味しているけれども、同時に、関係の操作しだいで自分が生きる場からはじき飛ばされてしまう危険性をも示唆している。「幸福でいられる・幸福を見つけられる」生き方は、社会的孤立の不幸が口を開けて待ち受ける日々と裏合わせなのである。排除のスイッチがいつどこで押されるかわからない「かかわりあい」の場で生きる、ということだ。排除される事態の側からこうした場を見れば、「誰かがハブられる戦場」であるし、居心地のよさを共有できる可能性の側から見れば、「それなりに楽しくなごめる世界」になる。

では、排除のスイッチはどんなとき、どんなメカニズムによって押されてしまうのだろうか？スイッチを誰が押すのかにだけ眼を向けるのは単純にすぎるだろう。〈いじめ—いじり〉が特定の誰かによってなされる場合には問題の所在は比較的見やすい。スイッチの押し手が遷移し被害と加害が重層化しているかかわりあいの場合には、排除現象が出現する機制はより複雑であり、かかわりあいの舞台にいる人々にとってのリスクも大きくなる。

この事情は、おそらく、安定した排除対象を特定し固定化する誘因になりうる。「あの子ならしかたないよね」と肯《うなず》きあえる同意調達ができると、誰が排除されるかわからない不安定なかかわりあいのリスクが軽減されるからである。つまり不安が解消される。こうした排除のメカニズムは、文化人類学の分野等々でよく知られた事態で、いまにはじまったことではない。現代日本の少年少女が直面している排除の特質は、思うに、排除を介して結ばれる「共感共同体」（とりあえずこう呼んでおくが、伝統的共同体概念との異同には触れない。とはいえ、共同的なかかわりあいが排除作用を常駐させていることは現代社会に特有ではない）が安定したかかわりあいの構造をもちえないこと、そしてこの点と関係して、つねに排除作用が亢進《こうしん》させられていくこと、にある。不安な状況の持続を安心なかかわりへと転轍《てんてつ》させるツールとして排除の文化がはたらき続けるのである。

適当に棲《す》み分けること、つまりかかわりあいの範囲をたがいが調節することで、それなりの満足は達成されるはずであるから、排除という手段が不可避とは思えない。棲み分け作用が排除作用を解消させるかに見える。かかわりあう場の選択肢が多くなれば、それぞれが気に入った居心地のよい場所に落ち着けるはず、というわけである。そうした探索行動が盛んに行われ、出会いの場を広げていることは、前に触れたとおりである。にもかかわらず、それらの行動の堆積は、そのまま排除作用がはたらき出す基盤にもなっている。それはなぜか？

（５）共感の技法が排除をともなう矛盾

排除される可能性をあらかじめ取り除いておきたいという当然の要求は、社会形成の動因として考えると、きわめて強度の要求水準にある。というのも、排除される状態（社会的孤立）は、仲間はずれのレベルにとどまらず、社会的死を意味するほどに強いからだ。文字どおりの社会からの排除であり、社会的世界に存在していない人間へと貶《おとし》められる。排除が死に近接するほどに強い孤立を意味するのだから、そこに陥る可能性を取り除こうとする要求もまた、それに応じたかかわりあい方の「濃度」を必要とする。いったん結ばれた交友関係は、少しでもそれを乱す微候が現れぬよう、強い相互規制の下におかれる。いつも一緒にいなければいけないし、断ってはいけない……。恋愛文化における規範的統制が強まってしまうのも、同様の「かかかわりあい」規制にあるからだろう。皮肉なことに、居心地のよさを求める行動がたがいを規範的に縛るかかわりあい規制へ不断に転化するのである。

このようなメカニズムが出現してしまうのは、そもそも、強度の要求水準を満たし、たがいに安心できるかかわりあいを確保できるかかわりあいの技法（処世術）が存在しないからだ。それどころか、一緒であることの確認手段は脆弱だと言ったほうがよい。たとえば、「かわいい！」と言いあうことで、共通にいられる世界は簡単に出現するし、「キモ！」と確認しあえれば、そう確認した者同士の同意関係もすぐに出現する。これを共感と呼んでおけば、共感のためのこうした技法は少年少女の間で高度に発達し洗練されていることがわかるだろう。とはいえ、そうしてつくられたかかわりあい機制が、相手の「本音」に踏み込もうとしない浅い関係しか生み出さないとする評言は正確ではない。確実に同意しあえる技法の発達（強い要求水準に応える技法）に見られる特徴的な同意調達方式は、従来理解されてきたような関係の深浅区分では説明しきれない。

一人きりにならないために編み出されるこの不安定な相互パフォーマンスからこぼれる危険はつねにある。そこに行けば安心という出会いの場、かかわりあいの舞台が整っていれば、こぼれる不安は解消するから、おたがいに安心できる集まりを先に設定する「しかけ」が発達する。たとえば「〜系」という言葉で代表される集団の出現がそうだ。モテが要求される世界からこぼれても大丈夫な「モテない系」のさまざまな集まりが案出される、という具合に。集団内でのポジションを安定させるために各人のキャラ立てが行われるのも、同様のメカニズムだろう。こぼれる不安を解消したいという、秘められた動機によって、不安解消の予防機能を備えた集まりがつぎつぎに出現するのである。系の増殖現象である。

系の増殖は、しかし、排除の強さ、深刻さを並行して増すことになるだろう。どこにも入れない排除の極北とも言うべき状況がますます具体的な姿を現し、こぼれる不安をそれだけ強めていく。生きていく不安もまたスパイラル状に増大していくのである。安心（幸福）追求と不安の増大とが同時並行ですすむこの事態をつかむ際に、幸福感ないし不安感だけを取り出して若者の気分を論じることは無意味だろう。問題はこうしたスパイラル関係の解消にこそある。

（６）安心と不安のスパイラル関係を超えて

幸福追求の現代的姿は、こうして、孤立する不安を解消するための種々の技法を含むこととなり、そのなかに排除のしかけもまた埋め込まれてしまう。安心できるかかわりあいを求める当然のふるまいが、たとえそんな意図をもたなくとも、不安の重石《おもし》をより下のレベルとみなされる集まりへと委譲する格差的な構造をつくりだしてしまうのである。幸福追求の焦点がかかわりあいの質に当てられているがゆえに、安心できるかかわりあいを現状で具体化するとなると、前節で述べた、安心と不安のスパイラル関係を避けることができない。そうでない道、排除されない保証をそなえたかかわりあいの文化は、それでは、どうしたら築くことができるのだろうか？

これは、たとえ自分が「イタい」姿をさらけ出してしまっても、それを呑《の》みこんで普通に過ごしていけるかかわりあい機制はどんなものか、という問いにほかならない。特定の誰かではなく、誰でもどこかに「イタい」部分をもっている（もちうる）からこそ、この問いが重要なのだ。誰もがそれぞれに「イタさ」をつきつめること、それを可能にすることでたがいの視界が開けていくようなかかわりあいはどうしたらつくれるか、ということである。

かかわりあいのこの性格は、実は、ケアの領域で考えられ観察されてきたことがらである。荒唐無稽な空想ではなく、現にそうしたかかわりあいの追求があり、検討がある（たとえば、統合失調症の患者とスタッフがともに生きる「べてるの家」の向谷地生良が伝えるかかわりあい技法。岡野八代『フェミニズムの政治学』（みすず書房、２０１２年）が追求しているのも、この領域の正当な評価である）。学校という社会的世界にあっても、この意味でのケアが社会形成の課題として位置づけられるべきではないか。ケアとは、ケアの対象者が抱える問題や困難を解消して「正常な生活」に復帰させるための支援ではない。ケアの過程そのものが、これまで見えていなかった社会のかたち（かかわりあい）を発見し、具体化するいとなみなのである。現実の学校生活でくり広げられる、葛藤と矛盾に満ちたかかわりあいの様相を、幸福追求の創発的なメカニズムととらえ直したうえで、たがいのイタさを俎上《そじょう》にのぼせる構想と実践とが要求されていよう。

「日常系」と誤解される「かかわりあいの幸福」追求が根底にひそめているユートピア欲求はまっとうなものである。この欲求を排除のスパイラル関係に陥らせず、バージョンアップするための回路を探求しなければならない。

2　希望を語らない若者たち――夢見る権利の転態

（1）青年層のライフコース変動と人生の展望

希望の喪失・断念そして拒否は現代日本の青少年に普遍的なエートスである。その事態をどう読みとるか。

希望をもたない心性は、青年層のライフコースが大規模な変動に見舞われていることを背景としている。たとえば、三〇代男性の高い未婚率は結婚意識の変化という以前に、経済的に結婚の困難な若年男性が増加していることの現れであり、その現実が、結婚を当たり前のライフコースとして展望させなくしている。離家にせよ経済的独立にせよ、事情は同様だ。これまでの日本社会で通用してきたライフコースの社会的標準が、今日の青年層にとってはもはや、標準として成り立ち難くなっていること――そうした現実的な変化こそが、希望の放棄を、あるいは自覚的な拒絶を生み出している根拠である。

もちろん、すべての青年層がひとしくライフコース変動に見舞われているわけではない。従来のライフコース標準を展望できる若年層は、比率が低下したとはいえ、依然として存在する。大企業男性正規労働者をモデルにつくられたライフコース標準を歩める若者たちは、以前よりも豊かな生活の展望が開けているとも言える。だからといってこの層が「希望に満ちている」とはかぎらないが、いま起きているのは、従来のライフコース標準が崩れ、将来展望を持てる層と持てない層との分岐が進行する事態である。そしてこの事態は、大学進学率の増大や新卒一斉就職システム等に支えられた大衆的青年期の終焉を意味している。

青年層をとらえている人生展望の困難や二極化は、こうとらえるとき、たまたま九〇年代中葉以降に就職期を迎えた「ロスト・ジェネレーション」に固有の問題ではなくなる。就職困難や派遣労働等の非正規低処遇労働への滞留、若年ワーキング・プアの生活困難などを、「ロス・ジェネ」に特有の問題群とみなすのは世代論的錯誤である。[1]「失われた世代」は、たしかに、それまでの青年層の多数がまがりなりにも確保してきた生の現実的基盤を最初に削り取られた世代であり、その意味で彼らが新自由主義構造改革時代の社会変動に直面したフロントランナーであることはまちがいない。だからといって、彼らが負わされている困難が一過性のものだということにはならない。日本型青年期の終焉・解体という把握は、「ロスト・ジェネレーション」の経験が、これまでの解釈枠組みでは読み解けない「新時代」[2]の生とその困難を具現化したものだという推察を導く。大衆的青年期の成立は、周知のごとく、大衆社会化の一環であり、二〇世紀世界を画する世界史的な変動の一コマとしてである。そのことを想起すれば、右に述べたライフコース変動は、一般に論じられ想起される以上に大きな歴史的射程をそなえた性質の変動なのではないか。そのことはまた、あたかも歴史の必然であるかのように語られるグローバリゼーションとこれに照応する社会システムを実現させる新自由主義構造改革とが、巨大な歴史変動の一局面としてあることも推測させよう。

(2) 大衆社会の希望言説

「希望の持ち方」や「希望の持てなさ」をめぐる新たな状況の出現を促しているのがおおよそこのような事態であるとすれば、希望についての語り方もまた問い直されねばならない。すなわち、大衆的青年期をふくむ大衆的生に特有の「希望言説」はもはや通用しない、ということだ。

大衆的生に特有の希望言説とは、では、どのようなものであったか。

大衆的生、すなわち大衆社会段階に出現した勤労諸階層の人生に特有の希望言説はマス・ユートピアの表現だと、ひとまずは言うことができよう。二〇世紀初頭前後に広がるマス・ユートピアは、物質的生産力に支えられた豊かな生活と人生との到来を想定していた。大衆社会が実現させる豊かな生活の夢には、大衆消費の普及をつうじて知らず知らず安値で均質な世界へと大衆的生が押しこめられてゆくことへの危惧や批判がつきまとうとはいえ、欧米社会における「黄金の五〇年代」、日本の高度成長期を圧倒したのは、大衆の堕落を嘆く高踏的非難ではなく、労働者階級の常態であった貧困を脱し、豊かな生活が可能になるという期待であり願望であった。富裕層にだけ許されてきた豊かさではなく、日々の糊口をしのぐに精一杯の庶民にも許される「豊かさ」の実現（「トリスを呑んでハワイにいこう」）こそは、大衆的生がはじめて手にした夢見る権利であり、だれでも勤勉に学び働くことでその夢に到達できると感じさせるのが、大衆社会における希望の言説であった。

「豊かな社会」論に代表される大衆社会の希望言説は、こうして、「何かを持てるようになること」を夢想の核心部に位置づける。自分が何かを獲得できるという感覚それ自体は、世界と個人とのあいだに多様な回路を結ぶ可能性を示しているが、ここでの「持てる」という期待、願望は、大衆消費の社会的諸装置を介して、大衆が所有の主体として位置づけられることを意味している。持てるようになる何かが自分の実力や手腕（能力）であれ、別荘や自動車といった財であれ、「私的に所有できるようになること」すなわち所有主体として「自立」することが[3]、希望言説のロジックには暗黙のうちにふくまれていた。決してブルジョワのようにではないが、他の多くの隣人と同様に「持てるようになる」生活と人生とは、たとえ「安楽の全体主義」（藤田省三）と批判されようと、貧困からの離陸を実感させる強大な社会的威力を備えていた。所有エートスの大衆化とでも言うべきこの状況は、大衆社会下での夢見る権利がとる独特の形態であった。

（3）夢を見ずに生きる意志

大衆的生に特有の希望言説はすでに述べたように、いまや終焉を迎えようとしている。そのことはすなわち、「何かを持ちたいと願う」所有エートスの開発・陶冶が危機に瀕していることを意味しよう。希望に格差があるのではなく、希望を語れず語らない意識の現存が旧来の希望言説を機能不全に陥らせているのである。大衆社会の希望言説によりかかって若年層の「夢のなさ」を叱責してみせる年長者の説教は、だから、おおむね無力である。むしろ、新自由主義的イデオロギーが自覚的に自らの一部に取り込んでいるボランティア型動員の話法のように、所有エートスから「自由な語り口」へと希望言説を転轍させる手法の方がずっと有効となる。

希望を語れず語らない意識は、大衆的生の希望言説を破壊するがゆえに、体制秩序にとって危険な不安定要因である。つまり、希望の持てなさとそのありようとは、社会的に排除された青年層の政治的ポテンシャルを示す重要な表徴だ、ということである。それゆえ、希望を語れず語らない意識にひそむこの破壊的威力がどのような特徴を持っているか注意深く検討する必要があるが、その前に、希望を語れず語らない意識が若年層のエートスとして広く浸透していることをみておこう。

希望が持てない状況への認知と対処とは、あらかじめ希望など持たないようにする断念のかたちをとって内面化され、また表出される。希望は語れないがゆえに語らぬようにする。したがってここでの希望の断念は、希望言説の既存の地平を否定することによって「希望を奪われた惨めな存在」という外的な規定を逃れようとする実践的な機能を帯びているだろう。選択肢の束として差し出される将来のどれを選ぶかという問いを拒み、そうした形式での希望言説を封殺するのが、断念の社会文化的な意味である。希望を持てぬからそう振る舞うだけでなく、その現実認識にかぶせて、希望に意味を持たせない生の位置を、「生きられる場所」へと転態させる。これが希望の断念であり、希望の断念をつうじて生の意思が示されるのである。

　この意味での希望の断念は、「どうにもならないのだから、くよくよ先のこと考えても意味がない」というニヒリズムを彫琢させてきた民衆文化のエートスを引き継いではいるが、たんに引き継いでいるだけではない。希望を持ちようのない場所にいることのリアルな確認を希望の意志的な断念へと変換させるすがたは、たとえばこうだ。


「世の中には二種類の人間がいる。気に入りの枕でないと寝つけない者と、枕などどうでもいい者と。寝具にこだわらないのは賢明でないと個人的には思う。今夜借りる布団はどぶから拾ったものかもしれないし、さっきまで動物の寝床だったかもしれない。あなたのものは私のもの、私のものはあなたのものという精神は言葉どおり、良いことも悪いこともすべてみんなで背負う。ときに合理的で、ときに非効率的だ。そうと知りつつ、私たち一家は枕を借りながら生きてきた。

　毎日枕が替わっても気にならないし、どんな枕をあてがわれても平気だ。こんな枕で眠りたいと、理想の枕を想像したためしもない。それは自分の枕でないと寝られないことにくらべれば、自由であるような気がする。でも自由とは、自分を縛る鎖を選ぶことだと、聞いたこともある。」

（栗田有起『お縫い子テルミー』集英社文庫２００６年）


「理想の枕」など想像しない流しの「お縫い子」少女は、自分に都合のよいどんな未来も期待せず望まぬ生の場所に意志的に立っている。現実が彼女をして余儀なくそうさせたのだとはいえ、希望を語らぬそういう意志が希望言説の特権的所有者にたいする屈従の拒否であるのは明確だ。そうした意志的断念のありようは、鋭いセンサーを備えた小説家によって捕捉された特殊な意識ではなく、今日の青年層にありふれたエートスにほかならない。それはたとえば、よりポピュラーなライトノベルの世界で、決して夢を持とうとしない少年少女たちが膨大に登場していることをみればあきらかであろう。希望を拒絶するそれら数多の形象には、希望の持てなさを自己の負い目とみなす社会文化的な回路にたいする懐疑と警戒とが見事に反映されている。

(4) 希望言説をめぐる対抗

格差のついた希望を貧困層にもそれなりに配分することは体制的秩序の安定化に役立つ。逆に、希望の意識的な断念は、社会秩序の不安定要因にならざるをえない。希望を語らぬ若者たちを希望言説の枠内に回収することは、したがって、社会統合の焦眉の課題ということになろう。もちろんそのさい、既存の希望言説が無力であることはすでに述べた。そうであるがゆえに、希望言説をめぐる現在の対抗は、単純な希望の触発とは異なるすがたで現れているように思う。

たとえば、自己批評のシニシズムを逆用し、希望の意志的断念にひそめられた秩序への対抗可能性を内的に破砕しようという手法。「おたがいたいして夢なんか持ってるわけじゃないし。お前の勝手だけれど、それで助けが欲しいとか、徒党を組むとか言い出すなよ。希望なぞ要らないと言って満足できているのだからそれでいいはず」といった具合に、希望の持てなさを共有する身振りをつうじて、断念の潜勢力を殺ごうと試みる。自分の言うこと（主体のパフォーマンス）を先に無力だと批評しておくことで（批評的に見せかけることで）反論の可能な地盤を塞ぐそうした手法は、権力的な主体によるエイジェンシーの擬態にほかならない。前述した希望の断念の文化的形象化には、その意味で、意志的断念の解放的威力を確認する試みと、逆にこれを無力化する試みとが混在している。希望を語らないことと語らせないこととのいりくんだせめぎあいが存在しており、それが希望言説をめぐる今日的対抗アリーナをかたちづくっているのである。

さらにまた、もう一つの統合回路に注意しておこう。希望の持てなさを、そういうものとして各人に確信させる現実的展望の喪失から切り離すことで、バーチャルな夢想の余地をつくりだす手法がそれである。山田昌弘『希望格差社会』はこの点に着目して、下層におけるバーチャルな幸福の実現をいわば現実社会の阿片として指摘している。実生活における展望のなさは、ネット世界での充足できる人間関係の調達によって補完され補償されるというわけである。

実際、ＩＴ技術が支えるコミュニケーション環境の発達は、各人がそれぞれの可能な範囲で「お気に入りの関係」だけを抽出し環境化する余地を広げてきた。あらかじめ「異物」を排除できる小世界で各人が充足できるようになる。それはすなわち、社会化のプロセスが同時に共棲的ナルシズム化（郡生体化）であるような特殊な社会文化メカニズムがつくられるということである。一方の現実的生を最小のエネルギーとコストでやり過ごしながら、他方の実質的（バーチャルな）生にあって、前者の貧しさを補うに足る心理的満足を得られる（しかもそうしたバーチャルな生のコストはやはりわずかで足りる）――これが希望の持てなさを「生のミニマリズム」へとなめらかに誘導する有力な統合回路であり、幸福の効率化技術である。旧来の希望言説に頼らず、希望を意識的に断念する若者たちに、それでもなお可能な「幸福の余地」を配分するきわめて現代的な統合装置と言うことができよう。

共棲的ナルシズムとは、共感のみが前提とされる集合と関係動員の様式であり、この様式が支配する状況では、異質性の表出は強力に排除される。消費社会化と深くかかわるこの現象は、西欧の理論家たちからは、市民社会の公共性を損壊する部族主義 tribalism としてしばしば危険視される（カステル、マフェゾリ等）が、現代日本にあっては、「生きづらさ」として表象される深い希望喪失＝社会的孤立と縁辺化の進行が、この共棲的ナルシズム（群生体化）を大規模に出現させたのである。(4)

(5) ラディカルな現在主義へ

希望の意志的断念には、こうして、そこにひそむラディカルな現在主義(5)を内側から体制秩序に馴らす馴化の回路がつきまとっている。希望を語らないことは、「何があっても大丈夫」にみせかける自己責任の受容にも開かれているのである。とすれば、「どのように希望を語るか」という問いへの問い返しは、たんに希望を語らないという断念のかたちではすまされず、「どのように希望を語らないか」でなければならない。「希望は戦争」（赤木智弘）という反響を呼んだ発言は、一切の希望を遮断する戦争を持ち出すことによって、この問い返しを行ったものであろう。あるいは、「生きさせろ」（雨宮処凛）という要求もまた、希望を語る地平自体を転換させ、パフォーマティブな次元ではたらく言説へと希望言説を組みかえようとするものであり、世間（体制秩序）が望む希望の語り方を拒絶する。それぞれの性格はもちろん異なるにせよ、注目すべきは、希望言説をめぐる対抗のアリーナが変化して、従来の仕方での希望を語らないラディカリズムが出現している、ということではないだろうか。

この新たな状況をもたらしたのは、思うに、冒頭で述べた、生の現実的展望の剥奪（大衆的生の終焉）以外の何ものでもない。

現代日本に生起し始めたラディカルな現在主義は、歴史を遡れば、マス・ユートピアの座巻とともに影響力を失ってきたアナーキズムの系譜に位置する。急いでつけ加えれば、ここで言うアナーキズムは友愛や社会連帯という理念に象徴される強力な「連帯」精神に支えられた労働・社会運動のアナーキズムである。二

○世紀初頭にかけてのそうしたアナーキズムは、これまで主としてマルクス主義との対抗で語られてきたが、マス・ユートピアの希望言説に対抗する希望観の反転という文脈でとらえることが、今日では肝心であるように思う(6)。

排除され不安定な状況と位置とにおかれた社会的存在者が、そうした孤立状態のゆえに社会性 sociability を剥奪された存在へと落としこまれるのではなく、その場所で生きられるよう要求すること、すなわち自らを社会的存在者たらしめ、またそう認知するよう求めること、つまりは社会化の端的な要求を社会に迫ること――パフォーマティブな次元へと希望言説を向け変えるとはそういう意味である。「豊かな生」への期待を誘導する類のあらゆる動機付けを警戒しその罠にはまることを自覚的に拒絶する振る舞いとはそのようなものであり、社会的存在を取り戻すというその本質的性格に照らし、この振る舞いは言葉の広い意味での連帯理念をともなわずにはおかない。

いささか空想的に映るにちがいないこの「連帯要求」は、しかし、希望の現実的基盤を剥奪された人々が自らを社会的存在者へと再構築する実践と経験とに根づいており、たとえばフランスにおける社会運動、青年運動の近年の動向が示すように、決して架空のものでない。そうした運動とて、〈希望を語らない／語らせない〉両義的世界のなかで、自己責任という名の孤立と排除の圏域に回収される危険を免れているわけではないとしても、逆説的だが、アナーキーな反逆というイメージの対極にあるような「組織性」や集団性が、希望なき時代の「アナーキーな」連帯に必須の構成要素なのである。

希望の持てなさを「個の反逆」に水路づける言説は、希望を語らない意志をマスに対抗する個という図式に押しこめる。そうした仕方は、依然として大衆社会の希望言説編成の枠内にとどまっている。「アナーキーな」連帯の組織性や集団性が、ではどのような質をそなえているかについての探求が必要であるとはいえ、希望を語らない意志的断念が、希望を語らせない現代日本の体制秩序とは異なるもう一つの社会形成にとって、一つの重要な起点であることはまちがいないように思う。

【注】

（1）なお、いわゆるロスジェネ論が大卒者の困難を主たる表象としている節のあることにも注意しておきたい。

（2）「新時代」とは、言うまでもなく、日本経団連『新時代の「日本的経営」』（一九九五年）を想起して使用している。一九九五年の意味については、中西新太郎他『1995年　未了の問題圏』（大月書店）参照。

（3）これは、ナンシー・フレイザーが指摘した、労働者は労働者であるかぎり資本―労働関係の下では自立的たりえないという一九世紀の自立観を観念的に踏みこえさせることを意味している。

（4）この点は「オタク」の社会的性格にかんする議論、評価ともかかわる。この論点につき、Thomas Lamarre, Otaku Movement, in, T. Yoda, H. Harootunian（eds.）JAPAN after JAPAN, Duke Unv. Press, 2006　参照。

（5）ラディカルな現在主義とは、千年王国論など、前近代、近世ユートピアの特質としてホブズボームが論及した性格を念頭においている。

（6）そのことはまた、マルクス主義の希望言説＝未来像について今日の時点で検証することの必要を意味してもいる。たとえば、二〇世紀へのとば口におけるモリスとベラミとのユートピア構想対抗の意味や、カール・コルシュのユートピア理解等々。「科学的社会主義」とマス・ユートピアとの関連もまた、この問題圏の内にある。

3　生きづらさの時代の若者たち

今の日本の若者の平均的な就職後の状況は、大学を卒業した人で、最初に就職した会社を３年後までに辞める人が３割。高卒は５割。中卒だと７割。どんなに大きな企業でも、３年間に４人に１人から３人に１人は辞めていくということです。

意識調査によると、20代後半のほとんどの若者が転職を考えています。30歳を前に、この仕事のままでいいのかと、正規、非正規問わずに考えざるを得ない現実の中で働いているのです。

（１）今の20代の若者が育った時代

今の20代の人が物心ついたときに記憶に残っているのは、１９９５年の阪神大震災やオウム真理教事件です。若い人の歴史の始まりは、その時期からということになります。

「ライトノベル」という、小学校高学年から中高校生が「おもしろい」と読んでいる最近の小説ジャンルで、『砂糖菓子の弾丸は撃ち抜けない』（桜庭一樹、富士見ミステリー文庫２００４年）という作品があります。２人の中学生の話で、一人は転校生で、女の子なのにいきなり「僕は人魚です」と自己紹介する。人間の世界がどんなにくだらないか、早く全部なくなっちゃえばいい、というのが転校のときのあいさつなのです。

もう一人の主人公は、小さな町で引きこもりの兄と母親と3人で暮らしていて、早く実弾を持ちたい、つまり自立をして自分で生きていきたいが、就職先が自衛隊しかない、そういう町の中で、「僕は人魚です」と言って、砂糖菓子の弾丸みたいなものを撃っていても、ちっとも現実に響かないだろうと転校生を冷たくみている少女です。二人は友だちになるのですが、転校生の少女は、父親に虐待され、最後はバラバラにされて鳥取の砂浜に埋められます。そしてそれを主人公の少女と引きこもりの兄が発見するという話です。

もう一つ、「目の前にある敵を、目の前にある武器で殺す。こんな時代、そんなふうにでもしなきゃ生きていけないよ。苦笑いがこぼれた。これこそ、言葉で説明すれば拡散していくタイプの事柄だ。いまのあたしの独白が何か重大な意味を持ったなんて考える奴がいたら、鼻で笑ってやる。現実はシビアだ。父さんと母さんのふたりがいなくなって、あたしは血のつながりのない母親と共同で暮らしている。高校に通って、友達がいて、彼氏がいて、見知らぬ人を殺している。それで全部だ」

こちらは、『永遠のフローズンチョコレート』(扇智志、ファミ通文庫2006年)というライトノベル作品です。女子高校生の主人公が次々と人を殺し、それを知る男子高校生との話で、結末が何かあるわけではありません。次々と殺していく、そうでもしないと毎日普通に生きていけないよというもの。

大人は、ほとんどこの世界を知りません。だいたいみんな恋愛物語だろうぐらいにしか思っていないわけです。でもそうではないのです。大人が「普通」だと考えていることと、今の10代、20代の人が考えていることは、いろいろな場面でずれている、大きなギャップがあるという事実から出発をしなければいけない。大人が考える「普通」は、若い世代から見ると決して「普通」ではない。そもそも「普通」というのは何なのか。若者の実感に照らすなら、それが定かではないのです。

（2）two nation society（2つに分裂した社会）を生きる若者たち

「若者」を一律に語るのは間違いです。大半の大人は、大人と若い世代のギャップを論じるとき、若い世代をみんな一緒にして考えてしまいがちですが、大人と若い世代のギャップよりも、同じ世代同士間のギャップのほうが、場合によってははるかに深いのです。

特に、構造改革政策の結果、格差が非常に進み、学校教育の世界も、制度的に格差を正当化して助長するような枠組みへと移行しています。そのような中で、教育競争というよりも、もっと幅の広がった子育て競争が、幼児教育から大学院、キャリア教育も含めて急激に進行しています。この進行のすさまじさは、全体像や実態を把握できないくらい広がっています。

そういう中で、例えば私立の中高一貫校からいわゆるエリート校といわれる大学に進んだ人たちは、貧困という言葉を聞いても、それが具体的にどういう状態なのか、ほとんどイメージできません。一方、貧困についてわかる学生もたくさんいます。自分で学費を払って、親には頼れない学生です。私大教連のデータでは、私立の大学でも約1割います。大学生もひとくくりにはできないのです。

幼児教育から大学教育までの階層別のコースが、もうかなりの程度、日本の社会ではでき上がっています。年額で250万円ぐらい学費がかかる中高一貫の全寮制の学校で行われるエリート教育を受けると、それだけの効果があるのは当然です。そんな教育を受けることができる人たちと、事実上放置され、新任の教員をあてがわれて、半数ぐらいは臨時教員が受け持っているような高校で、毎年100人以上が退学をしていく環境に押し込められている生徒もいるわけです。

私が担当している、「病める社会」という、3～4年生に受けてもらう講義で、「モンスター・ペアレント」について、異常なのか正常なのか問うと、8～9割が「異常」だと答えています。給食費を払えないという話が広く行き渡っていますが、給食費も払えないような家計状況で、なぜ見通しもなく結婚して子どもを産むのか、それ自体がおかしいという意見が、当たり前のように出てきます。これは、ノンエリートの若い子育て家族がどういう生活をして、どういうふうに家庭を営んでいくのかについてのイマジネーションが欠けているからです。「子どもなんか産むな」という学生が悪いわけではありません。元々想像ができない状態なので、自分だったら決してそんな見通しがない状況で結婚なんかしないと考えるのです。だから20代の、いわゆる普通に働いている若者たちは結婚しません。現実にてらして結婚できないことがよくわかっているからです。

「病める社会」に神奈川のNPOでフリースペースをしている方にきてもらいました。そのフリースペースにはある医科大が学生を派遣し、ボランティアをしてもらっているそうです。今の医学部の学生がそのまま医師になると、患者の生活背景がわからないままなので、フリースペースのようなところへ行き、現場を見ることを学生教育の一環としているそうです。そういうとりくみが必要になってくるぐらい、同じ世代同士でも、お互いに違う世界を想像できないような関係が広がっているということだと思います。

本人がそうしたくてそういう道を選んだわけではありません。日本の教育環境がそうなっているのです。その中で、行き届いた教育を受けた人たちは、外から見ると、環境に恵まれていたのだという言い方をしますが、本人たちからすれば、「環境に恵まれたから」ではなく、「与えられた環境の中で期待に応える努力を自分なりにしたから」だと受け止めているのです。

これは学生も、それからそういう子どもを育てている家庭、親も同じです。特に母親は、そういう環境の中で精いっぱい自分のできることを、その環境を利用して、どういうことをしたのかということを迫られていると感じるのです。特別な成功を収めさせようと子どもを追い立てるつもりはない、「普通」に育ってくれればいいと願っている親が「普通」なのですが、その普通を実現するためにしないとダメな努力がたくさんある。そう感じさせる社会の圧力が大変強いということです。

現在の若い世代間では、勉強ができる、できないよりも、もっと広い、人間のトータルな価値の上下という形で上下感覚がつくられています。スクールカーストと呼ばれていますが、学校だけでなく、若者が集まる場では、特有の秩序ができます。その序列は非常にはっきりしていて、特に都市部の中学校、高校、私立の女子高の中学あたりがいちばん厳しいという学生もいます。同じクラスの中でも、上位グループ、中盤、中盤に入れない「微妙」。微妙よりも下の地味グループ、そして最下位層といった具合の階層分けです。修学旅行のグループ分けをするときに、どの集団がこの最下位層を引き取るかという問題が出てきます。そのくらいはっきりと序列ができています。

ある集会でこの話をしたときに、参加していた高校生が、「なぜ、そこまでよくわかるのですか。私が毎日過ごしている世界です」と涙を流していました。いじめられているわけではないのです。この序列のどこに位置づくのかを常に考えなければならない、それがつらいというのです。

上位グループを「リア充」と呼ぶ人が多いのですが、「リア充」の絶対条件は、成績もある程度よくて、部活で結構活躍している、イケメンなど。彼氏、彼女がいることは必要条件です。恋愛話は「恋バナ」といいますが、恋バナは同じ「身分」同士でしかできません。下位の序列の者が上位の序列の人間をあだ名で呼んではいけない。携帯のアドレスを聞くときは、上位の序列の人間が必ず先に携帯のアドレスを教えてと聞く。これは意識しているわけではなくて、よく考えてみると全部そうなっていることらしい。

中学校、高校などで、上位のグループから「お弁当を一緒に食べよう」という誘いがかかったときは「リクルート」。「弁当のお誘い３回で上位グループ入りかな」と言っていた学生もいます。

このお誘いに応えるかどうか、これが悩ましい。つまり、お誘いに応えて無事上位グループに仲間入りしたとしても、新しい上位グループの中の最下位であることは間違いない。そこに行くよりは、今の中盤の地位にとどまって、そんなに上位を望まずにいたほうがいいのではないかという判断も働きます。ではお誘いをどうやって断るか……。これは学校だけでなく、インターネット上のミクシィのグループであれば、コミュニティの中にそういう序列ができます。どんなところでも必ずこの上下関係ができてくるのです。

どこのグループにも入れない人は、中学校などでは、昼食のとき1人で食べなければならない、これは困るので、便所で食べます。便所飯と呼んでいます。「平気で便所飯やっていました」という学生のコメントから、たんなる都市伝説でないことがわかります。

2~3年前、有名な女性雑誌に「モテ子の習慣VSブス子の習慣」という特集記事が載りました。16ページにわたってモテ子とブス子のそれぞれの生活行動や習慣や持ち物など全部分類するなど、この記事自体、感覚がおかしいのではないかと思う特集でした。モテ系には、モテるために自分はいかに努力をしているのか認められているという条件があります。女性である限りはモテるために努力をするのが、「最低限の人間的な義務」なのだというメッセージを伝えているのです。

そういう努力もしないで、「人間は心だよ」「気持ちがわかり合えばいいんだよ」といくら言ってみても、何の力にもならないというのが、感覚としては当たり前なのです。それが嫌だと思っている人はたくさんいるはずです。それがいいと言っているわけではなくて、そういう枠組みの中で仕方なく生きているということなのです。

学校に限らず、人が集まると必ずその中での自分のポジション確保が課題になって、上下関係に配慮せざるを得ない。民主的な運動や社会運動など、そういう場でも、たがいの位置関係を察知する空気の読み方というのはそう簡単にははずれていきません。そんなこと関係ないと思うのは本当に大変なことなのです。

自分のキャラクターさえも、そうした価値的上下判断の対象になるのです。相談された例ですが、4～5人の女子中学生の集まりの中で、「あんたと私はキャラかぶってるからあんた明日からキャラ変えてよ」と要求された子がいたそうです。キャラクターを明日から変えるなんて、簡単ではないのに、当たり前のことのようにそう言ってしまうのです。キャラの設定もせずに思ったことをそのまま話すのは、自己中心的ですが、「私は天然だからこの話をしてもちっとも不思議じゃないよね」という「天然キャラ」を確立していれば、いくらでも言うことができます。

キャラ立てもせずに思ったことを言うのは不作法で自己中心的なやり方です。そこで、年齢の差や、上下の感覚は自分がないつもりでも、50代の人が、いきなり、「あんたそれ、これからどうするの、ちゃんと社会的なことを考えているの」といった話をぶつけようものなら、中身がいくら正しくても、若者にとっては、抑圧的な態度だと映って当然なのです。医師になるようなコースを歩んできた人たちにしても、「できない」と放置され、ひどい条件の中で育った人とは違う意味で、やはり生きづらさを持っていると言えます。

(3)「できる子」たちの生きづらさはどこにあるのか

古荘純一さんという児童精神科医が最近出した『日本の子どもの自尊感情はなぜ低いのか』(光文社新書2009年)という著書があります。自尊、セルフ・エスティームはいろいろはかり方があるようですが、小中高校生の自尊感情をはかっていて、ほかの国と比較すると、極めてはっきりしているのは、世界の、いわゆる発展途上国以外の国と比べて、際立って日本の子どもは、自尊感情が低いのです。

しかも、この古荘さんのデータでは、小学校4年生、5年生、6年生、中学校1年生、2年生、3年生と、学齢を重ねるにつれて、だんだん自尊感情が低くなっていくのです。つまり育てば育つほど自尊感情が低くなっていくということです。

日本青少年研究所という団体が、日本と中国と韓国と米国、4つの国の高校生を対象に定期的にいろいろな意識調査をしています。この調査でも、自分に自信があるかどうかという項目で、日本の高校生の自己評価は際立って低いのです。

古荘さんのデータの中では、職業高校の生徒が驚くべきことに、かなりの人たちが自尊感情の得点がゼロ。つまり自分について何も期待もしていないし、自信もないし、満足もしていないという状態なのです。したがって、自尊感情の高低にはある程度成績の影響があることを推測できますが、いくら勉強ができても、自分に満足できるとか、それから自信を持って考えられるといった点での自己評価はおしなべて極めて低いのです。

ある看護師の方が、「お医者さんはメスの扱いがうまいので、リストカットはすごくうまい」と言っていました。いわゆるエリートと呼ばれる若者たちの間で、リストカットなどはないだろうと思うのはまったくの間違いです。勉強ができるできないとは関係ない世界で、引きこもりもあれば、リストカットもあるのです。

一人ひとりが社会の中で孤立し、自分が社会の一員であるという安心感や現実感を持ちにくい状況の中で生きているということなのでしょう。私はそれを、「社会の剥奪《はくだつ》」、社会を奪われている状態と呼んでいます。

現代日本に生きる若年層の悩みは相当深い。私は滑舌が悪い、社会性がない、うまく人と話せないなど、たくさんの大学生が言うのです。就職の面接のことを考えると夜も眠れないという学生が、授業の質問などで結構出てきます。「社会性がない」と悩むのですが、訓練をすれば社会性が身につくのかというと、決してそうではないと思います。

企業が就活生について重視する項目は、一番重要視されるのはコミュニケーション能力で、大学の成績など関係ないのです。企業の中でやっていけるようなコミュニケーションの力があることを個人に要求します。それにいかに応えるのかが一人ひとりに要求されていると感じています。

「4～5人集まったら盛り上がっていろいろ話ができたよ」というような関係のつくられ方・つくり方が、社会性の具体的なあり方のはずなのですが、そういう部分は今の社会では評価をされない。そこに大きな問題があります。コミュニケーション・スキルという個人の「能力」が重要とされ評価される。たがいの関係を個人単位の能力に単純化して考えているのです。私はそうした認知・評価システムを個体化と呼んでいますが、文化的にも個体化が徹底して進んでいます。世代間のギャップというよりも、隣にいる人が同じ社会で一緒に生きている人間だという基本的な感覚をつくること自体が非常に難しい状況が広がり、若い世代はそんな世界で育ってきているということなのだと思います。

全国、場所によって違います。初めて鹿児島大学に赴任したときに、鹿児島のスーパーに40分座っていたら、10人の人に話しかけられました。初めてのことです。また、じゃがいもを買っていたら、知らない人にいきなりそのじゃがいもを取り上げられ、さつまいもをポンと置かれ、「今日はさつまいもが安い」と。「なんだこれは」と思いましたが、慣れてきたら、「どうもありがとうございました」と言います。それは社会の中に「一緒にいる」感覚なのです。

でも、これをされたら、若い人はどうなるでしょう。そういうつながりは、そもそも存在しないという環境から出発し、一人ひとりが個々バラバラに「個性」を評価され、個人単位ですべての能力が測れるというフィクションのもとで、個人々々のキャリアや成績が測られる――そんなしくみが社会生活全体につらぬかれている。大学を出て仕事に就くと、ますます、そういうしくみが徹底される。それをずっと積み重ねてきているのです。

そうでない世界がある、そうでない関係があると、いくら口で言われても、自分の実感として個体化されない関係、世界だってあるんだとわからなければ、それは決して納得できないと思います。

学校に行けなくなったり、引きこもりになったりして、フリースペースに集まってきた人たちは、現在の社会のかたちとはちがう世界がある、もっと違う社会、もっと違うつながり方があるということが体感できるわけです。今は恵まれていれば恵まれているほど、できればできるほど、それを体感することが難しい状態になっているのです。

そういう中で、能力を発揮して、自分はちゃんとできると常に証明しなければいけない。依存してはいけない、頼ってはいけないということが最も徹底して貫かれる世界で生きていることになります。

頼ってはいけない、それは自分の力不足を認めることだという了解が一般的になると何が起きるか。援助を求めないで自分でなんとかしようと苦しむのです。保育園や幼稚園、学校など人とかかわるプロフェッションが要求される職場の中で、一緒に考えなければだめな場面なのに絶対にそうならない。私がなんとかするとばかりに、問題を自分の中に抱え込んでしまう事例がたくさんあります。そういう文化と教育の下で育ってきた、つまり、個体化の下で「自己責任」が強いられているのです。

私の失敗談です。ちょうど教育基本法改定の問題があったころ、1年生が、「先生、教育基本法をどう思いますか」「先生は反対ですか」など、個人的なことも含めていろいろ質問が来て、つい私も関心があるのだなと思い、「では、あなたは何がしたくて大学に来たのですか」と質問してしまいました。返答は、「それはひ・み・つ」でした。私は地雷を踏んでしまった。気安く話しかけて、いろいろ質問してくるので、こちらからもいろいろ質問していいだろう、という安直な理解で、「何する気なの」と聞いてしまった。それに対し「あんたのその質問は不作法じゃないですか」という、そういう返答なのです。

まだ「それはひ・み・つ」と言ってくれたのはありがたいほうで、何も返答しないことが多い。何も言わないと、若い人は何を考えているかわからないという大人の決まり文句が出てきます。黙ってしまって何を考えているかわからないという状態、その状況、シチュエーションに持ち込んだ側の責任が問わなければいけないと思います。

隣の人と話をすることも難しい状態の中で、「お互いに同じ人間だから」といくら言葉で言っても、それは通じる話ではないのです。同じ人間で、年齢や役割は違うけれど、いろいろ話していいのだと思えるような、そういう世界の土台が、目に見えてきちんとあるかどうか、自分もそこにいて、そういう世界で大丈夫だと思えるかどうかが大切だと思います。

つねに個性を求められ、個人単位の能力を測られ、頼ったらダメと思わされる社会の下で、小さいときから積み重ねてきた努力の結果として、今の自分というものがある。だから自信はないけれど、プライドをはずしてしまったら自分がなくなってしまうだろう。プライドというよりは、尊厳の要求です。私がここにいるということ、こういう私なんだということについて、それを崩すようなまねはしないでほしいという尊厳の要求だと考えています。

(4) 社会正義の追求が自己の尊厳の追求と結びつくみちすじ

自尊心が低い、夢や希望を簡単に言わない、そういう意欲がないなど、大人からは否定的にとらえられがちですが、変に上昇志向を持っているよりも、ちょっと自信がないし、そんなことまでとてもできない、自分はそんなことにとても満足できないと、ぐずぐず、うじうじしているほうが、私は見どころがあると思っています。

社会的地位を上昇させていくことが、一番大きな共通の価値になっている社会は、キャリアを要求し、次々とキャリアを積んで地位を上昇させていけというメッセージを送っているわけです。エリート層も含めて、現在の若者たちはこのメッセージには十分応えていません。自尊心の低さはそれを表しています。

自分がキャリアを積みたいというのは、ほかの専門職もそうですが、社会的な地位を上げることが目的ではないと思います。自分が、どうすれば満足できるのか、自分はどういうことを追求したらいいのかという探究がどう生きるかという関心の焦点だと思います。

ただそのときに、今高等教育の場には、おそらく医療も含めて大学院などもそうですが、キャリアをとにかく個人で早く積んで、自分のポジションを得なさいという強い圧力がかかっています。それぞれ自分でどれだけキャリアを積んで遅れないようにやっていくのか、本当に強いプレッシャーの中で自分の位置をどうしたらいいかということを、考えざるを得ない状況に置かれている。

自分の持っている専門的な力量や知識などを活かすことによって、社会正義に貢献していく、そういう使命と構造を持ったプロフェッションが社会をよりよく変えることに役立つ。それが、専門性というものの一つの特徴でした。例えば保育士、子どもと向き合って子どもと一緒にいるときに気付いた問題点や改善点に気付き、自分のプロフェッションと結びつけて社会のあり方を考えていくという回路が存在しているわけです。存在しているから、医療や教育などの専門分野で自分が追求していくと、この社会をどうするのかと考えざるを得ない。

ところが、現在の日本社会では、自分が専門分野でのキャリアを積むことと、専門性にもとづいて社会のあり方を考える従来の結びつきが弱体化しています。いくら専門的知識を身につけても、そのことが「社会人」としての自分のあり方を「これでいいのだ」と確信させることに結びつかない。個人の能力レベルで「キャリアを積め」と言われても、空しさがふっと浮かび上がってしまう。

現在のキャリア教育の欠陥が原因であることは事実です。しかし、それだけでなく、プロフェッションを活かした社会貢献という図式には収まらない「自分の活かし方」や「やりがい・生きがい」のとらえ方があるように思います。周りから見ると「いい職」なのに突然辞めてしまう、「優秀」で知識も資格もあるのにそれを活かせる仕事に就かないといった現象が起きるのはこのためです。

地位の上昇を望んでキャリアを求めていくという意識とはまったくちがう、そういう要素が、様々な専門性を要求される職場に来ている若い人たちの中にたくさんあるからだと思いますし、20代の後半になるとみんな転職を考えるのは、生活の問題だけではなく、この社会の中で、自分で納得できるような位置や場所を本当に得ることができるのかという不安がある。

「自分が活きる」社会についてのイメージが、このように変化してきた中で、その人の尊厳をどうやって大切にするかということと結びついた運動、働きかけが必要なのではないかと考えています。

働きかけるというと、何となく自分たちの運動の意義を訴えて、それで納得してもらおうというスタンスになりがちですが、もっと相手が今、どう思っているのかを話してもらうことが大切だと思います。こちらから何も言わない、だけれど、相手がこう考えたり、こうしたいということを支えて、いっしょに考えていける、「話を聞かせる」前に「よく聴き取る」ことのできる運動文化を、そういう力を、ぜひ探求して身につけていただきたいと思います。

4　若者たちのいま――構造改革時代の恋愛文化に焦点を当てて

（1）窮状におかれる若者たち

いまもっとも鮮烈な若者たちのすがたとは何だろうか？「若者」を決して一律にとらえることができない点を踏まえたうえでなお、それは窮迫の現実だ、と私は思う。たとえば、ドキュメント『家のない少女たち』（鈴木大介、宝島社２００８年）は、否応なしに援助交際を迫られる少女たちの窮迫（それは同時に彼女たちの生そのものが深く傷つけられる事態でもある）を生々しくつたえている。そこに登場する少女を特殊な例と断じるのはまちがいである。青少年の生きる現実が、総じて、息をのむ貧困や抑圧の中にあることはいくら強調してもし過ぎることはない。世間がアルバイトと呼び、小遣い稼ぎとしかみない高校生、大学生の非正規・有期労働一つをみても、破廉恥というべき搾取の実態で溢れかえっている。労基法違反の不払い労働、罰金制度等々に加え、若年であるために抵抗できないパワハラなど、人間らしい働き方decent workとはかけ離れた状況が当たり前となっている。「当たり前」とは、雇用主の悪意の有無によらず、ビジネス・モデルとしてそういう働かせ方が一般化しているという意味だ。

学生「アルバイト」のそんな現状は、彼らの労働が「戦力」にほかならぬことを物語る。彼らはもっとも劣悪で不安定な低処遇労働者なのだ。仕送りゼロの下宿大学生が一割に達するいま、遊興費目当てのアルバイト像を基準に彼らの労働をイメージするのはもうやめた方がよい。高校生のアルバイトも同様である。家計を支え、学校生活を続けるために日常的に働く高校生たちを労働者として受けとめ扱うことが求められているのに、彼ら彼女らの労働はキャリアと位置づけられるどころか、学業を妨げ、種々の逸脱を招く「障害」のように考えられている。インターンシップにせよキャリア教育にせよ、アルバイトという名の職業体験、労働経験を正当に扱う理念も視点も持っていない。必要に迫られて生きる現実は無視され、そこで彼らがぶつかる困難は放置されているのである。

若年層の窮状をこう述べると、「彼らはそんなにも苦しい様子にはみえないし、現に苦しいと訴える者は少数だ」という反応がしばしば返ってくる。「耐性がない、ひ弱ですぐあきらめる」といった若者像も根強い。はたしてそうなのだろうか。

死ぬほど苦しい目に遭いながら周囲にそう気取らせない技術に長けているのは、今日の青少年の大きな特徴といえる。（いじめの現実が隠し通されるのはその一例だ。）苦難を悟られず「さりげなく」笑ってみせられる力は、若者たちに求められる標準的な「能力」であり、「努力」である。だから「明るく元気」に振舞えるのだが、その外見は自壊寸前の極限状態を他人のみならず自分自身にさえも察知させない。突然落ち込んでしまうかにみえ、「耐性がない」と錯覚させるのもこのためだろう。苦しいときに苦しいと言えない。苦しいと言わせない社会的で心理的な機制が若者たちを縛っている。縛っているこの機制をみないことが、前述のような反応を生むのではないだろうか。そうとらえれば、「さりげなく淡々と」語られる若者たちの日常にひそむ困難や葛藤を私達がどう読みとるかこそが重要だろう。

（2）性規範は変化したか

生の窮迫はセクシャリティにかかわる領域にあっても例外ではない。最近では、キャバクラ嬢が少女たちの憧れとなっていることが水商売（性的サービスよりも広く、男女のジェンダー役割を前提にした異性へのサービスを提供する職業と定義しておく）にたいする意識変化の現れと指摘される（たとえば、三浦展／柳内圭雄『女はなぜキャバクラ嬢になりたいのか？』光文社新書２００８年）。キャバクラやホストクラブが自己のプライドを満足させるコースのように語られるのである。だが、その印象は皮相に過ぎる。『小悪魔ＡＧＥＨＡ』に登場する少女たちは屈託なしに人気商売に勤しんでいるかにみえるが、生い立ちを語る彼女たちのすがた（『小悪魔ＡＧＥＨＡ』２００９年2月号「病みから闇へ」）からは、屈託のなさが本態でないことが透けてみえる。彼女たちを水商売に向かわせる背景と事情には、ＡＶ女優としての自己語りに共通する窮迫（貧困、家庭不和、孤立等々）がうかがわれるのである。就業先としてみたときのキャバクラやホストクラブの近づきやすさ（高収入にみえ、かつ就業しやすい）は、学費を稼ぐことをふくめ生活上、経済上の必要を満たすチャンスのようにそれらの水商売を意識させる。自尊心を満たす手段というより、割のいい仕事というとらえ方のほうが実状に近い。そしてもちろん、ここでも搾取の現実は、すべての職場がそうでないにせよ、働く若者たちをスポイルする。キャバクラ・ユニオンの誕生が物語るように、「割のいい仕事」は、他の職場と同様に、法律も公正な労働基準も無視した働き方を強要することで成り立っている。そんな現場でもめげずに働く若者のすがた（たとえば、松本耳子『ぷちキャバ』少年画報社２００９年、はキャバクラ嬢が営業に徹するありさまを描きながら、そのようにやってゆけることを経験的メッセージとしてつたえる）に惑わされ、労働の現実を牧歌的に描くのは大きな誤りなのである。

性意識や性規範の変化についても、若年層への誤解ははなはだしい。商業主義に浸され性規範が衰弱している等のありきたりの理解がそれである。後述するように、若者たちの生きる文化環境が恋愛や性にかかわる感覚を変容させていることは事実だ。とはいえ、この事態を規範意識の緩みと直結させてしまうのは時代状況への無理解があると言わざるをえない。90年代半ばに始まる構造改革時代は性をめぐる意識をも変化させたが、私たちの認識はそのことにまだ追いついていない。たとえば、性行動の低年齢化が指摘され、恋愛関係が性関係に直結していると報告される（日本性教育協会『「若者の性」白書　第６回青少年の性行動全国調査報告』小学館２００７年）と、そこから私たちはすぐさま性意識の弛緩等の結論を引き出したくなる。しかし、右の報告は同時に、「恋人」の有無が20年間にわたりほぼ一定の割合で推移していることをつたえてもいる（高橋征人「コミュニケーション・メディアと性行動における青少年層の分極化」）。とすれば、性規範の衰弱がすすんでいるといった一般化はできないのであり、むしろ読みとるべきは、性関係を必須とする恋愛相手を持つ若者とそうでない若者とギャップの拡大なのである。

（３）日常の人間関係に忍び込む序列

前節で述べたギャップをかりに恋愛格差と名づけよう。生活のあらゆる場面で格差が進行していることこそは構造改革時代の核心をなす特徴であった。恋愛格差もその一環と言ってよいのだろうか。

この点をたしかめる前に、構造改革時代が幕を開けた90年代後半以降、若年層の消費性向が大きく変化したことを確認しておきたい。彼らは海外旅行などしない。車は買わないし乗らない。（現在、自家用車の最も多い使用者層は60代以降と高齢化している）飲み屋に行かず家で飲む（家飲み）。所持率が増加しているのはケータイとデジカメくらいで、若者たちはいまや消費社会の片隅にいる。ゆとりのある若者たちもいるとはいえ、生活のきびしさ、貧困化の進行は隠しようがない。同時代を生きる若年層のあいだに社会的、文化的な上下関係がはっきりと出現したことこそが構造改革時代の現実なのである。

格差の現実が少年少女の世界に鋭く反映されている例としてただちに思い浮かぶのは「スクール・カースト」だろう。彼らが生きる日常全体を覆っている社会文化的な格差・差別を表すうえで「スクール」という用語は狭すぎるので、筆者は友だち階層制という言葉を用いる。友だち階層制のポイントは学校の内外を問わず(ネット上の集まりであっても)、水平のはずの友人関係のなかに序列が出現してしまうこと、そしてその序列は、成績差といった単純なモノサシにもとづくのではなく、社会文化的な優劣ひいては人間的価値の優劣を判定するという点にある。もちろん、社会文化的な価値も人間的価値も、それを測るモノサシに確固たる根拠など存在しないのだが。

このいわば総合的な優劣を象徴する言葉として「リア充」を挙げておこう。当初は揶揄的ニュアンスを帯びていた「リア充」は、実生活を充実させる力を持った人間を指し、逆に「リア充」から外れる存在を無能力者のようにイメージさせるようになった。秋葉原連続殺傷事件の加害者があるサイトに寄せた膨大な書き込みのなかに「リア充」への「やっかみ」と自己卑下の数々がふくまれていたことは記憶に新しい。「恵まれた生」と「そうでない生」との鮮やかな対比が若者たちのあいだに生まれているのである。

この格差は決して主観的なものではなく、日々の人間関係で経験されるものである。友だち階層の上位グループに共有されるつきあい方や振る舞いは家庭の経済力や文化資本に裏打ちされており、それらもふくめて一人ひとりの「総合力」が序列を決めてゆく。したがって、たとえば、経済的困難を抱え「学力」も低い「進路多様校」では、友だち階層制がつくられる基盤は少ない。要するに経済的、社会的格差と文化的、意識的格差とが結びついてカーストと言いたくなるほどの上下関係が生まれているということなのだ。日常感覚のうちに刻みこまれたこの優劣関係、格差の存在をぬきに若者を一律に語ることはできないのである。

（４）桎梏《しっこく》としての恋愛

前節で優位グループの象徴として挙げた「リア充」の条件には「カレシ、カンジョがいる」ことがふくまれている。恋愛文化もまた、階層秩序のなかに組みこまれている。「どうしたらカレシ（カノジョ）ができるか」という悩みは、たんに思春期特有のものと了解すべきではない。カレシ、カノジョの存在は自分の社会的ポジションに深くかかわっており、「いるはずでいなければ困る」強迫的なアイテムなのである。そして、「いるのが普通」である以上、恋バナを気軽に話題にすることも普通だ。恋バナを語れることが、各人のいわば「標準装備」というわけである。ただし、恋バナを披露しあえる関係にも階層秩序が浸透している点に注意しておこう。「身分」がちがえばカレシ、カノジョについてうかつに触れられない場合もある。それ以上に深刻なのは、カレシ、カノジョがいないこと、つまり「人並みの生活」の欠如が周知される事態である。このたぐいの孤立も、昼食を共にする友だちのいない「悲惨」と同様の性格を持つ。

友だちなり恋人なりが、人間関係の標準装備とみなされる事態は、人間関係が「つくるもの」として契約論的に了解されていることを示唆する。「友だちがいない」「カノジョがいない」という嘆きは、それだから、「関係をつくろうと努力しないお前が悪い」すなわち、努力もせずに自分のいたらなさを自覚できない思いちがい人間とのレッテルを呼び寄せてしまう。「出会い」や「縁」といった言葉はいまや理解されにくく、無責任とさえみなされかねない。出会いは演出（周到に準備）されねばならず、縁を結ぶためにはせっせとアドレスを交換する努力が必要となる。一人でいること、孤立することは、したがって、当人の努力不足を如実に示すすがたであり、だからこそ、そういうすがたを見られてしまうのは耐え難い。

人間関係のこの契約論的了解がよく現れているのは恋愛文化における「告白」という儀礼だろう。カレシ、カノジョを「つくる」ために必須の入り口（契約締結）が「告る」という行為だ（告白が儀礼化するプロセスは興味深いが、ここでは触れえない。様式化された告白を物語る例として、木村隆志『告白女《コクジョ》〜運命を変える告白術51〜』サンクチュアリ出版２００８年参照)。近年では、告白というステップを踏まずに「いつしか惹かれ合う」恋愛関係は想像しにくい。契約関係と解除という入り口、出口がはっきりしており、告白はいわば市場取引のようなものであるから、一度失敗してもやり直せる。恋愛文化におけるフレーム(様式)の先行というべき事態がすすんでいるのである。

フレームの先行は関係のわかりやすさを促進し、告白がなければ好きでも友だちといった切り分けを可能にする。また、関係のわかりやすさは恋愛文化の内実をわかりやすさという基準にそって変容させもする。告白日が記念日となり、恋愛史はそこから一ヶ月ごとに積み重ねられる。カレシ、カノジョになったらすべきこと、デートの中味から性体験まで(このような想定枠にかんする戸惑いや期待がもたらすコミカルな効果はライトノベルのラブコメにあって常套手法である)、「型」といってよい枠づけがはたらく。量的な検証がないため印象にすぎないが、ゼロ年代にいたって少女マンガ分野でのセックスやセクシャリティの露出が著しくすすんだように思う。さまざまな性経験の表象が流布しており、たとえばＳやＭといった言葉(性向)も、従来の意味より潤色されているにせよ、一般化している。これらもまた、恋愛関係における枠づけの先行を示唆しているのではないか。

恋愛文化におけるフレームの先行は、各人の体験をその枠内へと押しこもうとする(日本性教育協会前掲書が報告した性行動の変化はこれを反映していよう)だけでなく、枠づけられた「体験」をこなせるキャラとして各人の「自己」を成形させるはたらきも備えている。フレームの要請にあわせ、それにふさわしく振る舞うよう方向づけるのである。恋愛関係にあっても「使えない」人間はダメということだ。カレシ、カノジョの存在がリア充の核心的条件となるのは、その意味で必然的だろう。リア充という言葉には人間的価値において優位だという潜在的意味がこめられていた。恋愛文化の世界で努力せず「使えない」ことは、この価値序列のなかで下位におかれる有力な指標にほかならない。

ところでしかし、そうやって先行するフレームを踏まえた「恋愛関係」が、その関係を生きる本人の「体感」にぴったり重なっているとはかぎらない。告白儀礼が成功した男女は一緒に下校するもの等々のフレームの連続と、「好きだ」という感情の深化や体験化は、あらかじめ一致しているわけではない。そういうギャップを扱うライトノベル描写は珍しくないし、ケータイ小説が追求する「真実の愛」も、フレームとしての恋愛関係ではなく、その関係を生きる本人が体感できる「愛」を求める。これらに反映されているのは、恋愛関係の様式をいくら型どおりに踏んでいても、関係の「実」をたしかにそれと感じとれないもどかしさであり、葛藤ではないだろうか。

(5)「なごむユートピア」へ

構造改革時代にすすんだ若年層の貧困化は、長く少女文化を規定してきた「白馬の王子様」イデオロギーを消滅させた。経済的に結婚もままならず、将来の見通しも定かでない多くの20代男性の現実は、少女たちの夢見た(見させられた)「頼りがいのある夫に寄りそう幸福な妻」という未来像を容赦なく壊した。好きな相手との恋愛が結婚につながる連続性の意識が消失したとは言えないが、結婚のリアリティは、「恋愛から結婚へ」という主観的願望を満たしえぬほどにきびしい。ロマンティック・ラブの幻想を支えてきた企業主義秩序と雇用形態とが破壊されている以上、これは当然のなりゆきだろう。現代日本の恋愛文化は結婚という到達点を前提できず、結婚を幸福の象徴に祭りあげることもできない。にもかかわらず、恋愛関係は、「当たり前の生活をおくる当たり前の人間」にとって必須の要件に位置づけられている。さらに、恋愛関係のあり方についてもフレームにしたがった配慮が要求される。つまり、恋愛関係は、自己の努力（社会的生活能力）を証拠づける重要な指標なのである。

この事態は、すぐさま次のような疑問を導くだろう。すなわち、「なぜそのように苦労して恋愛関係をつくらなければならないのか」という疑問である。結婚という実（帰結）から切り離された恋愛は、つまるところその関係を選びとる当事者同士の楽しみや喜びにつながるのでなければ意味がないと感じられる。努力や配慮の指標に位置づけられる恋愛関係がある種の桎梏に感じられて不思議ではない。「好きになる」という感情（パッション）の持つ衝迫性（そうならざるをえないという力）と「カレシ、カノジョをつくる」という今日の恋愛文化の契約論的フレームとのあいだには大きなギャップがあるからだ。

恋愛関係や性関係にかんする現代日本の文化標準は、このように、若者たちにとって社会的圧力としてはたらいている。恋愛文化における男性役割、女性役割もふくめて、標準仕様をこなすことが当然とされ、だからこそ、その状況に違和感を抱き、求められる「義務」をうまくこなせない葛藤にぶつかる者が生まれる。楽しみや喜びにつながるはずという感じ方に素直になれば、カレシ、カノジョとのつき合いは窮屈と感じられる。

こうした感じ方は、時に、現実の人間関係に適応できずバーチャルな関係にしか安心感を見出せない病理として解釈される。しかし、極度に様式化された人間関係（もちろんこれは若者の欠陥ではない）にたいする違和感の広がりは別のかたちで理解されるべきではないか。筆者としては、違和感や葛藤の表出を、「なごむユートピア」への接近として考えたい。たとえば、「女子会」（女子飲み）といった女性だけでの集まりの広がりは、合コンという男女の戦場とは対照的に、努力義務の課せられたフレームから離れてまったり過ごせる空間・時間の確保を意味しよう。あるいは、「男の娘」たちの「かわいくなりたい願望」についても同様だ。女装趣味を男性ジェンダー役割になじめない特異な現象とみなす視線では、「女の子と同じにかわいい自分」を欲する振る舞いは理解できない。性的領域では百合小説の一般化（たとえば、中里十の諸作品。マンガも同様）も挙げることができよう。「百合」や「エス」という言葉に含意されてきた「特殊な感覚」という意味合いは薄れ、人が持つ自然な感情の一部に同性の性的関係も組みこまれはじめている。（ただし、現実の偏見、特殊視が存続している点を無視するものではない。）これらの現象をつらぬいているのは、おそらく、恋愛文化が持つ抑圧的約束事から離れ、より自由でいたいという願望の実存である。「なごむユートピア」とは、そうした関係のオルタナティブを希求する意識を指している。いわゆる日常系に象徴されるまったりと安心できる世界の流行は、若者たちの保守回帰ではなく、既存のユートピアが失効し始めた時代のユートピア希求としてみるべきではないだろうか。

【補遺】恋愛離れ・結婚願望の行方

恋愛文化、性規範の様相について現時点で窺える特徴についていくつか補足しておこう。

百合小説（マンガをふくむ）というジャンルは、前述した特殊視（男の異性愛者による好奇のまなざし）を含みながらも、多様化を遂げ、セクシュアリティのあり方の一様相として定着した。仮構の姉―妹関係をつくることで「親密さ」のなかではたらく繊細なかかわり合いの機微、感情の揺らぎを取り出した少女小説、今野緒雪『マリア様がみてる①～㊳』（集英社コバルト文庫１９９８～２０１２年）シリーズのような「関係性」の物語を探り当てる手がかりとして、同一ジェンダーのセクシュアリティが位置づけられていると言ってもよいだろう。異性間、同性間を問わず、セクシュアリティは、人が他者と結ぶかかわり合いの一様相にすぎないということである。

百合小説のみならず、多彩なＢＬ短歌の出現が示すように、ＢＬという表現ジャンルでも、やおい文化の従来の了解枠組みを超える試みが進行していることに注意したい。男性同士の恋愛及び性関係を描くことで、男性性に特有の次元を浮き彫りする（それはただちに、日本社会のホモソーシャルな構造を明るみに出す）やおい―ＢＬの物語実践――「実践」というのは、〈攻め―受け〉というカップリングを現実のあらゆる関係的世界・事象に当てはめ、現実の見え方を変換する操作が可能だからである――は、この手法が前提にしていたはずの男性と女性との対照性（ジェンダーの二分法）をも突き崩してゆくことができる。能動性と受動性を男女のジェンダー特性としてカップリングしてみせる観念操作は、ついには、差異を承認した親密さの表現形式にまでたどりつく。人間のみならず、モノであれ社会的構築物であれカップリングしてしまう遊びに映し出されているのは、かかわり合うという次元には何か解放的な性格が必要だという感覚ではないだろうか。

そう考えるなら、地球外の異種生物と少年との「恋愛」――交感を描いた、BL（?）の先駆的名作『サミア』（須和雪里、角川ルビー文庫1993年）は、いま振り返るなら、特異な「関係性の物語」ではなくなるだろう。とりたてて特異と感じなくなるほどに、セクシュアリティをかかわり合いの多様性の中に埋めこむ試みがすすんだのである。

恋愛文化、性規範のこうした変化によって、他のさまざまな社会関係とはちがう情緒的・情動的関係として恋愛をある種特権的地位におく意識や振る舞いも反省を迫られるようになる。「あなただけを見ていたい」といった熱情（対幻想）に対し、「カレシがいても自分一人でゆったりできる時間はないとイヤ」というリアルな（生活現実に根を持つ）要求が頭をもたげるようになる。セクシュアリティが介在する関係だからといって、他者とのかかわり合い一般から隔絶した振る舞い方や規範が正当化されるわけではない。

#Me-too運動がはっきりと提起しているように、性暴力（性を隠れ蓑にした暴力の正当化）の問題性はこの点に関係する。むき出しの暴力を含めた暴力的不平等関係は、それが恋人同士であれ夫婦間であれ、正当化できるはずがない。にもかかわらず、「愛情」やセクシュアリティを介在させることで、暴力の不当さも被害の実相も見過ごされ、暴力的支配の「領地」が恋愛関係・性関係の中に強固に残り続ける。教育的指導あるいはしつけと称する暴力が子どもたちに振るわれるのと、これは同様の構造だろう。

セクシュアリティが介在する関係をそのように特別視しない感覚の浸透は、恋愛文化や性関係にひそむ暴力の問題に鋭く反応するにちがいない。性暴力を正面から取り上げた、鳥飼茜『先生の白い嘘①〜⑧』（講談社2014〜17年）のようなマンガ作品が生まれるのには、それだけの社会文化的背景が存在している。

以上から、恋愛文化や性規範の新しさは、これまでの窮屈なジェンダー区分に縛られない解放的感覚と、ジェンダー秩序に埋めこまれてきた上下関係、権力的関係を拒絶する平等主義にあることがわかる。セクシュアリティが介在する関係も、気持ちが楽で平等にいられる関係のひとつとして位置づけられ直すということだ。

そんなプロセスが進んでいるとすれば、約束事に縛られ窮屈に感じられる恋愛関係の魅力が薄れるのは自然というものだろう。ゼロ年代に進行した恋愛離れ傾向はそれを裏付けているようにみえる。オーネット「新成人結婚意識調査」（2019年）により、交際相手がいる割合の年次変化をみると、2000年の47・3%から、2011年には23%と半減している。明治安田生活福祉研究所「20〜40代の恋愛と結婚」（2016年）でも、同様の傾向が指摘されているから、恋愛（既存の恋愛文化像）を軸に若者の生活意識をとらえてはダメと言えそうだ。

ただし、オーネット調査での交際率は2016年から再び上昇に転じ、2019年まで3割前後で推移している。これを既存の恋愛関係への回帰とみなせるかどうかは即断できない。変化した恋愛文化の出現とみなすことも可能だからである。たとえば、バレンタインデーが意中の男性にチョコレートを贈るイベントから、親しい友人や自分自身が楽しむそれに変化しつつあること考えよう。恋愛マターは特別視すべきことがらではなくなり、互いに気楽にいられるかかわり合いの一部であれば受け入れられるのかもしれない。

結婚願望の推移についてもオーネット調査は交際率と同様の傾向を指摘しているが、2010年代半ばまで、男女とも結婚願望が低下してきたことは、明治安田生活福祉研究所前掲調査など、他の調査でも、数値のちがいはあれ、共通に指摘されている。「結婚はコスパが悪い」という言葉に象徴されるように、生活を成り立たせるという課題が現実的中心にならざるをえないから、結婚生活では、恋愛関係よりも強い経済的制約が存在する。このことが結婚願望に影響を与えるのは当然だ。年収が高いほど恋愛にも結婚にも積極的（明治安田生活福祉研究所前掲調査）という結果を考慮すれば、結婚願望の変化については、収入格差を念頭において考えねばならないだろう。

なお、女性の専業主婦願望についても、その低下がつたえられるようになった。低収入世帯での専業主婦率が高いことを指摘し、少なからぬ専業主婦が貧困状態にあるとした周燕飛『貧困専業主婦』（新潮選書２０１９年）の知見に従えば、専業主婦を望む意識に落とし穴があることがわかる。女性が単身で働き続けることにも、専業主婦となることにも、貧困の危険がつきまとうのである。単身収入では妻を「養う」ことができない男性労働者との共働き以外に結婚生活を営むリアルな展望などないということだ。そうだとすれば、その結婚生活に求められる平等な関係や解放的感覚とは、具体的にどんなすがたなのか。その探求が、結婚生活を望む若者たちにとって課題となるだろう。

5　パラダイス・ロストからパラダイム・チェンジへ

「若者」とは、徹頭徹尾つくられた存在である。未熟、未完成という位置づけに始まり、「だからこそまた未来が開け、将来への夢を必ず抱いている存在だ」等々、若者に冠せられた特有の形容は、若者（youth）という社会集団を「発見」するとともに社会秩序内に落ち着かせる文化的誘導機能をになっていた。現実の「若者」はつねにそこからはみ出しているにもかかわらず、若者という像は、この形容にそって強固にかたちづくられている。そしてこの像からはみ出す部分は、「異常」ないし「病理」現象のようにみなされてもきた。たとえば、「草食系男子」という近年の流行語からわかるように、「異性にがつがつしていない男」などおかしい、といった暗黙のイメージ、文化規範が存在していたのだ。

さてしかし、若者にかんするそのような通念は、いま、音を立てて崩れ始めたと言ってよいだろう。たとえば、草食系―肉食系という区分自体が当の若者たちにとっては今ひとつピンと来ていないらしいことからも、そうした変化がうかがわれる。「肉食系＝異性にがつがつしたマッチョな存在」というような関係イメージがリアリティを失いかけているからである。（ただし、草食系男子は、「持とうと思えばいつでもカノジョくらい持てるのに、そうしない」というニュアンスが漂っている点でエリート臭いという反応もある。）「男の娘《こ》」までゆかなくても、ファッションや生活スタイルを男性的、女性的と切り分ける意識は薄れ、むしろ、両者の共有面の方が拡大していると言ってよい。

もちろん、世間一般の感覚では、依然として男女のジェンダー区分ははっきりしているし、異性愛中心主義もまだ支配的である。カレシ、カノジョを持つのが当たり前といった文化的規範は、むしろ、強化されてさえいる。このため、一方では、そんな強迫観念じみた規範にそうよう振る舞いながら、同時に、そんな状況にたいする違和感が生まれてしまうのである。いまどきの若者らしく振る舞うための努力は、「キャラ立て」のような内面のコントロールまで及ぶから、違和感はしばしば持ってゆきどころがない事態にもなる。恋愛関係にかぎらず、これまで通用してきた若者像すべてにわたって、こうした乖離が進行している。

現代日本の若年層が抱く自分たちの描写への違和感には現実的根拠がある。学生時代はまだしも、社会人になると出会いの機会に恵まれなくなる実状は、恋バナ花盛りの青春といった幻想を打ち砕くし、「大学生なら何とか就職できるはず」といった甘い見通しは疾うに説得力を失っている。日本青少年研究所が継続して行っている高校生意識の国際比較調査では、単純化して言えば、日本の高校生の「夢のなさ」がきわだっているが、それは、彼ら彼女らが、自らの現実と将来についてリアルな認識を持っているからこそであろう。「萌え」を前面に押し出し、葛藤のない幸福感で溢れているかにみえるライトノベルの世界でも、仔細にみれば、どうせ失望するような無駄な夢を持たない若者像のほうがずっと一般的だ。（拙著『シャカイ系の想像力』岩波書店２０１１年を参考されたい。）結婚だって簡単にできそうにない自分たちの未来に過度な期待を抱かず失望しないための、それは、賢い防御機制と言うべきではないか。

「未来にこそ自分たちの望みがある」という若者の社会的位置づけは崩れた。これまでの若者像に不可欠の要素であった「将来における開花」というパラダイスは失われた。「夢を叶えることの可能な存在」という若者規定は失効したのであり、若者たちはそのことを真っ先に自覚し、パラダイス・ロストの時代を生きようとしている。既存の若者像に寄りかかり、グローバリゼーションの時代をがつがつ生き抜けるような人材たれと叱咤する大人は、パラダイス・ロストの歴史的現実をまず知るべきなのである。

現代日本の若者たちをとらえる、意識のこうした地層変動は、おそらく、日本社会の歴史的画期（分岐）と無関係ではない。高度成長期の終焉がライフスタイルの転換を必須にするものとして語られた（「ものの豊かさから心の豊かさへ」等々）ことがあるが、それはフィクションであった。成長や進歩の延長線上にある未来がもはや十分な魅力を持ちえない状況は、この十数年のあいだに、初めて、本格的に出現したのであり、夢を持たず語らない若者たちのすがたには、この歴史的現実が見事に映し出されている。

パラダイス・ロストの時代は、パラダイスに縛られた身の処し方から自由となる時代でもある。いままでの常識に照らすと「若者らしくない」言動、現象があちこちに広がって不思議ではない、ということだ。「ニート」の若者の言葉としてつたえられた、「働こうと思った時点で負けだ」という一節は、既存の社会常識をつき崩してゆく意識の地盤を象徴的に示していよう。社会的成功はもちろん、異性愛主義も消費スタイルも日本式働き方も……要するに、労働と生活のあらゆる場面で、こうでなければという規範にとらわれないラディカルな感覚が、若者たちのあいだに広がってゆく可能性は大いにあると推測する。

そんなものは所詮、「無産者」の取るに足らないあがきにすぎない、という評言があるだろう。あるいは逆に、社会解体をもたらす危険な振る舞いだ、という保守主義者の論難も、以前に増して強まるかもしれない。しかし、筆者は、そのどちらも、パラダイス・ロストの時代をとらえ損なっていると思う。フィル・コーエンが的確に指摘（*RETHINKING THE YOUTH QUESTION*, Macmillan, 1997）したように、現在も命脈を保っている若者の社会的位置づけはおおよそこの一世紀ほどのあいだに形成されたものにすぎず、この先永遠に続くわけではない。現にそれが崩れつつあるいま、若者のあり方すべてにわたるパラダイム・チェンジが出現して当然なのである。これは、「若者の反逆は正しい」といった毛沢東主義風の言い分ではない。

そうではなく、現代日本の若者が自らのリアリティにそくした自己規定を試み始めても不思議ではない、ということである。その結果、既存の若者パラダイムが変化することもまたおかしくないのである。「可能性に満ちた若者の存在」という規定が崩れることは一つの危機ではある。既存の世界の延長線上にある未来を塞がれた若者たちが表明するラディカルな「ノン！」宣告の一角には、新しい姿形でのファシズムが位置するかもしれない。だからといって、現にある危機を隠蔽することはできず、そうしてはならない。パラダイム・チェンジをつうじて出現するであろう、もう一つの社会への希求と行動とに目を凝らすこと、若者たちによるそれらの試みを排除ではなく受け止めることの先に、パラダイス・ロスト時代の希望はある。

第2章

社会の変容と若者たち

1　戦後70年――社会の変容、子ども・若者の意識の変容

（1）高度成長と子ども・若者

戦後日本社会の生活と意識とを大きく変化させた最初の転換は高度成長期（1995〜1973）でした。高度成長は仕事と暮らしの現実を急激に変化させ、大衆社会の到来が言われるようになります。子どもの生活・成長過程も大きく変貌し、変化の激しさは、60年代初頭が、戦後における少年非行の第1のピークとなったことに現れました。また、高校進学率が5割から8割へ上昇するこの時期、学歴社会という言葉が生まれ、子どもが社会に出てゆくみちすじについての競争的イメージ（受験競争）が定着しました。高度成長開始期に「現代っ子」と呼ばれた団塊の世代は、この社会変化に適応したドライな意識の持ち主として描かれ、青年期に達する70年前後には、社会への不満を持ちながら同時に大衆文化を謳歌する若者とみなされたのです。

戦後生まれ（1947〜1949）の団塊の世代は戦争を知らず、戦後社会の申し子と言われました。しかし、親の世代は戦争下で青春をおくり、高度成長期をつうじ、戦争体験と戦争の集団的記憶とは、日常生活のそこかしこに生きていました。団塊の世代が生きた文化には、戦記物マンガをはじめとする戦争の表象が、大衆文化の提供する娯楽対象に組みこまれ、とりわけ男の子を惹きつけました。高度成長期の「戦後」は戦争と切り離されていなかったのです。

（２）オイルショック後の社会・教育変動と青少年問題

戦後意識の社会文化的転換は、オイルショックを一つのエポックとする70年代半ばから80年代にかけて進行します。この時期は、日本が「経済大国」と目され、経営、経済分野における「ジャパン・モデル」（日本型経営）が国際的注目を浴びた「経済大国」形成期でした。一方で、過労死に代表される苛酷な労働が問題視されながらも、高校、大学卒業と同時に一斉に就職（就社）し、夫は「企業戦士」として働き妻が家庭を支える人生の「定型」が確立しました。この「定型」から外れぬよう、高校、大学、専門学校それぞれの段階を踏んで社会人となるコース（日本型青年期）が、地域差をともないながら、社会全体に浸透してゆきます。しかし、こうした定型コースをたどる若者がすべてではなく、実際には、高卒就職者を中心に、繰り返しの転職をふくむ不安定で低処遇の職業生活をおくるノン・エリート型のコースが併存していました。

社会へ出てゆくみちすじの強力な定型化は、そこから外れることへの不安と社会的非難とを呼び起こします。定型のコースを強いる過度な教育競争が非難される（「教育ママ」批判）と同時に、このコースから逸脱した少年少女の振るまいが社会問題化します。「家庭内暴力」「登校拒否」「校内暴力」「暴走族」など、この時期に流布した、少年少女の「逸脱」行動にかんする認識は、その実態や背景について、多くの誤認、錯覚をふくんでいましたが、結果的に、「危険な青少年」という印象を広めてゆきます。

また、これらの「逸脱」を、学校に適応できない状況ととらえ、70年代末から80年代前半にかけ、学校教育体制を変える教育改革論が為政者側から打ち出されました（中曽根教育臨調など）。しかし、青少年の「逸脱」にたいするこれらのまなざしは、企業主義秩序に深く結びつくようになった教育キャリア・学校秩序が子ども・若者に及ぼす負荷の特徴や意味を正しくとらえてはいませんでした。定型コースを首尾よく歩むことで社会に出られる安心感は、人生の先行きが定まっているという、出口のない閉塞感と表裏一体であり、80年代半ばの思春期少女を惹きつけた赤川次郎作品が示すように、企業主義秩序に縛りつけられた生活にたいする漠然とした懐疑、やり場のない不安が、バブルを謳歌する風潮の陰で、ひそかに培養されていったのです。

(3) 消費文化のなかの子ども・若者

「経済大国」形成期には、高度成長期にも増して、消費生活が大きく変容し、「豊かな社会」の到来が謳われます。オイルショック後の低成長は、この変化を見えにくくしましたが、衣食住全般にわたる消費社会化が進行し、マックなどのファストフードショップの普及、80年代に本格化するコンビニの普及等、その変化は全国に及びます。消費社会化の一環である消費文化は、この時期に思春期を過ごし、80年代前半に「新人類」と呼ばれた子ども・若者の日常生活に不可欠の環境となったのです。消費文化が成長の基礎環境となり、学校、家庭を凌駕する影響力を発揮するようになります。少年・少女マンガ、アニメ、ファミコン等々、若者向け消費文化の諸ジャンルが青少年人口すべてを覆うほど巨大な市場となり、幼児から20代の若者にいたる各年齢層をターゲットにした文化商品が大量に供給されるようになります。

学校差や地域差を超えて広がる消費文化は、少年少女の同世代感覚を育てる社会文化的な基盤となります。深夜ラジオ番組への投稿、ファンクラブ、同人誌即売会等をつうじて、同世代感覚を共有する数万、数十万の若者の「共感共同体」が形成され始めますが、それらは大人の眼には映らない、若者だけが知る隠された社会でした。

子ども・若者向け消費文化市場の顕在化は、そこで人気を得られる文化商品の開発を促します。子ども・若者の興味を惹き志向にそう作品の流通は、しばしば、俗悪文化、商業主義文化という非難を招き物議を醸しました（TV番組「8時だョ！　全員集合」、山上たつひこ『がきデカ』等）が、同性愛の主題など、以前には禁忌とされた内容をも、読者の支持を理由に、許容する道を開きます。少女小説に典型的に現れたように、同世代感覚を共有する若者層がつくり手としてリクルートされたことも、この変化を促進しました。それらの変化は、高度成長期まで生きてはたらいていた社会文化を質的に転換させるひそかな動因となります。たとえば、第2次世界大戦を核とした戦争の記憶と表象とは、この時期以降変容を遂げ、同時に、世界の滅亡や来るべき世界の戦争（「さらば宇宙戦艦ヤマト」「機動戦士ガンダム」等）を主題とする人気作品が登場します。「戦後」という一重の意識は、「新人類」の世代以降、通用し難くなり、社会文化領域での脱戦後化が、明確に意識されぬままに進行していったのです。

(4)「豊かな社会」にひそむ成長の困難

「校内暴力」「暴走族」の鎮静化以降、子ども・若者の「問題行動」は、いじめ事件を除き、社会的注目を集めなくなります。それは、見かけとは逆に、子どもたちの成長にかかわる深刻な困難が見失われたことを意味しました。いじめ事件は、日常の友人関係に深く組みこまれた軋轢、葛藤の存在を示していたのですが、その困難に対処する方策は見出されず、90年代には、学校生活でのありふれた出来事として一般化してゆきます。思春期におけるピア・グループの影響力が増大する一方で、日常の友人関係それ自体のなかに、時にいじめへと顕在化する葛藤、矛盾が常在してゆくのです。

いじめの危険を除けば、学校生活を経て就職に至る成長過程は安定していたように映ります。しかし、「就社」という到達点に向かって定型のコースを歩む少年少女たちの「問題のなさ」は、日本社会の秩序と大人になる径路の固定化とを前提にしていました。この前提を受け入れ、強固な企業主義秩序に従って生きることは、ライフコースと自己の存在意義・価値にかんする懐疑と閉塞感とを育てざるをえません。成長過程における「問題のなさ」と裏腹に、80年代をつうじ顕著となる社会的成功意欲の減退、自己肯定感の摩耗は、日本の青少年にきわだって特徴的な意識となってゆきます。勉強意欲の長期的低下、学校や社会への帰属意識の希薄化をあわせ、若年層における社会的排除の、日本社会に特有の様相が広がっていったのです。

子ども・若者のそうした意識動向は、しかし、彼ら彼女らの「やる気のなさ」、「夢のなさ」とみなされ、能力に応じた社会的地位をめざす意欲、努力の喚起が教育改革の主題とされます。教育内容・コースの多様化をともなうそうした改革は、青少年の成長の困難が社会的排除に由来すること、彼らが社会の一員として正当に位置づけられず扱われていない現実（政治社会化の欠如）を見落としていました。社会に位置づけられない困難は、「自分さがし」の意識に反映され、また、現存の日本社会を公然と否定したオウム真理教への若者の参加にも反映されていました。

(5) 構造改革下の貧困と若年層のライフコース・意識変動

バブル崩壊と成長経済の終焉、若年労働市場の変動にともなう日本型青年期の転換は、定型のコースにそって若者が社会に出ること、一人前になることの困難を浮き彫りにしました。90年代半ば以降、高卒者、大卒者の就職難が相次いで広がります。学卒一斉就職のコースに乗れず、失業ないし不安定な就業状態におかれた若年層は、「ロスト・ジェネレーション」と呼ばれ、将来にわたり社会を不安定化させる不運な集団とされました。高卒者の就職先が狭められ、一人一社の進路指導システムが動揺を来すことによって、高校教育への動機付けも弱体化してゆきます。非正規雇用と不安定な就業は高卒就職の若者たちに新たな困難をもたらします。また、大卒就職者にも、90年代末以降、きびしい就職活動（シューカツ）が求められ、過重な精神的負担がかかるようになりました。これらの変化は、子ども・若者の将来像、職業アスピレーション等を目に見えて変容させせます。親の世代と同様のライフコースをたどり家庭（結婚）生活をいとなむ展望は薄れ、職業志望を持たない中学生が増加します。女性労働のきびしい現実を知るがゆえに専業主婦の座を望む若年女性層は、同時に、その願望が満たされない現実をもよく知っていて、女子高校生の職業志向にかんする調査では、専業主婦の将来を描く者は減少していきました。

財界、政府による雇用流動化政策、国民生活の各分野に及ぶ構造改革政治がもたらした社会・経済変動は、社会的・経済的格差を拡大し、勤労諸階層の貧困化を進行させせます。「格差社会」や「ワーキング・プア」が流行語となった２０００年代初頭から、子育て世帯の貧困化も激しい勢いですすみ、政府統計で、子どもの貧困率は16パーセント強に達します。子育て世帯の貧困は、就学児童・生徒、学生の学業困難、生活困難を深刻化させます。アルバイトを生活の糧とする高校・大学生の少なからぬ存在は、貧困克服を緊急の議題として浮上させ、既存の学校教育体制の見直しを求めます。しかし、現実にすすめられた教育政策は、グローバル競争を勝ち抜く人材開発の推進であり、エリート層への教育投資の優先配分と教育困難層の切り捨てでした。２０００年代初頭から始められた、就業困難な若者への就労支援（ノリーター、ニート対策）は、日本型青年期の動揺に対処する青年対策という性格を持ちますが、貧困化と若年層の不安定就業がもたらした社会的排除を克服できていません。

（６）社会的排除の内閉化

構造改革政治がもたらした社会・経済変動の結果顕わとなった子ども・若者の受難は、単純な貧困のすがたで現れるだけでなく、彼らの生活史、社会・文化環境に由来する複合的困難として出現します。このため、結果としての非行・問題行為だけをみる大人の眼には、少年・少女たちの振る舞いが、理解できず不気味なものに映ります。神戸連続児童殺傷事件（1997年）を皮切りに、「17歳の闇」と呼ばれた少年事件の続発（2000年）等、いずれも、若者の「不気味さ」が強調され、少年司法の厳罰化がすすめられる口実とされました。90年代末の流行語となった「援助交際」（少女売春）に代表される性非行も、その背後にある貧困、消費欲求の亢進機制、「少女」の商品化、性産業への誘導メカニズムなど、種々の要因が顧慮されずに、性意識の変化、倫理観の衰弱という断定だけが流布していきました。

実際には、青少年犯罪は、世間一般の印象と異なり、80年代から長期にわたり、低下傾向にあります。思春期少女の性行為率も2000年代初頭から低下しています。子ども・若者が直面したリアルな困難（社会的排除）は、センセーショナルに扱われた少年事件よりも広く深い基盤を持ち、「普通の」子ども・若者の生活や意識と地続きの現象なのです。90年代末に社会問題化した引きこもり、引きこもり親和群の膨大な存在、若年層におけるリストカットやうつ・うつ状態の広がりは、そうした状況を反映しています。小学校中学年から体験し始める「生きづらさ」は、社会的排除の威力が日々の友人関係にまで入りこんでいることを示し、彼ら彼女らが自前でつくる社会（ウチらのシャカイ）の内側に生まれる格差（スクール・カースト）と排除（いじめ、ぼっち）の苛酷さを暗示しています。

恋愛関係をふくめ濃密な人間関係を避けようとする傾向は、こうした困難をやり過ごす子ども・若者の実際的対処に他なりませんが、そのすがたを、社会性の欠如、コミュニケーションスキルの不足等々、彼らの能力不足とみなす主張が、若者バッシングの典型的論調となりました。排除がもたらす困難を内閉させ、広い意味での「自傷」に向かわせる自己責任の回路が、繰り返しつくられてきたのです。

（７）ポスト戦後の子ども・若者

このように、子ども・若者の「生きづらさ」をもたらした社会文化的背景は見過ごされ、「人間力」「社会人基礎力」等々の「能力」をいかに身につけさせるかが、教育・青年政策の課題となります。90年代末からゼロ年代に思春期を過ごした「ゆとり世代」――広く行きわたったこの世代呼称には根拠がありません――への教育を失敗と断じ、財界の要請により一層直接に応じる教育内容、教育組織への再編、競争的な「学力向上」策、心の統制に踏みこむ教育内容統制などが、２０００年代半ばから、既存の教育行政の枠を破り権力的に押しすすめられます。第１次安倍政権下での教育基本法改定は、そうした学校教育改変の象徴であり、教育における「戦後」体制を解体する始点となりました。

子ども・若者の社会的排除が指摘された民主党政権下の僅かな時期を除き、彼らの能力不足に焦点を合わせ、能力開発と社会性陶冶を掲げる政策・政治は、子ども・若者の社会化過程とそこにひそむ諸困難へのリアルな認識を欠いています。１９９９年以降急激に普及したケータイ・スマホとこれらを用いたＳＮＳ（ツイッター、ＬＩＮＥ等）の青少年への浸透は、ネット社会を、子ども・若者が生きるもう一つの社会へと成長させ、大人には想像も及ばぬほどに「高度」の社会性を若者たちの社会行動領域で開発してきました。目的、機能に応じて十数ものアカウントを駆使し、人間関係を棲み分ける中高生の「分身の術」は、社会が加える圧力を避け葛藤を未然に回避する巧妙な手段となっています。大人たちの一方的期待に肩すかしを食わせる彼ら彼女らのそうした関係技法は、同時に、他者との矛盾や葛藤を避けられないかかわり方の困難を生み出します。直接触れあえる場面や経験が衰弱させられる社会、「すれちがい社会」が広がってきたのです。また、「すれちがい」をスムーズに行なえる技法が必須となる社会は、「分身の術」を駆使できず、身の周りの社会からも孤立する少年少女たちを生み出しもします。貧困による孤立に加え、徹底した精神的孤立状態におかれた子ども・若者の困難がとりわけ深刻であることは言うまでもありません。

近年の意識調査が示す若年層の幸福感の増大は、彼らが経験している困難と一見矛盾するかにみえます。しかし、将来の発展が望めない（と固く信じる）社会で、社会的上昇の意欲喚起に惑わされず、これを煽る大人の言葉に背を向ける子ども・若者が、「せいぜい今のままでよい」と感じるのは当然のことです。問題は、今のままではこの社会にさえ居場所を失う極限的な排除状態におかれた若年層の「逸脱」です。「黒子のバスケ」強迫事件被告は、裁判の最終意見陳述書で、「埒外の民」「生ける屍」である自分のような存在は「無敵」で死刑も怖くない、刑務所から釈放されることは解放ではなく、「社会への追放」だと述べています。社会は、身のおきどころのない地獄のような場所だと言うのです。「黒子のバスケ」脅迫事件被告にかぎらず、「死刑になりたかった」という若者を「輩出」する日本社会は、死を恐れず、人間と社会とにたいする徹底した攻撃を厭わない意識と行動とを育てるに至ったのです。

「昔の戦争」と結びつけられた「戦後」を、もはや記憶としても現実としても持たない「戦後70年」の子ども・若者は、貧困と排除をめぐる日々の「戦場」体験から、来るべき社会への想像力を鍛え上げるよう迫られています。子ども・若者を社会形成の不可欠な一員に組みこんだ民主主義の構想と創造は、この課題の一環に位置づいているはずです。

2　ライトノベルは格差社会をいかに描くか

（1）子どもたちは格差の現実を知っている

いわゆる「やおい」というジャンルに少女たちが興味を持ちだすのは中学生時代。小学校高学年からの読者もかなりの程度にのぼる。男同士の恋愛・性関係を楽しんで読む小学生が想像し難いなどと言ってはいけない。現代日本の子どもたちは、この時期にもう、〈社会〉人として生きる想像上の経験を積んでゆくのだ。「子ども向け」という文化の限定は、それだから、簡単にはできないし、してはならない。筆者が構造改革時代と呼ぶ１９９５年以降、格差や貧困、差別の「現実」を描いた作品は、サブカルチャーの世界では珍しくもない。ライトノベルやいわゆる青春小説、マンガなど、このジャンルの作者の多くは若年層であり、自らが生きる世界と同世代の心情をいちはやく感じとって反映させる。時代と無縁に恋愛物語だけを育んでいるわけではない。また、大人たちがしばしばそうするように、若い頃の「貧乏」を懐かしんでノスタルジアに浸るのでもない。そんな余裕はないからである。

ただ、そこで描かれる「現実」はルポタージュで報告されるそれではないために、貧困や格差がそのまま表出されるとはかぎらない。遠野りりこ『工場のガールズファイト』（メディアファクトリー２００９年）のように、若者の労働現場を主題に扱うジュヴナイル・ポピュラー・フィクションはたしかに増えているけれども、思春期向けライトノベルやマンガで描かれる「現実」（リアルな世界）はそうしたすがたでないとの方が多い。[1]「男の子」向け作品では萌え系列の作品が主流であり、ケータイ小説の世界では、やはり、恋愛物語が中心、少女小説分野では90年代から広がったファンタジーが大きな部分を占める。高校在学時からアルバイトに追われる低所得の子どもたちにとって、ケータイ小説の恋愛物語が慰めになっても、貧困の実態をつたえるだけのお話しは魅力がないにちがいない。自分たちが生きている世界を格差や貧困、差別という観念によって括られても、そこにいるしかない子どもたちには、それらは依然として縁遠いものでしかないだろう。

しかしそれにもかかわらず、格差を、差別を、貧困を、構造改革時代のサブカルチャーは映さずにはいられない。どのような視点と切り口でそうしているのか――ライトノベル作品を手がかりにそれを見てゆこう。

(2) 社会を相手にする架空の戦闘

「母はいなかった。遅くまでスーパーのレジにいるのだ。母一人の稼ぎと、ほんの少しの生活保護でうちの暮らしは成り立っている。いや、成りたってはいない。なんにも買えない。中学生を雇ってくれるところなんてこの町にないし、あたしはいま働いていないから。」(桜庭一樹『砂糖菓子の弾丸は撃ち抜けない』富士見ミステリー2004年)

このライトノベル作品の主人公、山田なぎさは、母と引きこもりの兄とのぎりぎりの生活を成り立たせるため、「実弾」を求めている。「田舎に作ったほうがいいと都会の人が考えるすべてのもの」(原発、刑務所、少年院、精神病院、自衛隊の駐屯地)があるこの町で「実弾」といえば、自衛隊に就職することくらい。そう思い定め、中卒で自衛隊に行くつもりのなぎさの前に、人魚だと自称する転校生、海野藻屑がやってくる。「どんなに人間が愚かか、生きる価値がないか、みんな死んじゃえばいいいか、教えて下さい。ではよろしくお願いします。ぺこり」と、型破りの挨拶をやってのけた藻屑は、なぎさにしてみれば、『砂糖菓子の弾丸』を撃ちまくっているだけの存在にしか見えない。子どもは「実弾」を手に入れられない。砂糖菓子の弾丸だけで生きられるのか、闘えるのか。藻屑の僅かな生の最後に出逢うことになるなぎさのこの問いが、この作品のタイトルであり主題である。

後に直木賞をえるこの作家が、一方で、『ＧＯＳＩＣＫ』という、人気の連作推理シリーズを発表する傍らこの作品を発表したこと、内容とはうらはらに萌え系美少女二人のイラストが表紙を飾り、「大人」が手にとってみることはまずないであろうこと……そうしたもろもろの文脈が、現代日本における格差や貧困の文化的な「居場所」を象徴しているように思う。つまり、子どもたちが現実にぶつかっている貧困、格差、差別は、大人の眼（世間の眼）には知られないところで、消費文化的衣裳に飾られた環境と隣り合わせに、ひっそりと進行している。山田なぎさに言わせれば、実弾を持たない子どもたちは、そういう現実と日々向き合って、「へっぽこな武器でぽこぽこへんなものを撃ちながら戦ってる兵士」なのだ。

彼女らのおかしな戦争を、だからといって、嗤ってすませられるか。

そうではないだろう。サブカルチャー世界に出現している格差、貧困、差別の世界をみるとは、砂糖菓子の弾丸で武装して（つまり、ほとんど徒手空拳で）「へんなもの」と戦う少年少女の「戦闘」が帯びている意味を、そして彼ら彼女らが抱え込んでいる鬱屈や怒りを、読みとることなのである。

（3）身近な関係のただ中に現れる抑圧

日本社会が突きつける格差や貧困の圧力を子どもたちが感じる仕方は、一言でいえば、「生きづらさ」と呼べるのではないか。「実弾」で戦おうとしない、できない子どもたちもまた、生きづらい世界のなかにいることは、動かしようのない現実である。人魚として架空の戦闘を演じ続けた海野藻屑は父親からの虐待のあげく山陰の浜辺に埋められる。歪んだ親子の、家族の日常生活をとおして、抑圧的な現実が生の内側を浸しているのだ。

もう一つの例。『狂乱家族日記』など次々に人気作品を発表し続けるライトノベル作家日日日の、十七歳でのデビュー作『ちーちゃんは悠久の向こうに』(新風舎文庫2005年)では、幽霊を信じる「ちーちゃん」こと歌島千草も、彼女の幼友だち「モンちゃん」こと久野悠斗も、悠斗のクラスメイトでリストカットを繰り返し、ついには自死する林田遊子も、それぞれにちがいはあれ、みな壊れてゆく存在である。日常の生から離脱してしまいそうな千草を思いやる悠斗は、逆に、こう言われる。「うちはモンちゃんのお隣さんだよ。物音とか、叫び声とか、けっこう聴こえてくるんだよ。死んでしまえ死んでしまえ、モンちゃんのお父さんの声。目障りだ目障りだ、モンちゃんのお母さんの声。殴る音。砕ける音。モンちゃんの悲鳴。——ずっと聴こえていたよ。」

蔑視や暴力、一挙にではなくとも確実に心を砕いてゆく酷薄なあしらい、無言のままにやりすごされる放置、決して応答されないことがはっきりとわかる孤立……これらすべてが、社会の圧力であることが明白な、いわば大文字の差別や抑圧として子どもたちを襲うとはかぎらない。むしろそれらの困難は、彼らがどうしても取り結ばねばならない身近なつながりのただ中から浮上してくる。子どもたちの眼に映る格差や貧困のありようは、できるものなら信じたいと願う存在そのものがもっとも残酷な刃を突きつける「水平暴力」の世界にほかならないのだ。

そういう残酷な他者は、もちろん、家族だけではない。思春期の少年少女たちが大切にする友人関係のなかにも、格差、差別の文化が深く埋め込まれている。本堂椎『りはめより100倍恐ろしい』『12人の悩める中学生』（いずれも角川文庫）は、同じ序列同士でなければ恋バナもできないスクール・カーストの実態を描いて生々しいが、それは決して絵空事ではない。学校のなかだけでなく、趣味であれ何であれ、彼らの文化行動のいたるところで、どんなポジション、序列にあるかという鋭敏なセンサーがはたらき、格差がつきまとうのである。序列のトップに位置する「リア充」グループが共有している文化について（たとえば、マフラーはフェンディかディオールに決まっていた等々）、上位序列のグループから参加のお誘いがあったときの身の処し方について、上位の「リア充」グループに行けない子たち同士がその地位での「リア充」を実現する方法について、蔑視の対象にならぬよう「栄光ある孤立」を保つ方法について……多くの中高生は体験からよく知っているはずである。筆者が友だち階層制と呼ぶそうした序列および序列感覚は、構造改革時代が生み出した格差をわが身に引き受けて生きる社会技法であり、「生きられた文化」lived culture なのである。

（4）かなわぬ夢を持たずに生きる

こう述べてくると、大人は、「何と悲惨な」と絶句するにちがいない。「子どもらしい経験を味わえずに何と不幸なのだ」と。

たしかに不幸な現実ではある。が、「本来あるべき子どものすがたに照らして不幸だ」というとらえ方はいささか安易な感傷ではないかと思う。たとえば先述した久野悠斗の述懐を聞こう。

「僕は果たして不幸なのだろうか。

鈍感な僕にはよくわからない。だけどどんな状況でも僕は僕で、意外にけっこう生きられる。生きるということには幸福も不幸もない。そんなことを高校生になって学んだ。

生きていけるなら、それでいい。」

こうした感覚はライトノベル作品ではありふれたものである。「おれには夢はない、希望もなければ大志もない。ただその日その日をそれなりに生きていられればいいと思っている」（片山憲太郎『電波的な彼女』集英社スーパーダッシュ文庫２００４年）という人生訓は、構造改革時代が生み出した子どもの賢慮であり、生きる術にほかならない。ライトノベルのみならず、現代の青春を描く小説群にあって、夢（希望）の意志的断念はきわめて重要なファクターである。たとえば、栗田有起『お縫い子テルミー』（集英社文庫２００４年）の一節がそうだ。

「世の中には、二種類の人間がいる。気に入りの枕でないと寝つけない者と、枕などどうでもいい者と。寝具にこだわらないのは賢明でないと個人的には思う。今夜借りる布団はどぶから拾ったものかもしれないし、さっきまで動物の寝床だったかもしれない。あなたのものは私のもの、私のものはあなたのものという精神は、言葉どおり、良いことも悪いこともすべてみんなで背負う。ときに合理的で、ときに非効率だ。そうと知りつつ、私たち一家は枕を借りながら生きてきた。毎日枕が替わっても気にならないし、どんな枕をあてがわれても平気だ。こんな枕で眠りたいと理想の枕を想像したためしもない。それは自分の枕でないと寝られないことにくらべれば、自由であるような気がする。でも自由とは、自分を縛る鎖を選ぶことだと、聞いたこともある。」（九〜一〇頁）

これらをみると、夢を捨てて生きる若い人々に、「客観的にみてお前は不幸な現実を生きているのだ」と指摘することがどれだけ的外れであるか推察できるだろう。不幸で残酷で汚い現実をまず生きることから始めねばならない子どもたちに、「夢を持て」と叱咤するのは無力であるだけでなく傲慢でもある。絶望的な現実を生きていける力は、そうした叱咤激励の中からは汲みとれない。根拠のない夢を意志的に拒む姿勢には、自らの生がいまおかれている場所を見定めようとするリアルな眼がひそんでいる。夢などなくても生きられるという感覚は、「自分らしさ」をどこかに求め続けたバブル期までの感覚とはあきらかに変化している。新自由主義構造改革がもたらしたすさまじい社会変動下で追いつめられたノンエリート青少年にとって、希望を捨て夢を隠す日常こそが当たり前の現実である。(2) それゆえ、「自分の枕」を持とうとは決して思わない姿勢にひそむ絶望と希望とをあわせて読みとることができなければ、私たちは、若い世代の生きる現実に接近することができないのである。

(5) 途切れることのない「戦闘意欲」に目を凝らす

大人が期待し、暗に誘導するようなすがたでの希望も夢も持たないことは、無為のままに生を過ごすことと同義ではない。ライトノベル作品には死者として生きる少年少女がしばしば現れるが、(3) その矛盾した表象が暗示しているのは、ひどい抑圧のなかでも生きる余地をつくりたいという希求なのだと思う。「死者」として振る舞わなければ生きることができないとは、生きづらさが極限まできわまる事態だが、そんな状況におかれてもなお、生きているといえる何か、社会にとどまる（とどまってよい）自己のあり方が問い続けられるのである。

死者になって生きるというのも、山田なぎさの言う「へっぽこな武器」を用いた「へんな戦い」にはすぎないだろう。しかし、どれほど変だろうと、そうしたやり方でしか戦えないのが子どもというもの。「そんなやり方ではダメ」と指導された途端、戦い自体が消えてしまう。勇者と探偵があらゆる困難を解決してくれる街で生きる少年少女の反抗を描いた大樹連司『勇者と探偵のゲーム』（一迅社文庫２００９年）では、戦うことを奪われ、傍目で自分たちの生を見つめねばならない境遇について、こんな風に言われる。

「どうして、未来のことを考えると、こうも絶望的な気分になるのだろうか。
別にぼくはこれといって将来の希望もないというのに。
いつもと同じで、ワンパターンで、退屈な日々が、これからもずっと続く。
いつまで？　たぶん死ぬまでだ。なんのために？　たぶん、死ぬためだけに。」

述べられているのは、社会にいながら社会の外にはじき飛ばされている苦痛、つまり、社会的排除の苦しみである。格差、差別や貧困がもたらすのは、それらの事態そのものが与える苦痛だけでなく、そうした現実のただ中におかれながら、事態に関与できない苦しみ、排除が加える苦痛だ。「へっぽこな武器」さえも奪われてしまうならば、子どもたちは無力な犠牲者として物語に引き出されるだけになる。死者だろうが人魚だろうが、使える武器（メタファー）を駆使して戦う――それが、格差と貧困の時代を描くサブカルチャーの「いま」なのであり、私たちがみるべきは、そんなおかしな戦いから透けてみえる子どもたちの、目立たないが途切れることのない「戦闘意欲」ではないだろうか。

（6）ジュヴナイル・ポピュラーフィクションにおける格差・貧困描写の現在

ライトノベルの作者、読者層が年齢を増すのにともない、一般小説と従来のライトノベルとの中間レーベルを出版各社が設定するようになった。この結果、ラブコメなどのライトノベル的な主題よりも広い範囲のトピックが若年層読者向けに提供されるようになる。例えば、さまざまな職業分野を扱う「お仕事小説」ジャンルの定着はその一例だろう。労働現場での格差や抑圧についても貧困についても、ジュヴナイル・ポピュラーフィクションで取り上げる余地が広がったのである。夕鷺かのう『今日は天気がいいので上司を撲殺しようと思います』（集英社オレンジ文庫2019年）、北川恵海『ちょっと今から仕事やめてくる』（メディアワークス文庫2015年）など、タイトルからすぐ想像がつくように、ブラックな働き方を直接取り上げる作品も珍しくなくなった。そしてこうした変化は、ライトノベル作品が企業での団体交渉のみを細かく描いた、塩田武士『ともにがんばりましょう』（講談社文庫2017年）や、テレビドラマ化され話題を呼んだ、朱野帰子『わたし定時で帰ります』（新潮社2019年）等々の一般文芸作品に近づいていることも示すものだ。

この変化によって、一面では、格差や抑圧を描く作品が、ライトノベルの定型的話法に縛られる窮屈さから少し自由になったと言えるかもしれない。しかし、他面では、扱える主題やトピックの広がりは、それぞれの内容についてより踏みこんだ理解や描写を要求することにもなる。格差や貧困の存在を指摘するだけでは済まず、その了解の仕方にひそむ対抗や葛藤などについて自覚的であることが求められるのである。前節で述べた「戦闘意欲」を、むしろ、現状肯定の方へクールダウンさせるようはたらく描写、作品もありうるということだ。

したがって、たとえば、ライトノベルの枠内で描かれた、以下のような認識を深化させる上での困難も増す。

「ちゃんと働いてても賃金が低すぎてまともに生活できない人のことをワーキングプアと呼ぶが、まさにそうなるしかない金額だ。それに、何この中途半端《ちゅうとはんぱ》な端数《はすう》。これひょっとして、東京の最低賃金額（最低賃金法っていう法律に基《もと》づいて都道府県ごとに決められていて、これ以上低くすると法令違反《いはん》で怒られる）ピッタシの額なんじゃね？

日本の最低賃金は、国連が「先進国では最下位。こんなんで生活できるわけねーだろ」って激おこ状態で懸念《けねん》を表明するくらい低く抑《おさ》えられている。仮にも東証一部上場企業《きぎょう》なんだから、もうちょっとマシな額を出すべきだと思うんだけど。」（高橋祐一『星降る夜は社畜を殴れ』スニーカー文庫２０１４年・八八頁）

格差があること、貧困や抑圧の現実が存在することを知っているだけ、指摘するだけでは、「へっぽこな武器」を用いた「へんな戦い」にさえならない――そういう時代状況の下で、ジュヴナイル・ポピュラーフィクションは何をどのように描くのか、描けるのかが問われている。もちろん、貧困や格差についてであれ、少年少女の生活にくいこむ各種の抑圧についてであれ、そうした試みは執拗に続けられている。(4) 戦闘意欲は途切れてはいない。

【注】

（１）工場の低賃金労働を怪獣モノに仕立てて描いた、松山剛『怪獣工場ピギャース』（新風舎文庫２００７年）は、この点では例外的作品といえる。

（２）ノンエリート青年が生きる労働の生活の具体的なさまについては、高山一樹・中西新太郎編『ノンエリート青年の社会空間』（大月書店２００９年）を参照されたい。

（３）死者として生きるというモチーフについては拙稿「〈薄い生〉の現在」（古茂田宏・鈴木宗徳・中西編『21世紀への透視図』青木書店２００９年）参照。

（4）たとえば、大澤めぐみ（『6番線に春は来る。そして今日、君はいなくなる。』角川スニーカー文庫2017年）はその好例だ。貧困描写をめぐる今日の状況については、拙稿「貧しさを描く」（『唯物論研究年誌』24号、大月書店2019年）を参照されたい。

なお、現在隆盛をきわめている、いわゆる「あやかし系」の作品群については別途検討すべきである。

3　団塊世代と団塊ジュニア――家族の新しいカタチを探して

(1) 団塊家族の新しさ

団塊世代が定位家族を形成し始めるのは、１９７０年代半ばから後半にかけてのことである。大学進学率は上昇を続けていたものの、若年女性のライフコースを象徴するクリスマスケーキという言葉がまだ現実性を帯びていた時代、「結婚適齢期」の24歳を過ぎた女性が、陰に陽に、「売れ残り」と呼ばれ、大卒女性がそうした結婚圧力と就労継続の矛盾に苦しんだ時代――団塊世代の家族形成はそんな変化の時代の真っただ中にあった。

青年期にウッドストックやヒッピームーヴメントの文化的洗礼を受けたこの世代が、結婚についても家族についても、親たちの世代とは異なる像を思い描き追求したことは事実だろう。恋愛結婚を当然と考え、「〇〇家」と式場に掲げられるような結婚のすがたを嫌い、家長の権威を重んじる家庭生活を求めず、夫婦と子どもから成る民主的家族関係を理想とする……要するに、封建的という言葉で想像される家族のかたちから逃れようとしたのである。

落合恵美子（『21世紀家族へ――家族の戦後体制の見かた・超え方』有斐閣選書１９９４年）が示したように、夫婦と子ども2人から成る標準家族類型（核家族類型）は、団塊世代が家族形成を始める70年代にはまだ、祖父・祖母同居の3世代同居家族と併存しており、団塊世代＝核家族という図式は成り立たない。

とはいえ、「夫婦共働きで出産、子育ても」と望み、その実行に踏み出した団塊家族は少なくない。しかし、核家族の仕事と生活を支える社会的環境が準備されていない状況下では、共働きの出産・子育てには重い負担がのしかかった。この時期に、消費者生協や無認可保育所が急激に拡大・増加し、「ポストの数ほど保育所を」というスローガンで親たちによる運動が広がっていったことには、家族生活を支える社会・制度環境を自前の運動で整えざるを得なかった現実が反映されていよう。

団塊世代の家族形成が、家庭生活や子育て、子どもの教育にかかわるさまざまな運動の出現・拡大をもたらしたことは70年代日本社会の大きな特徴だった。親子読書、子ども劇場等々、全国各地に現れたこの生活・文化運動は、自民党の伝統的保守政治を地域レベルから掘り崩しかねない点で、強い政治的意味をも帯びていた。いわゆる日本型経営がジャパンモデルともてはやされ、経済大国化が進行した70年代低成長時代は、企業社会company centred societyという独特の用語が生まれるほどに企業の社会的影響力が強まった時期であり、職場での労働者の諸権利はドラスティックに切り縮められていった。労働組合の組織率は低下し、職場に根ざした労働者の共同が困難となるこの同じ時期に、地域社会の変化を促す住民、労働者家族の社会運動が伸びてゆく。このことは大都市部を先頭とする革新自治体の増加から看てとることができるだろう。

社会生活領域でのそうした地殻変動に団塊世代の家族形成が深くかかわっていたことはあきらかである。自分たちで立ち上げ広げた活動の物語は、団塊家族の「英雄時代」をつたえるリーガとしていまなお記憶され続け、団塊世代が自らのライフ・ヒストリーを語るさいの核心をなすとともに、現在の社会・生活運動を評価するさいの規範的なモノサシにもなっている。

（２）消費主義の受容

しかし、団塊家族のこうしたサーガには、ドッペルゲンガーのように併走する裏の物語がある。封建的な桎梏を自ら解き放つ家族（ニューファミリー）像には、その実態において、70年代低成長時代にすがたを現した消費社会にしっくり収まる消費主義的な相貌が付き従っていた。団塊世代が夢見たニューファミリーは、例えば『アンアン』（１９７０年創刊）が提供した独身女性ファッションの延長線上にあるような商業主義的ライフスタイルに彩られていた。「裸を見るな。裸になれ。」（石岡瑛子１９７５年）というＣＭコピーに代表されるパルコ文化の「とんがった」口吻に惹きつけられたにせよ、団塊家族が、解放的な暮らしを実現してくれる手段として消費文化を受容していったことは否めない。「金曜日はワインを買う日」（サントリー）といった、商魂がくっきり透けてみえる宣伝にさえ、演歌しか似合わない食卓とはまるでちがう団欒の香りが漂って感じられたのである。

家族関係の内実についても同様の状況を観測することができる。

ウーマンリブの衝撃が家庭生活の実相にどれだけ深く及んだかはともかくとして、夫婦間の平等という観念は、あるべき家庭生活を律する考え方として認知されるようにはなった。団塊世代同士の結婚生活では、性別役割分業を当然と主張することは難しくなる。

親子関係も同様で、親の権威を振りかざすよりも子どもの言い分を聞くものわかりのよい親である方がよい――保守派がこれに憤激し、父権を復活させよと言い、軟弱な団塊家族のすがたを戦後教育の失敗と断じたことは周知のとおりだ――、子どもの自主性を大切にしたい…そんな家族関係の像は、家庭生活の範囲を超え、社会生活のあちこちに影響を及ぼすようになった。例えば、当初、登校拒否と名づけられ、家族関係に由来するとみなされた不登校児の問題が、むしろ学校教育にこそ原因があると読みかえられる背景には、学校の権威に疑いを抱き、学校から自律した教育観や教育方針を持つようになった団塊家族のすがたが看て取れよう。学校と家庭との「力関係」は確実に変化していったのである。

団塊家族が具現化させたそうした家族像は、戦後すぐに法社会学者、川島武宜が課題として挙げた家族関係の民主化を実現したすがたのように感じられるかもしれない。家制度と結びつけられて考えられた親族・姻戚関係のしがらみや窮屈な保守的近隣関係から逃れた個人主義的ライフスタイルの出現である。

社会学者がしばしば伝統的共同体の終焉と誤読するこの変化には、しかし、家族関係の内側に浸透する消費社会の影響増大がふくまれていた。例えば、思春期に達した子どもに個室を与えることは子どもの自立心を育む一つの手段と考えられたが、そうして生まれた少年少女の個室は、ティーン向けの多種多様なグッズ、文化商品で飾られた。団塊ジュニアの成長過程は青少年向け消費文化の普及と深く結びつき、成長の課題のなかに消費文化世界に適合して生きることが組みこまれる。地域差、経済格差はあったにせよ、この時期から少年少女の同世代関係が彼女ら彼らに比類ない重要度を持つようになる。

消費社会化が家庭生活に与えたインパクトは親子関係に新たな葛藤を持ち込んだものの、団塊家族は、総じて、消費文化の急激な浸透にたいしガードが甘かった。例えば少女たちを惹きつけたヒラヒラ文化は親の抵抗を排して広がったというより、子どもをかわいらしく飾り立てたいと思う親の欲望にも応えていた。家庭生活の合理化や民主化といったコンセプトにしても、家庭向けの商業サービスを旺盛に利用することで実現されたのであり、消費社会化を生活の基盤に据えていたと言うことができる。

(3) 企業主義秩序に組みこまれた家庭生活

「生活を楽しんでなぜ悪い」という開き直りの感覚をそこはかとなく漂わせながら進行したニューファミ

リーの暮らし方には、それを可能にするために不可欠な前提が存在していた。企業主義秩序の内に組みこまれて働き、生きることがそうである。

夫婦と子ども二人の世帯、子どもは大学進学、30代でマンション購入、40代で持ち家といった標準的ライフステージを実現し、世間並みの暮らしとしてイメージされた生活標準——それは、マイカー等の消費財から子育て・教育に至るまで、明示されず、実際にどれだけ標準的か定かでないにもかかわらず強い規制力を持つ——をクリアするためには、そうできるだけの経済的基盤が必要となる。正社員の夫の稼ぎと、それで不足の場合に家計を補助する妻のパート労働とが、ニューファミリーの経済的土台であった。そのどちらもが、企業主義秩序の下で強いられる独特の働き方であったのは言うまでもない。夫は「企業戦士」として、妻は低処遇であるべく設計された「主婦パート」として働いたのである。

中流と誤解されたそうした「人並みの暮らし」が、家族のあり方全体、団塊家族の人生を企業主義秩序に包摂するものであったのはあきらかであろう。持ち家購入のための住宅ローンを組むにも、夫が正社員として勤め続ける展望なしには難しい。子どもを大学に進学させるまでの教育費も家計の大きな部分を占める。消費生活面での「普通」のライフスタイルを実現するために必要な資源を調達するには、会社員でいられることが最重要の条件であった。やがて「社畜」と揶揄されるような、会社を頼って生きるしかないライフコースから外れる人生像は力を失う。農業や自営業のライフコースが消失したわけではないが、それらはニューファミリーのモダンな生活像から遠く離れた旧弊の人生のように受けとられた。

夫婦と子どもから成る核家族のモダンな生活を志向する家族主義（ファミリアリズム）は、企業主義秩序と親和的で、この秩序を側面から支える役割を果たしていた。消費社会化が「私生活優先」の感覚を育てはしても、家庭生活を企業主義秩序から自立させるような制度、条件はきわめて貧弱だった。バカンスという言葉が日常語になっても、企業戦士の男たちはたかだか一週間の夏期休暇を得ることさえ容易ではない。ニューファミリーにしばしば向けられた私生活主義という非難は当たっていない。そう言われるほどに私生活は自律的ではなかったのである。

企業主義秩序が家庭生活に加える圧力にたいし、団塊世代がまるで無自覚だったということはできない。例えば、主婦の位置を企業社会からの撤退として積極的に評価する議論（総撤退論）は、企業が振るう絶大な力から相対的に自由な位置に立ちたいという欲求の反映と言える。だが、ニューファミリーのライフコース全体、ライフスタイルの経済的条件が深く企業主義秩序に浸されてゆく状況下では、家族という「城」の自律性を保つことは困難であった。

(4)内向させられる困難

企業主義秩序の一環としての家族主義は、団塊世代と団塊ジュニアがいとなむ家庭生活、家族関係の内側に深い矛盾や葛藤を出現させた。「内側に」とは、会社の仕事がきついといった家庭生活の外形的条件のみならず、「家族の問題」として、家族関係そのものに矛盾、葛藤が内向させられるということである。

企業戦士たる夫の長時間労働、転勤・出向等の事情、つまり、生活時間への会社時間、会社都合の浸蝕は、家庭生活、家族関係内にさまざまな葛藤をもたらす。家庭生活のみならず社会生活全般にわたって夫がほとんど関与できない状況は、夫の不在をカバーする妻の主婦役割を過重にした。意識の上で性別役割分業をどれだけ否定しようと、「仕事だからしょうがない」と会社に自分を縛り付ける夫の分まで、妻が生活の諸事万端を引き受けるしかない。企業主義秩序はそうした関係を前提として成り立つ。家計補助のための主婦パート労働が標準的となり、そのパート労働も、欧米基準に照らすならフルタイムに近い働き方が少なからず存在していたにもかかわらず、家事、育児のにない手は依然として妻であった。80年代に高視聴率を挙げたテレビドラマ「金曜日の妻たちへ」シリーズ（１９８３〜85年、ＴＢＳ系列）が反響を呼んだのは、主として、この時代の主婦が抱えこんだ心の空洞に注目が集まったからと思われるが、家庭を守る妻の孤独と鬱屈だけでなく、幸福な家庭生活を維持する家計の算段も、社会生活上の気苦労も、すべてが主婦に負わされていた。斎藤茂男が生々しくつたえた、家庭という閉城に閉じ込められた妻たちの呻き（『妻たちの思秋期』共同通信社１９８２年）は、ニューファミリーの爽やかなイメージと企業主義秩序に深く絡め取られた家族生活の現実との、深いギャップを映していた。

リタイアした会社人間の老後が家庭で役立たずのお邪魔虫になってしまうさまを辛辣に表現した「濡れ落ち葉」というＣＭを想い起こそう。１９８９年の流行語となったこの言葉は、団塊世代のリタイアを直接指してはいなかったが、80年代をつうじて会社人間の中核部分となっていった団塊世代夫が、「濡れ落ち葉」の座に収まりそうなことは目に見えていた。

新井素子らとともに70年代に少女小説というジャンルを拓き、少女の生きづらさをストレートに描いた氷室冴子が「どんどん男の甘えをエスカレートさせていった」と評した（氷室冴子『いっぱしの女』筑摩書房１９９２年）、さだまさしのミリオンセラー「関白宣言」（１９７９年）には、平等な夫婦、「ものわかりのよい夫」といったタテマエとは裏腹に、内心では「内助」を期待する夫の本音が、冗談めかしながら吐露されている。団塊家族のタテマエ（大義名分）と現実の生活感覚との間にはあきらかに落差があったのである。

こうして、ニューファミリーの優しい関係を支えるはずの「ラブラブ」の世界は、企業主義秩序の威力に押され、つらぬくのが困難であった。後年、50代に達した団塊女性が韓国テレビドラマ「冬のソナタ」（２００３年）に引きこまれ、社会現象と言える韓流ブームを呼んだのは、おそらく、70年代から90年代に至る彼女たちの半生と無関係ではない。ラブラブの理想から出発しながら、現実の結婚後はその理想通りには成就しなかった愛への痛惜がそこにはある。

(5) 団塊家族の親子関係

団塊ジュニアは、では、どう育ったか。

彼らが社会人として出発する先に待ち受けているのは、親たちが懸命に生きる企業社会という場である。思春期までは消費文化環境の下で自由に過ごせたとしても、その先にあるのは、正社員として就社し、定型化されたライフコースを歩む人生であった。そういう人生の、安定はしているけれど先が見通せてしまう味気なさをすくい取った赤川次郎の青春小説は、80年代半ばの思春期少女たちの熱い支持を受けた。「ラブラブ」の世界への期待はまだ失われていたわけではないが、結婚後の人生がその延長であるとは思えない。それは親たちの現実をみればよくわかる。幸福な家庭を支えるための母親の奮闘を、会社人間と言われながら働き続ける父親の日常を間近に眺める団塊ジュニア世代は、そうした親の努力を認め、有り難いとは思う。しかし、同じことを自分ができるとは感じられない。団塊世代の母親に対し、団塊ジュニアの女性たちはとりわけ、主婦に負わされた重い負担をこなす母親のすがたから、自らが歩むべき人生の教訓を受けとったのである。

企業主義秩序の下で働き続けるだけの力と資格とを手に入れるためには、就社という出口での成功だけでなく、そこに至る教育過程を大過なく過ごすという課題がある。パイプラインの比喩で語られる日本の学校教育は、そこから逸脱せぬよう過ごすことが、出口に到達する絶対条件である。年間10万人内外の高校中退者が出る実態がありながら、いや、あるからこそ、とりあえず高校卒、大学卒のステップを踏むことが、社会人として着地するのに不可欠な要求となる。

問題は、この要求が家族に求められたものであった点だ。親が心がけるべき教育的配慮の核心は、身も蓋もない言い方をすれば、企業社会への参入を子どもが無事に果たせるよう、逸脱やドロップアウトを防ぐことであった。「せめて子ども時代はのびのび過ごさせたい」とは、この時代の多くの親が口にした主張だが、それはあくまでも、社会人となる想定されたコースの範囲内のことであった。

不登校、非行、引きこもりといった子どもたちの困難に対処を迫られた団塊世代の「親業」は、したがって、矛盾に満ちている。一方で「あなたの思い通り自由に生きなさい」というメッセージを発しながら――それはニューファミリーのあるべき人生像だ――、他方で、子どもが企業主義秩序の下で「普通」に生きてゆけるよう「逸脱」を防がねばならない。

この態度をダブルスタンダードと非難するのは酷かもしれない。「子どものことを思えばこそ」という心情に支えられた親の姿勢は、標準と異なるライフコースを企業主義秩序が駆逐する現実に裏打ちされたものなのだから。だが、子どもの側からこの状況を眺めるなら、「あなた自身を大切に、やりたいことを追求してよい」と言われながら、実際には、自由の範囲、やりたいことの範囲が制限されていることになる。親が言外に設けているのはどの程度の制限、どれくらいの範囲なのかを知ろうとして子どもが親に差し向けるテスト――社会の許容度を測る代理的なテストなのだが――に、親たちは右往左往する。非行、逸脱行動をめぐる親子の激烈なぶつかり合いは、企業主義秩序の下で生きる家族が多かれ少なかれ共通に経験したこの葛藤の一頂点にほかならない。

80年代半ばからのほぼ10年前後の間、青少年の成長過程における「問題」として「自分探し」という言葉が用いられた。それが偽問題にすぎないという評言は正しいが、「自分探し」が実質的に意味していたのは、企業主義秩序下に落ち着いてしまうような自己の位置とはちがう場所であり、自分を探すという名目で探求対象になっていたのは、身のおき所があるような異なるしくみを備える社会であった。

しかし、ここで見るべきは、社会像の革新が「自分を探す」という問題設定に帰着する点である。「身のおき所」という言葉は、90年代末に社会的引きこもり問題が認知されて以降、居場所という表現で定着する。居場所がない困難は、どのような環境が必要かという視点に自然と導くが、「自分探し」は、身のおき所がない自分の不甲斐なさ、疎外感、不気味さを問題の焦点にすえる。なぜ後者のような問題設定が生まれるのかは明瞭で、動かしようのない環境が暗黙の前提にされているからである。団塊ジュニアが育った時代は、揺るぎない企業主義秩序が自分たちのライフコースを規定していた時代であった。だから、そこに居心地の悪さを感じる自己の頼りなさが鋭く自分に迫るのである。

(6)「逸脱」が垣間みせる家族の新しいすがた

企業主義秩序という絶対的現実からいったんこぼれてしまえば、自分の人生も環境も、そして家族のあり方もちがった風景として現れることは疑いない。標準的ライフコースに乗り損ねることは、この時代の家族に途方もない焦燥感を呼び起こすが、外れた場所、「そうでないとダメ」という強迫観念から解放された地点から自分たちの世界を眺め直す機会にもなる。子どもに暗黙の制約を加えていた親の配慮も無力化させられ、世間並みの希望を持たない（持たずにすむゆえにあくせく思い煩うこともない）視点から家庭生活をとらえることも可能になる。そうせざるをえないし、それでもなお生きやすい家族のかたちを求めざるをえない。社会に出られない、普通の就職ができない、性的マイノリティである……といった現実から目を背けることなく家族関係を築くということである。子どもたちが「正当な」仕方ではなく表出させる「問題行動」

は、団塊世代家族がやむなく抱えこんだ矛盾を外部に向けて開くきっかけ、一つの可能性でもあった。

ここで示唆されている新しい家族のあり方の特徴を整理してみよう。どれほど困難であっても各人が思うように、願うように生きるしかないことの承認は、夫婦関係、親子関係のかたちを変容させるだろう。団塊世代が辿ったライフコースを辿ろうとしない子どもたちの生き方を認める以上、老後を団塊ジュニアに託すような親子関係は期待できないし期待しない。高齢化の進行が、福祉政策の貧困ゆえに、団塊世代に老老介護を強いているとしても、同じ関係を団塊ジュニア世代に強いることはもはや不可能になっている。そのことはまた、自分たちが生きやすい環境、関係を築こうとする団塊世代の「探索行動」を活発化させもする。団塊世代も団塊ジュニアも、身のおき所がある「社会」の探求に向かうということである。既存のライフコース、ライフスタイルを維持するに十分な自前の資源がある団塊家族は、実は限られている。これまでのつきあい方や家族のかたちを変化させることで「身のおき所」をつくるほかない者たちの方が標準的なのである。

見方によっては、この変化は、ニューファミリー像の解体と言えるかもしれない。しかし、同時に、それは、民主的な家族関係を理想に掲げた団塊家族が、その理想にかなう、家族成員の真に自律的なあり方を実現する大きな一歩だとも考えられる。

そして、さらに重要なのは、この変化が、核家族という表象につきまとう、社会から切り離された家庭・家族関係のかたちを変え、家族を社会に開いてゆくという点である。家族の絆は、もはや、他のもろもろの社会的つながりと隔絶された優越性、特権性を持っているのではない。家族関係の優越を信じて疑わない家族主義が幻想にすぎないことは、数え上げるに事欠かないＤＶ事例からよく理解できよう。「家族の絆が絶対」という無条件の信念に立つ家族のかたちは、幻想であるがゆえに脆く、揺らいで不思議ではない。むしろ、そうした絶対性から自分たちを解き放ち、家族だけでは解決できない「家族問題」を社会に投げ返すことで、各人に必要な絆を発見し、これを編み上げる技法に近づいてゆける。

家族を特別な絆と考えず扱わなくても生きてゆけるつながり方のイメージは、すでに多くの小説に描かれている。宮部みゆきのポピュラーな作品、津村記久子の描く生活世界等々、家族の変容を描く女性作家の作品は枚挙の暇がない。それらをフィクションにすぎないと見るべきではなく、むしろ、孤立した核家族の幸福が危機にさらされ、団塊ジュニア以降の世代が、もはやそれ以前の標準的家族像を標準とはみなせなくなった時代に現れる敏感で尖鋭な未来像の表現ととらえるべきである。

団塊ジュニア世代が40歳前後に達する現在は、90年代初頭までの家族体制を保守しようと望む人々にとってはとても難儀な時代である。団塊ジュニア世代が年を経るのと軌を一にして生まれたアラサー、アラフォーという言葉は、結婚することが普通ではなく、結婚生活が絶対でもない社会に私たちが生きていることを示唆する。団塊ジュニア世代のさらに下の年齢層では、結婚しない（できない）ことも人生の常態であり、ずっと高率を維持してきた若年層の結婚願望さえも、近年では急激に低下し始めた。客観的にみればこれまでの家族のかたちを守ってゆくことは難しい。団塊世代が家族をつくり始めたときに望み予想したコースではなかったにせよ、旧来の家族体制が終焉を迎え、新しい家族のかたちを考えざるをえなくなったことは紛れもない事実である。

もちろん、さしあたりの変化はきびしい面だけが浮き彫りになっている。「無縁社会」という言葉が象徴するように、家族の絆が不安定になるとともに、誰もが社会的孤立状態に追いやられる事態が広がるだろう。結婚できない人生にも「お一人様」の老後にも、家族という紐帯だけ頼りにさせる社会では、明るい見通しが開けているとはとうてい言い難い。高齢者による交通事故が社会問題化していることからわかるように、団塊世代の高齢化は、社会的リスクとコストの増大というとらえ方で問題視されるにちがいない。家族内の「お邪魔虫」が社会の「お邪魔虫」として扱われる日は目前に来ている。例えば、刑務所が高齢者を収容する「福祉施設」の様相を呈しているのは、その予兆だろう。もっぱら家族内で処理されてきた矛盾や葛藤が、そうできずに社会に放り出されるのだから、それは当然のなりゆきである。

この現実から出発せざるをえないとすれば、家族の絆に支えられなければやってゆけない生のあり方を変えるしかない。誰であれ個人の尊厳を保障できる社会に支えられなければ全うできない人生であることを認めよう。そんな社会のありようをどれだけ具現できるか次第で、一人ひとりの人生は貧弱にもなり豊かにもなりえる。家族生活と社会生活とを区切る境界線は絶対的なものではないから、例えば子供の面倒を十分にみられないからといって親の資格がなく家族関係が壊れるとはかぎらない。教育費無償が文字通り実行される社会なら、「教育的配慮」の中味も、教育にかかる家庭の負担もまったくちがうはずだ。問題を抱えてしまった家族が自分達たちでそれを解決するしかない、そう求められる社会では家族の絆が生命線だが、さまざまな社会的紐帯を活用できる社会では、家族関係内の困難を緩和する術がある。

家族のかたちが変わることは、保守的な家族論者が言うような家族解体を意味しない。日々の生活をつうじて結ばれ築かれたつながりの内実こそが重要なのであり、「絆」とは、そうした内実を問うはずのものである。

4　息子を見て〝ふがいない〟と思う、バブル期ママたちへ

⑴

バブル期に青春を過ごした親世代と、いまの子とは明らかに違いがあります。バブル期は、車でデートしたり、冬にはスキーに行ったりしたものですが、いまの若い人たちはお金を使いません。世代別に見た自動車の使用率でも20代が最低になっています。もちろん非正規化で若者の収入が低いという事情もありますが、祖父母が孫に〝誕生日だから何か買ってあげる。ほしいものがあったらいってね〟と伝えても、何の連絡もない、という話もよく聞きます。

でも、欲がないわけではありません。たとえば、好きなアニメの舞台になった〝聖地めぐり〟に行くなど、自分が好きなことには時間を惜しみません。自分にできること、自分がしたいことを冷静に考えているんです。自分が満足できることが重要で、決して背伸びはしません。

親の世代は、背伸びしてがんばってきた世代ですから、〝もう少し努力すれば○○できるのに〟〝もう少しがんばれば○○大学に入れるのに〟と、つい思ってしまいます。でも、〝努力〟という言葉の〝嘘《うそ》〟にもいまの子たちは気がついています。〝努力〟が認められるのは成功した時のことだけで、努力してもダメだったものは〝努力〟と認めてもらえないこと、〝努力したからいいじゃない〟とはならないことをわかっているからです。

じゃあ何も努力をしないのかというとそうではありません。たとえば、友人関係ではものすごく努力をしているんです。アヒルは、水上では何事もなく泳いでいるように見えますが、水の下では水の上に浮くために必死でもがいています。それと同じように、必死で努力して友人をつくっているのです。

その友人関係も親世代とは違いがあります。昔は、友だちに根掘り葉掘り聞いて、議論し合って関係を深めていくという感じでしたが、いまは、つっこまないことが大事なのです。たとえば、友だちに〝○○が好きなの？〟と聞いて、相手が〝うん〟とこたえたら、それ以上は聞かない。共感してくれるけどほうっておいてくれる、そんな関係が一番大事なのです。

(2)

親世代からよく聞くのが、〝(息子が) 何がしたいのか、よくわからない〟ということです。人気ライトノベルの主人公に、〝俺には夢はない。希望もなければ大志もない〟という台詞があります。いまの子どもたちも、夢を意識的にもたないように、あるいはあったとしてもそれを悟られないように努力しているんです。それが親から見ると〝欲がない〟〝ガッツがない〟と映るのかもしれません。

だって、〝あの子、やりたいことがないのかしら？〟と思っているときに、息子が〝○○もいいかな〟なんていってくれたらどうですか？　親はうれしくて、〝じゃあ○○したら？〟〝○○を習ったら？〟ときっといってしまいます。あるいは、はっぱをかけてしまうかもしれませんよね。夢を口にした途端、努力を強いられ、しかもその努力は成功しなければ認められない。そんなことになるぐらいなら好きなことをしていた方がいいと考えるのも無理はありません。

（３）

なぜ男子がとくに〝ふがいない〟と見えるのでしょうか。男子は日本経済を支えていく人材になることを早くから強制されているからです。本当は、男女問わず、社会を変えていくためにいっしょに考えたり、たたかったりしないといけないのに、いまだに男子だけが〝シャカイに出てあたりまえ〟と考えられているのが、いまの日本社会です。でも本当は、男子だって肩の荷をおろしたいのです。

就活でも、男子は〝決まってあたりまえ〟というプレッシャーを感じています。構造改革以降、就活で自己分析（自己ＰＲ）が強調されるようになりました。でも、自分のいいところなどすぐには出てこなくてあたりまえです。だから全然焦る必要はないのに就活では焦らされ、その挙句、何社も落とされる……。私は、いまの就活は、一種のカルトだと思っています。異常ななかで正気を保つために、自分で自分に〝催眠〟をかけている人も多いんです。入社後、さらなる努力を強いられますが、催眠がきれたら辛《つら》くなり、会社をやめる人もたくさんいます。当然だと思いますね。なかには〝能力があると思われたくない〟という者もいるぐらいです。これは、いまの異常な社会へのアンチテーゼだと思います。親世代にはもったいないと感じると思いますが、もったいなくしているのは社会です。

（４）

いまの子の多くは、背伸びせず、その日、その日を満足して暮らしていけることが一番大事なことだと考えています。でも実際には難しい……。だから苦しんでいるんです。そんな若い人たちの気持ちを受け止めたいですね。

息子や若い子が就活で苦しんでいたら、はっぱをかけるのではなく（笑）、〝自分の気持ちがズタズタになるまで無理することはない〟〝人生はそんなことでダメになるようなものじゃないんだ〟といってあげてほしいですね。

5　若者が築く平成後の社会

（1）人口急減社会というディストピア

まだ表立ってつたえられない予測（東京オリンピック後のカタストロフは、たとえばそのひとつだ）をふくめ、ディストピアが優勢な時代である。東アジアを戦場とする米国軍事作戦の断行のような劇症ディストピアもあれば、２０４０年問題のように、ＡＩによる人間駆逐の物語もある。20世紀初頭に紡ぎ出されポピュラーな表象としても流布してきた「豊かな社会」のユートピアはほぼ命脈が尽きた。成長経済の叶わぬ夢を追う手法（アベノミクス）は、皮肉なことに、ディストピアを現実化する梃子になりかねない。夢を追うことよりも破局を逃れることにより多く注意が向けられる時代であり、社会なのである。

比較的穏やかだが確実にそうなりそうなディストピアに、人口減少による日本社会の変質・解体という未来像がある。地方消滅論をはじめ、少子化、人口減がもたらす社会の危機を描くディストピアは今日のトレンドになっている。一億という人口こそ国力の土台、社会のインフラであるのに、その土台が若年人口の減少のために崩れ去るというわけである。そしてその変化は、高齢化によるコストばかりを社会に押しつける巨大な団塊世代を、縮小する日本社会のいわば「不良債権」にするだろうとも言われる。

実際、若年人口の減少は著しく、年間出生数は２０１６年には１００万人を割りこんだ。団塊世代の時の半分以下であるから、巨視的にみれば日本社会のサイズは大変なスピードで縮んでいると言ってよい。出生率の低下を最初に政府が注意喚起したのは1960年代後半のことで、そこから半世紀経っても大勢は変わらず、むしろ少子化に拍車がかかっている。この事態の責任は、何よりもまず、政治の無策にあると言わねばならない。昨今の保育問題をめぐる混迷が示すように、政治家による「産めよ殖やせよ」の掛け声は勇ましくても、出産や子育てを十分に保障する制度環境はきわめて貧弱のままである。産院・保育所の確保さえままならぬ現状で、少子化の克服をいくら叫ぼうと、空々しく聞こえるだけだろう。

こうした状況全体がポスト平成の社会を生きる若者たちにたしかにつたえるメッセージは明白だ。これまでよりも縮んでゆく社会で可能な人生を探しなさい、ということ。表向きの言葉がどうだろうと、日本社会の現実がつたえるのはこのメッセージであり、それはリアルで強い。強いから、「結婚できるし子育ても大丈夫」といった猫なで声の誘導になど決して引っかからない。そもそも、「国力維持のための出産を」といった本音が透けて見える誘いに応えるいわれなど感じられない。自分たちがおかれている現実にそくし生をいとなむのだし、そうするしかないと思うのが当然なのである。

(2) 経済的ひっ迫が強いるライフコース選択

日本社会が経済的・政治的変動期を迎えた2000年前後に生を承けたポスト平成世代の「選択」は明瞭だ。子どもを産まない。それ以前に結婚しない(できない)。結婚願望の減退は意識調査でも鮮烈に現れている。加えて恋愛もしない。恋愛文化の肉食型モデルしか念頭にない大人の気づかぬうちに、どうやら、めんどくさい恋愛規範を忌避する心性が広がっているようだ。恋愛関係も友人関係も、たがいにかかわりあう様相が変容している。恋愛—結婚—出産……という定位家族形成の標準的なみちすじが揺らぎはじめたということである。

つけ加えれば、「若者の○○離れ」（○○の中には、車、旅行、スキー、飲酒、ＣＤ……と多方面の消費分野が入る）という現象がマーケティング分野を中心に話題となっているように、消費領域での若年層のビヘイビアーもまた、ゼロ年代以降、顕著に変化している。若年層の規模が縮小しているだけでなく、消費性向も見栄をはらず余計なものを買わないミニマリズムへ向かっている。マイカーはもちろん、大概のものは「余計」の側にカウントされ、自分にしっくりくる何かを大事にできればよいし、そこには費用を惜しまない。スマホのような生活インフラを除くと、大勢として各人各様の趣向の世界に消費生活がばらけているのである。金を使わない点では、消費社会からの撤退が進行しているとも言える。

こうした変化の背景に若年層の経済的ひっ迫があることは紛れもない事実である。実質賃金が長期的に低下するなかで、生活と人生をこれまでの世代と同じように編んでゆけるだけの基礎資源が保障されそうにない——その見通しは若年層が自分たちの将来を考える上で自明と感じていることがらだろう。結婚・家族形成が可能と感じられる年収６００万のライン（現実に照らしリアルな感覚）を単身でクリアするのは、30代までの多くの若者には難しい。20代はわずか数％、30代でも15％程度に過ぎない。それゆえ、このラインを超える収入の確保が男性だけに課せられる場合、結婚が先延ばしになるのは必然的ともいえるし、女性の場合、より一層困難度が増す。専業主婦という「選択肢」が塞がれているから、「貧困女子」の危険にさらされるか、生きるための共働き結婚かという難儀な選択を強いられる。５００万円前後の奨学金返済を抱えて社会に出るとなれば、結婚を断念することが日常感覚としての当たり前に近づく。貯金がほとんどない若者が過半という実態（金融資産非保有率調査）をみれば、「結婚しない」意識が「結婚できない」という経済的土台の上で育まれていることは了解できるはずだ。女性14・06％、男性23・37％という生涯未婚率（国立社会保障・人口問題研究所調査）は、２０２０年度は、おそらく、さらに上昇するにちがいない。

若者たちが直面している経済的ひっ迫の数々をこれ以上挙げることはしないが、年長の世代が若年層のそうした現実についてあまりにも無知で無頓着なことに、自戒をふくめ、苦言を呈したい。「国力維持のための出産を」という圧力が権力の身勝手なら、若者への、「もう少し将来を考えて意欲的になってくれれば」、「現実的過ぎる」等々の注文は、自分たちの生きた、恋愛―結婚―出産……の標準コースを、たとえ無自覚にせよ、若年層のライフコースにむりやり当てはめようとする傲慢な物言いではないだろうか。

「結婚（恋愛…）はコスパが悪い」といった、若者たちの言葉（感覚）に遭遇して、「おいおい、それだけじゃないだろ」と口を挿みたくなる気持ちはわからぬでもない。コストパフォーマンスだけで人生を律するなという主張は間違ってはいない。間違っていないが、コスパのひと言にこめられた若者たちの現実感覚をそうした非難によって切り捨ててはいけないと思う。なぜなら、その非難は、標準コースの枠内で想像される結婚等々を縁遠く感じさせる経済的ひっ迫の強大な威力を見過ごしてしまうからだ。そしてもうひとつ、経済的ひっ迫というリアルな現実に根ざす若者たちのライフスタイル選択を標準からの逸脱とみなしてしまう点にも問題がある。たとえば、「恋愛はコスパが悪い」という感覚は、普通の恋愛関係としてイメージされる関係の獲得・維持には「余計な」エネルギーとストレスがかかるので消耗する、やっていられないといった含みがある。自分たちの社会的・経済的現実にそくして生活を組み立てようとすれば、たんに余計な消費を控えればすむだけでなく、種々の社会生活・人間関係までも再考せずにはすまない、ということである。その認識には現実の根拠にもとづいた力がある。

（3）若者たちが選びとろうとしているライフスタイル

恋愛を引き合いに出したことから想像がつくと思うが、社会生活・人間関係の変化は、各人の生活の核心といえる親密圏に及ぶ。親密圏の急激な変化は、若年層よりも高齢者層のそれ――無縁社会化、孤立死――が注目されているけれども、「単身であること・単身で生きること」の内実が広い範囲で変容している事態は、若年層の場合にも無視できない。少子化という政策的視点を除けば、若者が単身で暮らすことへの社会的関心は総じて低い。友人関係や家族関係にかんする若い世代の願望、期待、振る舞いとコモンセンスの変化は、世間から気にかけられぬまま、ひそかな地滑りのように変動していて、「コスパの悪い」既存の親密圏像・関係像はこれに付随するライフイベントともども遺棄されようとしている。

費用をどれだけかけるかに応じて親密圏の価値や人間関係のクオリティが上下するわけではないのに、なぜコスパという尺度でそれらを測ろうとするのか、やはり疑問だという声があるにちがいない。コスパの悪さとは、現代日本社会で「普通」の社会生活、家庭生活をいとなむことへの消耗感を意味するが、生活に苦労はつきものという既存の感覚からすれば、そんな消耗感がよく了解できないからである。

しかし、たとえば、おたがいに一人暮らしをそれなりにこなしている者同士が結婚した途端、結婚生活の標準像にしたがって陰に陽に要求されることがらの面倒（親戚づきあいを想起されよ）に比し、適当な時間をどちらかの部屋で過ごす「結婚生活」の方がずっと気楽に感じられたとしても無理はないだろう。これは社会生活での共同性を忌避するタイプの「個人主義」に由来する心性ではない。自動車のシェアマーケットが急拡大していること、ルームシェア等々の、シェアをキーコンセプトにするかかわり合い形態が広がっていることをみれば、変化の核心が単純に個人化の進行でないことは想像できよう。「おたがいの居心地をよくする」という暗黙の合意にもとづいて社会生活が見直され、この合意にそわず窮屈と感じる関係が忌避され、捨てられるのである。「友人関係がしんどい」も、「恋愛は（結婚は）コスパが悪い」も、こうした合意の線にそって養われる感覚なのだろう。

子どもとの関係では、当然ながら、そうした合意は単純には成り立たない。無力な位置におかれた者とのあいだで「居心地をよくする」かかわりあいの技法には、「消耗」の不平等な配分が不可欠であるからだ。合意自体は正当だとしても、その具体的あり方は対等な個人の気楽なつきあいとは異なる。そのことを念頭におきつつ、ここではさしあたり、親密圏のかかわりがこれまでの「普通」にとらわれぬかたちで模索されていることを確認しよう。意識調査で、気のあった者同士で過ごす日常が幸福な暮らしのトップに挙げられているところに、居心地のよいかかわり合いという合意の所在が明瞭に窺えるのである。

このように見てくるなら、恋愛しない、結婚しない……といった振る舞いは、「しない」という否定的なすがたと判断すべきでなく、むしろ、きびしい現実に迫られた結果ではありながら、同時に、そのなかで若者たちが選びとろうとしているライフスタイルの表現形と受けとめるべきではないだろうか。そしてそういう試みにひそむ新たな親密圏像の可能性について考えてみてはどうだろうか。

(4)「家族の絆」への脅迫的な信奉

居心地のよいかかわり合いを実現する上で親密圏の中心に位置づけられるのは、依然として、家族であろう。環境がどれだけ変化しても家族が結ぶ絆はもっとも安心でき信頼できるつながり、人が生きる上で最後のセーフティネットだ――この信念は、現在の日本社会でこれまで以上に強まっているようにみえる。友人関係や恋愛関係が難儀でも、生まれ落ちた家庭が備え提供する安心感は揺るぎない。正確に言うなら、安心できる場所のはずであり、そうでなくてはダメだという強固な確信が揺らいでいない。家族の現実よりも、あるべき家族像の維持に重きのおかれた信念の強さである。

既存の社会紐帯が揺らいでいるからこそ、家族主義の現代的類型と言えるそうした信念の強さがきわだつのかもしれない。たとえば、社会的引きこもりについて、家庭環境、親子関係がしっかりしていれば防げたはずという意識は多数派と言ってよいし、ニートであれ非行であれ、同様の理解が一般的である。「家庭がしっかりしていれば」という認知の枠組みは、若年層がぶつかるほとんどあらゆる困難の理解に適用されるのである。つまり、家庭という場は、その成員が示す欠陥、犯してしまう逸脱を防ぎ問題化させない全能の力を備えているかのように想像されている。家族が防がねばならない欠陥、逸脱の対象は、たとえば高齢者介護など、家族成員のすべての「厄介ごと」に及ぶが、社会化の途上にある子ども・若者の諸問題がそうした「家族案件」の主たる対象になることは当然だろう。

だが、家族こそが生を営んでゆく基底の絆であるという信念ははたしてどれだけのリアリティを備えているか？　親や家庭の絆に支えられているという意識はたしかに強固であっても、そうした紐帯が若者の遭遇する諸困難（いじめにせよ、進学にせよ、就職にせよ、恋愛にせよ）をくぐり抜けさせる機能をどれだけ実際的に備えているかは別問題である。むしろ家族的紐帯の影響力が薄れたからこそ、前節でみたような消耗感がつのっているのが実態ではないのか。

家族的な絆にたいする無条件の信奉が強まっているのは、ひょっとすると、各人のライフコースに及ぼす現実の家族機能が衰弱しているためかもしれない。また、安倍自民党政権が家族主義を徹底して強化する政治、教育政策を展開してきたことも、こうした信奉の背景にはおそらくあるにちがいない。ともあれ、家族が確固たる絆でなければならないという命題は、現実の家族がどうであるかを離れ、ある種の絶対的規範にまで祭り上げられたようにみえる。そしてそうなると、欠陥や逸脱を防げず、この規範にそうことのできない家族は、家族の名に値しない存在として容赦ない攻撃の対象になる。少年事件等々、家族にかかわる問題が表面化する度ごとに、加害者であれ被害者であれ、当事者の家族にたいするバッシングが繰り広げられることは、家族の絆という神話の威力を示す一例だろう。

絆の信奉を核心にする家族主義のこの現代的類型は、逆説的だが、親密圏の中心に位置づけられてきた家族のかかわり合いを消耗感の対象へと変貌させるスプリングボードとなりうる。全能を要求される家族のあり方を、すでに述べた若年層の社会・経済環境の下で実現させるのはまるで困難なはずだ。子育てにまで視野の及ぶ家族形成を「理性的」に想像するなら、「自分にはムリムリ」と若い世代が考えてもまったく不思議ではない。家族の絆への信奉が強ければ強いほど、家族形成は「コスパが悪い」と感じられて当然なのである。団塊ジュニア世代が「母親のようには生きられない」と感じたのは、企業主義秩序とすり合わせる「ニューファミリー」の幸福維持が難儀であることを見抜いた結果であった。ポスト平成の若者たちは、それとはまたちがって、実現不可能な家族の絆を求められる（あるいは自ら求める）矛盾を目の当たりにして「ムリムリ」とつぶやくのである。守りたい価値としての家族の絆は、こうして、難儀な家族形成を断念させるきっかけとしてはたらくようになる。

（5）つながりのダイバーシティを許容する社会へ？

実現の覚束ない家族像を強迫的に信奉し続けるかぎり、家族生活の現実とこの信奉とは乖離せざるをえない。空洞化したかかわり合いの実相が明るみに出されるのは種々の事件にさいしてのことだが、家族の絆を絶対的規範として通用させるためには、乖離と空洞化の実相から目をそらし続けねばならない。そうであるかぎり、強い絆で結ばれた家族を実現するという課題は、より一層高いハードルと感じられることになろう。そう簡単に結婚も子育てもできはしないというわけである。

このジレンマを脱するには、乱暴に言えば、家族の絆にかんする強迫的な信奉をいったん捨てるしかない。

いい加減ですき間だらけの、お世辞にも完璧などと言えない家族のありようを受け入れ、その現実を全能の家族像という価値尺度で判定しないこと、させないこと――要するに、家族の絆が強力に作用する固い殻を取り外して、人がたがいに取り結ぶつながりのダイバーシティ（多様性）の内に、そのひとつとして家族という集まり方をおき直してみること。家族の絆に頼るだけでは解決しきれぬ困難が山のようにある事実を認め、多様なつながりと制度とによる相互補完の力でそうした困難に対処すればいいと思えるなら、家族形成につきまとう「コスパの悪さ」感覚は軽減されるにちがいない。突飛な例と思われるかもしれないが、たとえば、いま全国に広がる子ども食堂が子どもたちの普段の食生活に組みこまれている状態を想像してみよう。その試みが、子どもに食事を用意できない「家族の至らなさ」に結びつけられるのではなく、家族同士を隔てる垣根を低くし、多様なつながりの可能性を広げるステップとみなせるかどうかで、家族にのしかかっている負荷は大いに異なるはずである。シェアの感覚にもとづけば、後者の方が居心地がよいだろうし、社会的圧力と暗黙の縛りに満ちた家族関係の維持という要求に囚われなくてすむ。イタリアのスローフード運動につらぬかれたダイバーシティの社会文化を想起するなら、これはあながち空想的だとは言えない。

単身世帯から大家族までグラデーションをなして多様なかかわり合いを築ける社会では、最後のセーフティネットとして家族の絆を想定し、これが外されると死に至る社会的孤立に陥ってしまうというディストピアは通用しにくい。少なくとも、現在の日本社会でこの未来像が振るっている威力とリアリティとを減衰させるだろう。

つながりのダイバーシティを許容する社会が前提になれば、以前のような結婚も家庭も実現できないというマイナスのイメージは、既存の絆イメージに代わるつながりの様々なかたちを想像すること、実際に築くことに結びつけて理解でき評価できるはずだ。そうやって編み直される親密圏が、これまでと同じ家族と呼ばれるか疑似家族と呼ばれるか、はたまた別の呼び名がつけられることになるか、それはさして重要な問題ではない。ポスト平成の時代を生きる若者たちが彼ら彼女らの生きる現実に根ざして望み考案する親密圏や社会生活のかたちにふさわしい制度環境をどう整えるかという課題も、もちろん存在する。とはいえ、ここで確認するべきは、私たちが長く標準として慣れ親しんできた家族、親密圏のあり方は、変化するだろうということ、そしてそれを恐れてはならないということである。

平成後の社会を、このように、身の丈に合わせた生活世界や社会圏の想像――すでにあきらかなようにそれは成長経済を前提にしたライフコースの「普通」とは異なる――という文脈でとらえるなら、若年層なり高齢者なりの社会的、経済的にひっ迫した単身生活像も変貌するにちがいない。かかわり合いのダイバーシティが制度的にも文化的にも許容される社会では、単身で暮らすことが社会からの孤立をもたらすわけではなく、老後の単身生活にしても、21世紀型ライフスタイルを築いてゆくためのひとつの試みとなりうる。

認知症を抱えながら社会生活を営める環境の考案が各地ですすんでいる事例をみれば、各人の「欠損」や「逸脱」が、すぐさま、社会的紐帯を断ち切られた窮迫へとその人を導いてしまう「社会」の不条理、異常に気付く。高齢者の孤独死も、介護疲れの心中も、死にたいとつぶやく膨大な若者たちの存在も、来たるべき社会の予兆ではなく、私たちが普通と（時には進歩と）感じてきた家族と生活のかたちにつきまとう暗部にほかならない。平成後の社会がそうしたモデルからの離脱を遂げてゆけるかどうかは、いまの段階ではまだわからない。ただ、その方向への日本社会の転換は、成長経済という失われた夢を追い続けた果てのディストピアよりもずっとマシではないかと思う。

最後に、もしこの転換を果たそうと願うのなら、つながりのダイバーシティの意義と必要を浮かび上がらせる光源としての生存権理念を豊富化させる作業が不可欠なことを書き添えたい。国際人権規約（１９６６

年）に、「文化的な生活に参加する権利」や、「科学の進歩及びその利用による利益を享受する権利」が規定されているように、生存権とは各人の生存を抽象的に認める理念にとどまらない。具体的な生のさまざまな様相に立ち入って、生の人間的なあり方を究明し保障しようとする。そのことは、日本国憲法二五条の制定経緯からよく知られるはずだ。生存権とは、あらかじめ整えられたという意味での理念的な体系なのではなく、各人の生活にそくし生存権の中味を具体的に確保しようとする努力を通じて発見され豊富化されてゆく体系なのである。

第3章

日本的青年期の崩壊

――状況は根本的に変化した

1　時代閉塞の中で生きる若者たち

（1）はじめに――現代日本の若者を捉える視点

ここで私が対象とする時期は、1990年代後半以降です。1997年は「フリーター元年」と呼ばれ、2000年の『労働白書』には、1997年が「フリーター150万人時代」という話が出てきます。高卒で就職する人にとって、1995年以降、非常に厳しい就職状況が進み、「ロスト・ジェネレーション」という言葉が生まれました。小泉構造改革政策がその後すすめられることで、若い世代の労働環境だけでなく、学校教育も含めた成育環境全体が激変します。私はその時期を「構造改革時代」と呼んでいますが、それが基本的に現在まで続いています。

「若者」とか「青年」という層に固有の問題は何か。たとえば低処遇、低賃金は労働者全体の問題で、若い世代に限ったことではありません。若年層に特徴的なのは、まだ仕事をしていない状態から社会に出て行って、社会の一員として位置づけられる。そのプロセスが、若年層に固有の問題としてある。20世紀以降その過程は「ソーシャライゼーション」（社会化）と呼ばれています。社会のなかに位置づけられていくこの過程は、同時に若年層が社会のなかで生きられるように、「適応」させていく機能を持っています。だから「現在の秩序に従え」という社会統合的要素があります。

「社会化」で、世間的に一番わかりやすい例は「職業的社会化」、つまり、社会人になる、あるいは経済的に自立するというイメージです。しかし、低賃金のために実家から出られない20代の人はたくさんいますから、その場合「職業的社会化」を遂げていないことになるので、どこで職業的に「社会化」を遂げたかという時期も指標も、社会構造、社会システムのあり方によって変化をします。若い世代の問題、就職難や職がないという困難は、「職業的社会化」をめぐって考えられている事柄なのです。

社会化にはもうひとつ「政治的社会化」という次元があります。日本社会のなかでは、特に１９７０年前後から、系統的にこのことが意識されず政治的社会化の機会や条件が剥奪されてきたと言ってよい。「政治的社会化」は、市民として自立するというイメージとセットになっていて、政治社会の一員、構成員として自立的存在になることを意味しています。そういう自立した存在になるように陶冶することが「政治的社会化」です。

そもそも「社会化」のカテゴリーは、１９２０年代に始まる、大量生産と大衆消費それから普通選挙権を核にした「大衆民主主義」（マス・デモクラシー）という三つの特徴を備えた大衆社会の枠組みのなかに若者を位置づける課題を表わしていました。だから、「政治社会化」の一番の中心は政治的な教養を身につけて、選挙権をきちんと行使できるようになるということです。「公民教育」という、20世紀の進歩主義教育でひとつの大きな柱になった、そういう教育構想が出てきた。これは労働者であれ、なんであれ、普通選挙権の一票を行使する市民として「陶冶」するという意味での「政治的社会化」です。

このことは、旧教育基本法のなかに書かれていて、市民として、政治的な権利を行使する主体にまでに子どもを育てていくのは、公教育の責任・義務だとされてきたのです。第一次安倍政権が行った教育基本法の改悪によって、政治的教養の獲得という視点が薄められてしまった。そもそも、日本の１９７０年代以降は「政治的社会化」という課題は教育のなかでも社会全体のなかでも位置づけられていません。

それはなぜかというと、企業に入り、社会人となって「職業的社会化」を遂げていくと、政治的な関心を持ち、政治的に行動して社会を変えていくようなことはなるべくさせないようにする。そういう強固な圧力が日本社会全体ではたらいています。会社員になったら政治的言動はさせない、企業人たるもの現在の秩序に従うのは当然だろうという圧力です。私がいう「非政治の政治」は、「日本型青年期」のきわだって大きな特徴です。なるべく政治的・社会的関心を持たぬよう「陶冶」する、あるいは「教育」をして会社員・正社員になっていく、というコースが標準として支配的だった。若者を社会に位置づけるための「政治的社会化」は社会全体にとってひとつの大きな課題なのだという考え方そのものが系統的に剥奪されて失われていったのです。だから、若い世代からすれば、政治的な主体となる機会も権利も剥奪されてきたと考えるべきです。

しかし、世間的には逆に映っているので、80年代から90年代にかけて、若者の政治的関心がないのは若者のせいになっています。逆なのです。「政治的社会化」のプロセスを系統的・構造的に排除されてきた、その蓄積が70年代後半から80年代・90年代にかけて進行していったのであり、ここを取り違えてはいけないと思います。

(2)「日本型青年期」の特徴と企業主義的秩序

「社会のなかに位置づけられていく」存在という点では、若者はみんな共通しているのだけれども、実際に社会のなかに位置づけられていくプロセスは一律ではない。そのことも重要な点です。つまり、若者を一律にとらえるのは実態には合わないのです。特に、「構造改革時代」になると、たとえば、同じ高校生といっても、「同じ高校生」ということができないぐらいに、生活実態も意識もかけ離れていくような状況がすすんでいます。

では、日本の場合に「社会化」の特徴とはどういうものか。特に現在の構造改革が進行したその時期の「社会化」の特徴を見ていくわけですが、前提として「日本型青年期」に触れたい。これは簡単に言うと、学校教育と企業社会の秩序が直接に接続するような社会化のあり方を指しています。日本では高校卒業や大学卒業で学卒一斉就職という就職形態をとります。世界でも特異な制度です。西欧世界では理解し難い現象で、大学卒業したら、なぜみんな一斉に就職するのか、新卒就職という概念がないので、研究対象にさえなります。

教育社会学者乾彰夫氏が明らかにしたこの制度は、若年層を学校を通じて企業主義的な秩序のなかに送り込んでいく、非常に効率的な体制としてできてきたのです。だから、高校では進路指導の先生がいて、マッチングという、ひとりを一社に割り当てるしくみで、ひとつの企業に送り込んでいく。企業のほうも、それを受け入れる。簡単に言えば、ハローワークは要らないわけです。

で、このシステムによって、「スムーズな」職業的社会化を保障する。しかし、保障はするが、全員が対象ではありません。うまくいかない人もいます。だから、より正確には「競争的に保障する」という意味になります。職業的社会化は、「スクール・トゥ・ワーク・トランジション」という、学校から社会に移っていくプロセスに焦点を当てています。「トランジション（移行）」という言葉は教育社会学の用語です。日本社会での「移行」の特徴は、若年層が企業主義秩序にうまく適応できるようにして、そこからこぼれて出てくる様々な問題やリスクを回避するというものです。

特に、社会的に不安定になる状態を防いでいくという意味では、職業的社会化が同時に社会統合的な意味を持っています。つまり、学校に毎日通って勉強して、高校、あるいは大学まで行ったらなんとか就職して、その先の人生はなんとかなる——そういうコースを標準化するところに、「日本型青年期」の非常に大きな特徴があります。資本の権力が異常に強く支配している企業社会のなかに若い世代を効率的に着地させるシステムが社会標準化する。そのプロセスが競争的に組織をされているのですから、当然そこから逸脱したり、脱落をすることもある。「日本型青年期」は標準であり当たり前であると考えられているが、現実にはそうなっていないケースがあります。企業主義秩序が常に強く支配している周辺的な領域のなかで仕事を持ち、そして生活していく人たちのケースです。私はこれを「第二標準」と呼んでいます。

(3) 「日本型青年期」からの逸脱としての「第二標準」

まず、「第二標準」として想定しているのは、高校や専門学校を卒業して就職する場合です。専門学校もだいたい4人に1人から5人に1人ぐらいいいます。ただ、専門学校を出て就職しても、たとえば専門学校を出て美容院に勤めても、3年で離職する人は半数以上にのぼります。それぐらい続かない。高卒の人の3年後の離職率はだいたい5割を超えていきます。2人に1人は3年間以上同じ会社に勤続していないという状態が当たり前になっているのです。

乾章夫氏ら都立大の研究グループの調査報告に、高卒就職者の転職経験を一覧にしたものがあります。それをみると、ひんぱんに転職を繰り返していることがわかります。3年間で12回とか、10回を越える頻度で、アルバイトなどを繰り返していくわけです。転職を常態にする社会移動と、それから地元の様々なつながりがあったり、バックアップしているなどの関係があったりすると、「第二標準」でなんとか生きていける。

日経連が1995年に出した、「雇用の流動化」という名目で非正規化を進めて不安定な働き方を拡大していく政策・方針(「新時代の『日本的経営』」)が急速に実行された結果、「第二標準」が、ずっと拡大していく。大学を出たら正社員として落ち着いて仕事ができるという条件は今までよりもずっと狭まってゆきます。正社員と言っても、この時期に流行った「なんちゃって正社員」という言葉で分かるように、賃金水準で言うと、派遣労働者、契約労働者と正社員とで、まるっきり違いがない。労働だけは、正社員だからということで荷重な労働を押し付けられていく状況が片方にあって、もう片方では低処遇の非正規の労働が拡大していきます。

非正規雇用が増え、不安定就業が増えていくことで、仮に今この会社で勤められていても、来年はどうなるかわからない。次々と仕事が替わっていくなかで、３年先、５年先のことなど考えることができない、それが当たり前になると、「会社に入れば一人前」の職業人として自立という像は現実味がなくなります。特に、「第二標準」で非正規で働き続けていく場合、職業人として落ち着く、「一応これだったら、いいじゃないの」というような「着地」のすがたは曖昧にならざるをえない。

職場と生活の事情に強いられて、転職するとかいろいろあるかもしれないけれども、強いられながらうまく転職できる、そのために役立つ何らかの資源を失うのではなくて、転職をしながら蓄えていけるような働き方ができる。このことが重要だと思います。これは正規か非正規かという選択の問題とはちがう面があります。「なんちゃって正規」と「非正規」には区別がありませんので、実際の調査をみると、正規社員からわざわざよりよい働き方を求めて非正規社員に移る人もいます（通常のケースではありませんが）。正規職といっても非常に厳しい条件のなかで働かされる正規職にとどまり続けるよりは、非正規でも職場の雰囲気がよくて職場のなかで自分が居続けられてやっていけるほうがよい、と考えて移っていく人もいるわけです。それを駄目だと考えるのか、それも職業的自立をしていくための、「構造改革時代」の働き方のひとつのステップと考えるかで、見方は違ってきます。

（4）エリート養成型「社会化」と上層への移行過程との矛盾

職業的社会化に生じている以上の変化は、大学教育もそうですが、中高の学校教育にも直接影響を与えることになります。中学校や高校の進路指導、キャリア教育の中心は、いまだに、「日本型青年期」の標準類型を守って、「ちゃんと企業の正社員になればなんとかなるよ」というものです。しかしそれは、現実の職業的社会化と大きく乖離している。乖離をしていることを中学生や高校生はすでに知っているので、乖離した状態でキャリア教育を高校でやっても、話半分で「自分にとっては無縁の世界だ」と受け取るような人たちが――これは高校の階層分けによって異なりますが――非常にたくさん出てきています。そうなってくると、「学校を出て、高校を出たら、就職してコースに乗る」という標準的な想定が実効的な意味を持たなくなる。

ただし、従来の「日本型青年期」はなくなったのかというと、当然のことながら、依然として残っています。後で触れる教育改革の関連となりますが、「エリート」養成型の学校教育に優先的に資源を投下する政策は、専門職や企業の上層労働者として安定した生活を送ることを目標とさせ続けています。

エリートコースのなかで生きてきた中学生や高校生とはどういうものか。おおよそ想像がつくとは思いますが、ヒヤリングでの見聞などから、その具体像を挙げてみます。生育歴の最初から、第二標準のようなコースとは同じコースに乗っていません。中学・高校時代から海外経験があるとか、自分の志望がかなりはっきりしていて、医学系の職に就くという志望を持つと、そのための医学のカリキュラムを学校と関係なく自分がこなしている。そしてたとえば高校時代から東大のサークルとお付き合いといった、いろいろなネットワークを持ち、人的資本を持っている、そういう層があります。

もちろん、これは家族的な背景があります。家族が持っている資本――「家族資本」と言ってよいでしょうが――なしには不可能です。そういった層が、たとえば、中高一貫の公立高校に進学をするというかたちで、エリート型の「社会化」コースが隔離されてつくられる。これが上層労働者に「移行」していくルートになっていくわけです。ただ、興味深いことに、そこには矛盾があって、そうやって正社員体制にうまく「移行」できるか、というと全体の数が狭められているから、たとえば大学を出たら大丈夫という話には全然ならない。大学を出ても、気がついたらブラック企業にいたという事例はいくらでもある。

そもそも「第二標準」のような「移行」過程から逸脱・脱落をしていく場合はどういう問題が起きるのでしょうか。「日本型青年期」を前提にして、高校や大学に行ったとすると、「この先上手くやっていけるかどうかわからない」という人たちのなかに、社会のシステムのなかに上手く自分がフィットしない、そこからはみでてしまう人たちが出てきます。社会的引きこもりや引きこもり親和群の数について、内閣府の数年前の調査（「ひきこもりに関する実態調査」２０１０年）で、２００万人超という。引きこもっている人達はざっと70万人で、さらに１５５万人、親和群と呼ばれている人達がいます。就職以前に、社会に出ること自体に抵抗を感じるような層で、ネット上では「自宅警備員」という名前が付いています。

ですので、安倍晋三氏がいうような「成長型経済」で競争に勝つのだという宣伝にはまったく乗れない意識が間違いなく存在していて、これは多数派です。いまの社会のなかで地位を上昇させるとか「社会化」を遂げることで自分の社会的地位を獲得していくという意識そのものが弱体化しています。上層エリートのほうに「移行」しようとする人たちのなかでも、こういう意識は珍しくありません。医者になるという人たちでも意識のうえでは「グローバル競争で自分が上位ポジションを占めるんだ」という上昇志向を持たない人たちがたくさんいます。

（5）「社畜」意識の二重性と帰属意識の希薄化

職業的社会化のこうした変動によって、若年層の意識がどう変化をしているのか、いくつか話をしてみたいと思います。ひとつは、「社畜」です。「社畜」とは、会社のドレイとなって働くというイメージですが、「構造改革」時代には、いったんそこに勤めたからには、絶対その会社をクビにならないで働き続けたいという勤続志向は、どんどん高まっています。生産性本部が毎年やっている新入社員調査の定番項目に、「午後5時以降にデートの約束があるが、残業を頼まれた場合にどうするか」という質問があります。デートを優先するか、残業を優先するか。「もちろん残業優先です」という回答率がどんどん高まっています。これは、「社畜意識」ということで言えば、会社のなかで必死になってしがみついて、振り落とされないようにしようという意識が高まっていることを意味する。はっきり言えば、振り落とされなかった人間にとってみれば、そこからこぼれた人間はどうなってもいいよ、という意識を同時に伴います。そういう意識が間違いなく高まっています。

ただ同時に、ブラック企業に就職してしまった場合を考えると、会社に忠誠を尽くすだけで、その会社や企業が自分の人生を守ってくれるかというと、そうではない、という意識も強まっている。現実的には自分がいま就いている仕事をなんとかクビになりたくないと思うけれども、会社は自分を守ってくれない、という意識も同時にあります。だから帰属意識が弱体化しているわけです。

それから、不安定就業が高まって、非正規労働者が拡大していくと、企業だけでなくて企業内組合への帰属意識も当然薄まっていく。だから、企業内組合の矛盾も深化してゆく。連合に集まっているような大きな企業内組合が、もともと組合員を守ってくれるような組合ではないということがあるわけですが、帰属意識が弱体化していく。つまり、勤める会社を基盤にしながら労働者としてのあり方や意識を育てていく、という企業主義的な帰属意識が薄らいでいく。まして非正規の不安定雇用に従事する労働者の場合３カ月、４カ月で仕事が変わっていくということになると、会社への忠誠もないし、正社員間のような付き合いもありません。

ずっとひとりの若者を10年近く追いかけて、そのライフヒストリーを調べ続けた興味深い報告を聞いたことがあります。派遣とかアルバイトが終わるたびに、携帯電話をその都度買い替えるというのです。携帯を買い替えると、アドレスを全部なくしますから、一緒に働いていた人とつながりが切れるわけです。いったんリセットして、新しい仕事先で新たな友だちと携帯でつながる、その繰り返しで人間関係をリセットしてゆくのです。研究会でこの報告が話題になりました。これはどういうことなのか、と。このケースでは、労働者がお互いに同じ基盤に立ち、困難にぶつかった時に困難を共有化して、集団的な意識を基盤にしながら、自分の条件を良くしていくような方法が見つけ出せるでしょうか。それは難しいでしょう。

⑥「移動」を通じたより生きやすい現実への接近

ただ、同時にこういう非正規で流動して移っていく人たちのお互いのつながりをもうちょっと細かくみていくと、単純に切れたらおしまいというのとは違う現象も見受けられます。これは、戸室さんという若い研究者が工場で請負労働者として勤めながら、観察をした例です。東京三多摩の工場で、非正規労働者が大半なんです。３５０人ぐらいのうち、正規の労働者は30人ぐらいです。３００人を越える人が非正規で働いているので、「正規の労働組合を基盤にして」なんていっても基盤は30人くらいしかいないことになる。非正規雇用では、更新されるかどうかわからないから、雇用の見通しはきわめて不安定です。ところが、その非正規の人たちのあいだでサークルができて、バンドができてライブをやったりする。あるいは高尾山に登山に行ったりする。もう辞めて5年ぐらい経っているけれども、いまだに続いているらしいです。

おそらく、一つの職場に居続けることは難しく、その保障がないといっても、三多摩周辺の地域を動かないことが重要ではないか。もっと遠方に「移動」してしまうと、そういう基盤がなくなってしまうので、動かないでその地域で非正規労働者として生きていく。もちろん不安定ですけれども、そういうかたちの集合的な感覚が共有される現象がある。地域に根を持つ働き方は、就業・転職のローカル・トラックがあるかどうかという問題にかかわっています。

それからもう一つ重要なことは、辞めて転職していくことをどうみるか、という点です。「転職」というと、堪《こら》え性がないとか、いまの若い人はちょっと状況が悪くなるとすぐに移ってしまうとか非難されます。しかし、実際の転職のプロセスをフィールドワークで調査した人たちの報告を聞けばわかるのですが、決してそういうことはありません。自分にとってどうやってより働きやすいところに近づいていくかという点に、私は「漂流者」ではなくて「航海者」だと言ったんですが、職場の条件を変える大原則がある。しかし職場の条件を変えるといったって、自分自身の雇用の安定性は保障されていない。そうすると、そのなかでどういう形ならば自分が働きやすいかが、実際に「移動」するときの重要なファクターになっていることを見なければなりません。

では何が重視されるかというと、人間関係です。当たり前の話ですが、上司を含めた人間関係が働きやすいかどうかということです。社会科学的なモデルに置き換えれば、労働者としての権利や尊厳がその場所である程度保障されているか否かによって定着度が違ってきます。

ですので、いわゆるブラック企業は、そういう集団性を破壊して労働者を切り捨てる。フランチャイズチェーンの店で店長がひんぱんに変わるのは、居心地の良い職場、働く人の関係がよく、しっかりしたつながりができないからではありません。逆です。職場の雰囲気をうまくつくっていくような店長は「悪い」店長ですので、そういう店長は替えていくことが経営上重要になります。つまり、職場のなかに労働者自身が居やすいような雰囲気ができること自身がまずいのですよね。使い捨ての労働力として使うわけですから。使い捨てでよいのだという方針が職場のあり方として徹底しないと駄目なのです。だから、これに対抗して、自分たちがいかに働きやすい場所を見つけるかが、転職にとって重要な動機になる。非正規労働者の「移動」経験から読み取るべきは、この視点です。「こらえ性がない」などという批評は実態をみていません。

（7）新自由主義イデオロギーと社会権の形成

このように、「移動」を通じて、労働者としての集団性を支えにできるような場所を求めていく。そこには、簡単に切り捨てられる存在としてスポイルされたくないという対抗関係があることを見なければならない。そもそも、「職業的社会化」の過程での新自由主義イデオロギーの特徴は「努力すれば報われる」というものです。その「努力」は個人的な努力であって、しかも「努力すれば報われる」わけではなく、実際には「報われた努力」だけが「努力」に値する。「報われなかった努力」は「努力していない」ことになるというのが本質的な意味なのです。

一方で、「個人の努力によって、社会的に自立をしてもらいましょう」という新自由主義的なイデオロギーがあります。他方で、そうではなくて、私は社会権と呼びますけれども、「人間は個人では生きられない。労働者は個人で自分の努力だけで自分がぶつかっている困難を打開することはできない」という、集団的、社会的な権利の考え方がある。そういう集団的な基盤を土台にして自分の生きる自由な余地を拡大していく。こういう対抗関係になっているのです。

「『黒子のバスケ』脅迫事件（注）」被告の最終陳述では、「個人の努力で何とかしろ」という主張に対する鋭い指摘がされています。「こういうのは、『努力教』という宗教みたいなものだ。日本人の大半は『努力教』という宗教にかかっている。ところが、自分は最初から努力をしてもしなくても、そもそも、努力するという発想すら活かされないような、そういう場所に生きてきたので、『生きる屍』であり『埒外の民』である」という。「生きる屍」状態におかれていたのは仕事だけはなくて、「部活に入ったり、中学の同級生から感化を受けてマンガを描き始めたり、ちゃんとした浪人生活を送ったり、大学でも部活に入ったり、やりたいことのためにサラリと退学して親元から自立してチャレンジしたりする人生はありえないもの」で、自分にはまったく無縁のものだった、と。

（注）「『黒子のバスケ』脅迫事件」裁判の被告の冒頭陳述と最終陳述には、新自由主義批判がたくさん出てきます。自分を「生ける屍」あるいは「埒外の民」と呼び、この人間社会のシステムの外側に置かれている、一切の権利を持たず、権利を持つこと自身も間違いだと信じて疑わないまま、幼児期からずっと生きてきたと述べています。彼の場合、お金がなかったわけではなくて、実質的には虐待に近い家庭環境と、学校の凄まじいいじめのなかでそういう状態に置かれていたというのです。なお、千野帽子『人はなぜ物語を求めるのか』（ちくまプリマー新書２０１７年）は冒頭陳述と最終陳述とで犯行動機の説明が違っていることに着目して、自分を苦しめてきたものの社会的な根に、最終陳述では思いいたったのだと指摘しています。けい眼というべきでしょう。

私が考えさせられたのは、こういう発言と本当に交錯するかのように、『社会評論』１７７号には、「私の拒絶と沈黙の原因には、（…中略…）私の絶望がある。絶望は散文を拒絶し沈黙させ、「歌」を幻惑させ、人を破滅的にし、暴力的にする」という一文があります。新自由主義社会に生み落とされ、スポイルされ尽くす――そこに絶望の根があるのです。

「人を破滅的にし、暴力的にする」というのは、先程の『黒子のバスケ』の被告の言い方だと、「無敵の人」に当たります。つまり、「自分には何もないので、人間じゃないから死刑と言われても怖くないし、何をされようと刑罰を受けようとまったく怖くない。どんなことにも怖くない無敵の人」です。このまま新自由主義的な構造改革が進めば、そうした「無敵な人」がどんどん増えていって、「無敵な人」が社会を壊すに違いないとはっきり述べていて、自分が「無敵の人」であるという。人間ではないので「おまえは人間としておかしい」とか「おまえは死刑だ」と言われても、そもそも最初から死のうと思っていたので、まるっきり怖くもなんともない、と述べています。

つぎに、「政治的社会化の剥奪」という問題を、特に、「日本型青年期」から「構造改革時代」への変化との関わりのなかで、見ておきたいと思います。先程言ったように、「日本型青年期」には、「政治的関心はなるべく持たないようにしましょうね」という暗黙の縛りが存在していました。たとえば35歳にもなって、「いまの沖縄・辺野古の問題をどうするのか」などと会社で平気で話すような人はちょっと「大人」じゃないよ、というふうに「非政治的であること」が社会化の重要な中味として想定されていたわけです。で、「政治なんて関心ありません」という態度をとらせるこのしくみが、実際には、極めて政治的なものであることは間違いないのですが、そういう「非政治化の政治」が進行するなかで、「政治的社会化」の面でいうと、そもそも社会の一員ではない、という意識が徹底的・系統的に育てられてきます。『私は社会の一員だ』という意識は８割以上の中学・高校生は持っていません。だから、『黒子のバスケ』脅迫事件の被告だけでなくて、標準的な類型で学校生活を送っている人たちも「社会の一員だ」と感じない状態が生まれてくる。

しかし、「みんなバラバラになって漂流している」という話になるかというと、それは間違っていると思います。社会的排除が政治的・社会的な次元で当たり前になるなかで、「そこで生きられるか」というと、「生きる屍」として扱われてしまう。そうなると考えたら、きついわけです。ですから、社会的排除の状態におかれながら、自前でなんとか自分たちが生きられる社会を作ってゆくしかない。そうやってつくられる若者たちの社会を私はカタカナの「シャカイ」に「ウチら」という言葉をくっつけて、「ウチらのシャカイ」と呼んでいます。

（８）学生生活の現実と新自由主義的教育改革の矛盾

それから、安倍政権の特徴ですが、歴史像や教育イデオロギーを梃子《てこ》にしつつも、新自由主義的な強権国家を確立しようとする統治構想の一環として教育改変が行われていきます。ですので、単純に、復古的な教育に戻るというよりも、ある意味でもっと強烈な新自由主義的な社会再編の一環として教育改変を追求する。そのために復古的な教育イデオロギーが有効に使われているという関係になっている。ですので、社会統合の手段としての教育が安倍政権によって本格的に追及されていることを見ておくべきだと思います。

たとえば１９８１年から１９８２年頃の暴走族は全国でだいたい８０００人ぐらいいました。関西型と関東型ではちょっと特徴が違うのですけれども、いずれにしても、14歳から15歳ぐらいで暴走族に入って、３年ぐらいすると「卒業」します。「卒業」するとどうなるかというと、暴力団に入るというのはフィクションです。大半の人たちは「卒業」すると同時に地元の商店とか工場《こうば》に入っていくというようなかたちで職業的に着地する道を歩んでいきます。そのために、暴走族ＯＢで地元の仕事に就いている世話役がいたりするのです。一度「逸脱」しながらある時点で社会人の仲間入りをしてゆくそんなプロセスを私は「迂回的な社会化」と呼んでいます。暴走族を「卒業」したときにどこにいくかというと、社会のなかで生きていく、そういう回路が存在をしていました。

ところが、いま沖縄の暴走族について調査をしている若い研究者の報告を聞くと、沖縄の暴走族ですら、そうした道は塞がれているのです。暴走族を「卒業」したら、「卒業」した先の行き場がない状態が生まれています。そういう層は、これは社会統合の不安定化をもたらすことになるので、徹底して押え込まれていく。さまざまな事情から定型の教育コースに乗れず、学校教育の枠に入れない者、貧困はそういう事情の中でも重要な一つですが、そういう若者に対しては徹底して押さえつけるやり方がとられる。これが安倍政権による教育改革の大きな特徴です。

しかし、安倍が進めるこのような教育改革と学生生活の現実との間にはきわめて激しい矛盾があることをあわせて押さえておくべきです。標準的な類型として、学校生活を送ったら就職していくコースが効力を持つのは形式的な状態に過ぎません。今では高校生も大学生もアルバイトとして――普通のアルバイトではなくて、「即戦力」として結構長い時間職場で働いています――低処遇の労働条件で働いています。

英語では便利な言葉があって、「パートタイム・スチューデント」という。つまり、仕事の合間に学校に行くということです。高校でも、経済的に困難な層は完全にそうなっています。もちろん、学校が終わって部活ができるのはエリートであって、最初から部活なんて想定していない。終わったらすぐにバイトに行くのが当たり前の学校生活です。そう考えたら、その労働経験は学校のキャリア教育とまったく無縁な恰好ですすんでいます。権利侵害も多い。セクハラ、パワハラも山のようにあります。その高校生、大学生を単純に「学生」と考えるよりは、労働者として働いていると想定しないとダメな現実がある。

(9) 若者は本当に右傾化しているか?

そういう現実のなかで、若年層は一般に社会的排除によって広い意味で貧困化していることを理由に、貧困化した若い人たちが自分たちのアイデンティティを獲得するために、安倍政権が中心にいるような国家主義に乗っかって、ネットの世界でヘイト・スピーチを繰り広げているのではないか、そういう主張が特に年配の方たちから多く聞かれます。

結論から言うと、若い人たちがおしなべて右傾化しているという理解が間違いだという点です。はっきりと事実とは違うと言っていいと思います。VAWWRACという、「慰安婦」問題にとりくんでいる団体が、昨年韓国で3000人、日本で7000人ぐらいの大学生の「慰安婦」問題に関する意識調査を全国でやりました。で、バイアスがないとは言えないにしても、傾向を見ると、いわゆる「慰安婦」問題に関して、被害者に対する日本政府の謝罪とか補償が必要だという意見は日本の大学生で66・4%を占めています。これは「慰安婦」問題についての授業を聞いている場合もありますから、その点を考慮する必要はあります。しかしヘイト・スピーチに同調する意識を多数派が持っているわけではない。「いわゆる慰安婦問題ですら」というふうに言ったらいいかもしれません。

それからもうひとつ重要なことは、若者だけが右傾化しているという理解が間違いだという点です。むしろ、右傾化している中心は何かというと、新自由主義的な構造改革が進むなかで、自分たちの有利な地位とか、位置が失われてしまう、そういう危機感を持っている層、「自分たちの有利な地位をきちんと確保しておかなければいけない」という層であり、そういう層の存在が大きな問題だと考えています。

さらに、ネット右翼の中心が若者だとは言い難いです。ましてや若年層のなかで貧困の状態に置かれている人が中心だと考えるのも間違いです。辻大介氏による、社会調査の手法を使ったネット上の調査でも、ネット右翼的な傾向にある人たちを抽出してみても、別にそこだけ貧困層が多いということは全然ない。学歴にもそれほどの違いはみられないそうです。

ネット右翼は四種類いると言われています。ひとつは『戦争論』の人。これは小林よしのり氏の『戦争論』に影響を受けた人です。1997年ぐらいです。それから二番目が『嫌韓流』の人。これは2004年から2005年にかけて山野車輪という人が書いた『嫌韓流』に影響を受けた人です。『嫌韓流』とはだいたい90年代後半からネット社会のなかで出てきている話を集めて山野がまとめた書籍です。三番目はワールドカップ「出身」の人です。2002年の日韓共催のワールドカップをきっかけにして「実は、韓国はおかしいし、日本の『朝日新聞』とかは民主主義とか言っているけれども、全部おかしかったんだ」ということをワールドカップを通じて「気づいた」人たちです。そんなまさかと思うかもしれませんが、意外にたくさんいます。

最後に、一番多いのが2ちゃんねる出身の人です。これは1997年に出てきたネットの2ちゃんねるのまとめサイトなどを通じて、ヘイト・スピーチ的な言説に親しんでいった人で、いまでもたとえば「韓国」で検索をかけたり、「K-POP」とか見ていくと、凄まじい悪口を言ったり、非難をしている。ネットのなかで溢れていますよね。たぶん、それを見て嫌になる人もいると思うのですが、中学生や高校生が韓国や歴史の勉強をちょっとやろうとするとネットのなかですぐそれらに突き当たりますし、ある高校の先生が言っていましたが、韓国の話をしたら、その日の夕方にすでに2ちゃんねるを通じてあいつは「サヨ」だという情報が広がっていくという状態になっています。しかも、匿名のニュースでも実名を晒す専門の部隊がいますので、匿名でたとえばこんな（彼らからすると）「ひどい」投書、つまり「慰安婦に関する問題で強制性というものをきちんと認めないといけない」という投書をしたりすると、「こいつは誰だ」と自宅まで突き止めるようなこともするのです。

（10）若者が惹かれる実体なき国家主義とは？

ネット右翼の特徴は、排外的な心情や人種差別が特徴なのですが、どうしてこれらが出てくるかというと、「誇りたい日本」「誇るべき日本」という心情に支えられているからです。従来の国家主義と、ここで言われている「J国家主義」と私が名づけたものとは明確に異なります。どう違うかというと、従来の国家主義は、西部邁氏などに特徴的ですが、日本に固有の伝統があり、天皇を伝統の中心に据えて、「日本人とか日本の社会というのはこういうものなんだよ」というある実体が想定されています。しかし、「J国家主義」はそういうネイション（民族や国家）という実体的なものを想定しなくても、「日本ってイイんだぜ」と言えてしまうところに大きな特徴があります。

その「日本って国はとってもイイんだぜ」という、その中味はなんなのか考えなくても言えるのが特徴的です。だから、「誇りたい日本」に文句をつける奴は、全部「反日」だということになります。この間の右翼的な動向を見ていても分かるように、反原発運動も普天間基地の辺野古移設反対の人たちもみんな「反日」勢力だと攻撃しているのです。だから在日外国人という層だけでなくて、「この日本ってイイんだぜ」という雰囲気、主張に同調しない、日本にはこんな問題があるじゃないか、これはおかしいじゃないか、という人間は全部「反日」です。そういうことで言うと、ほとんどの日本人は「反日日本人」になってしまいますが。

「反日」ラベリングを貼るこういう手法は、あとで言いますが、新自由主義政治のなかで社会的な弱者を抑圧していくやり方と見事にフィットします。生活保護受給者は、実は「特権」を持っていて、そういう

「特権」で自分たちだけ支えてもらって生活できているじゃないか、「弱者」と言っている特権階級だ、というような攻撃の仕方ときちんと符合している。ですから、国家主義や右傾化の話は、新自由主義国家や新自由主義政治と無関係ではなくて、まさしくそういう新自由主義的なグローバリゼーションのなかで出てきた国家主義の形なんだ、ということを押さえておきたいと思います。

(11)「共感動員」と代替的な「正義」の構築

現在の社会統合の特徴として、もうひとつ、若者たちのつくるシャカイの政治的機能を挙げたいと思います。ウチらのシャカイは政治舞台から切り離されているにもかかわらず、以下のように、特有の政治機能を果たすことが可能です。「シャカイ圏」の特徴である「共感動員」とは何かというと、「私はこう感じている、その私の感じていることに対して、あなたは反対しないでしょう。あなたは賛成してくれるよね。」という、そういう共通性を要求するメカニズムです。

たとえば自分がかわいいと思う服を着てきたときに、その服についてなんて言うかというと、「かわいい」と思ったら、「かわいいね」と言うけれども、「かわいくない」と思ったとき、「ちっともかわいくない」と言った時点で友だち関係は険悪になります。「かわいくない」と言うのはマズい。「ビミョウ……」と言っておけば、相手の気持ちを汲んだ応答になります。「ビミョウ」とは、「あなたがかわいいと思う気持ちはわかるけれども、私はその気持ちには必ずしも同意しているわけではないよ」という2つのメッセージを同時にこめられる言葉なのです。「似合っているね」というのもマズいです。「あなたにとって似合っているのであって、それは決して一般にかわいいとか、それがよいというのとはちょっと違うよ」というメッセージとなるからです。最悪なのが「個性的」です。「おまえしか似合わないよ」ということになりますので。

これが「共感動員」のごく初歩的な技法です。みんな、その技法を駆使しながら、お互いに反対しあっているのではないよね、という格好で共感を組織することによって、自分たちの社会を作っていきます。民主主義などという秩序とは無縁です。だから、共感動員によって一緒につくりあげた秩序から外れたら、とたんに強烈な排除が働くことになります。

リストカットをしている人はたくさんいますけれども、自分がリストカットをやっていて苦しいという気持ちをそういう場に出すことは、共感を動員できるような形で出さないと、まずいわけです。つまり、「苦しいから何とかしてよ」と言ってしまうと相手は引いてしまう。だから、「私自身が悪いので、ちっともみんなを責めるつもりはないけれども、でも実はちょこっとリストカットをやっているの」というふうに言わないと、その場にいることは難しいのです。

そもそも自分が悪いのではなくて、いじめや貧困が原因だったりしたら、「俺が悪いのじゃないだろう」とまず言うのが当たり前なのです。しかし、「俺が悪いのではないだろう」と言う人間はそうやって言えるだけで特権的だとみられてしまう。「なんでそんなこと平気で言えちゃうんだよ」ということになるわけですから、生活保護を受給しようという場合だと、申請することができる人間は特権的ではないか。みんな、我慢してそういうことを言わないで、「私はなんとか頑張ります」と言い合っている世界のなかでそういうふうに突出する行動自体が間違っている、と。だから、社会的な弱者だと、自由にものが言える人は特権的で自己中心的だということになる。

これは民主主義の通念とはまったく異なる感覚です。「自分は決して、そんな心配してもらえる価値もないし、自分が考えなければいけない問題なのですけれども」、という前置きをつけないような発言は許されないのです。この前置きは「自分は無力です」と自分で認めることです。それではじめて、「自分は無力だから同情してください」と言えば、同情してあげるけれども、そうではなくて、「無力な状態におかれてしまったのはこの社会に原因がある。社会をどうするか一緒に考えてくれないといけないでしょう」と言ったとたんに、同情されるべき存在から、「自分のいたらなさを棚に上げ社会に文句をいう身勝手な人間」にされてしまうのです。このようにして、社会的な弱者が自分の困難を外に向かって訴える道が徹底的に封じ込められるのです。

　弱者を権力的な特権層に位置づけてしまうと、その「特権層」が「俺のことをもうちょっと考えてくれていいだろう」と言うことに対して激しい怒り、そんなことを許していいのか、という怒りが特に、ネット社会で湧き上がってきます。その怒りを発するのは、彼らからすれば、「正義」です。だから「正義」を実現するために、攻撃対象の素性を晒したり、「電凸《トツ》」という電話で抗議攻撃するのです。「慰安婦」問題について『朝日新聞』の植村記者がやられましたが、大学もやられます。それらはみな「正義」の発言であって、「正義」を実現しているということになります。

　ただし、これは決して多数派ではない、ということも押さえておかなければなりません。多数派に見えるのは——ネット上で調査した人がいるのですが——ツイッターなどで呟くときに１日中呟くという人がいるからなのです。自分で１日６０００回やれば、１日に１回しか呟かない人に対して６０００倍の効果がある。ネット上に溢れるヘイトスピーチや弱者攻撃が当たり前で多数派だと考えるのは間違いです。また、ネットが悪いと決めつけるのも単純です。イデオロギー上は極右と言ってよい安倍政権が、こうした行動を許容していることも見逃せません。

そういうネット社会の「公共性」、代替的な公共性を用いながら、ヘイト・スピーチではなくて、むしろ自分たちが抱えている困難を社会が解決していくのだという方向のなかで打開しようという可能性も、同時に、ネット世界で試みられていることも見ておかなければなりません。

たとえば、ヘイト・スピーチに対してカウンターの行動に出る人たちがツイッターを使って、あちこちから素早く連絡をとって、集まってくるような、そういう状況もある。昨年、立命館大学でこういう話をしたときに、その宣伝を見てきたのでしょうか、名古屋からカウンターの活動をしている若い人がやって来られて、名古屋でそういう活動をしているのです、と。そういうかたちで自分たちのつながりを作っていくための、ひとつの手がかりとしてネットを用いているわけです。

(12) おわりに——若年層が運動へと拓かれる回路とは?

「構造改革時代」に「社会化」のあらゆる領域にわたって激しい変動が生じています。一面では、政治権力や企業も含めた広範囲の新自由主義的支配が強化されると同時に、他面では、そのなかで様々な被害や困難を受けざるをえない若年層の間で大きな矛盾やギャップ、葛藤が拡がっていることも間違いないと思います。

アベノミクスの延長線上でこれからの日本を考え、希望があると認める意識は、10代、20代でいうと、あきらかに少数派です。しかも少数派というのは、30%や40%の少数派ではなくて、私の見るところ、意識調査で2割を切る少数派です。だから、一生懸命頑張って、社会的地位を上昇させて、グローバル経済のなかで地位を確保しようという志向は、上層エリートの移行の類型をたどっている人ですら、なかなか持ちにくい状況にあります。ですので、支配層とっては危険な、それでは困るという意識状況であるわけです。

問題は、そういう意識を持ちながら、その基盤を活かして若い人たちが自分たちを組織して、個人の力ではなくて集団的な力のなかで自分たちの環境や問題を変えていく。その手がかりや回路って一体どこにあるのか、ということです。たとえば、反貧困運動などを通じて、自分たちの労働条件の厳しさや処遇に対して声をあげる行動は、大きくはないけれどもしかし間違いなく拡がっています。それから、３・11以降の日本社会の変化のなかで、これまでの日本社会のあり方を見直していく運動も継続的とはなかなかいかないけれども、しかし間違いなく拡がっています。さまざまに存在する、「今の社会ではやっていけない」という感覚や意識を大切にしながら、それを現実の社会の変革につなげていくための回路はどこにあるのか、そのことを皆さんと今後とも考えていければ、と思っています。

2　縁辺化する若者たちの現代史

（1）社会に出てゆく標準的コースが崩れてゆく

いまではもう実態とは大きくズレ始めているが、若年層が学校生活を過ごし職業人として社会に巣立ってゆくまでの道筋には、「これが標準的だ」という固定的な枠が存在していた。こうしなければいけないという明示的なルールがあるのではないが、「高校までは出ておかないとまずい」とか、「大学を卒業したらすぐ就職するのは当たり前」といった、日本社会の隅々まで浸透していて、それが若者たちへの大きな社会的圧力になっていた。この圧力は漠然としたものではなく、親や教師など周囲の大人たちからつたえられるとても具体的な圧力だから、無視するわけにはゆかない。学校や周囲の友だちをみても、大体がそういう標準的コースの中に収まっている。だから、その標準的コースを外れてしまうのは大変に勇気が要る。

冒頭で、そんな標準的コースと一人ひとりが歩む道の実態とが、いまでは大きくズレ始めていると述べた。標準的コースの力が強かった時期でも、実は、みながみな、そのコースを辿ったのではない。10万人内外の高校中退者がいたこと一つをみても、標準的コースとはちがう道を辿って社会に出てゆく若者は決して少なくなかった。

現在では、標準的コースの通用力はさらに弱まっている。高校生活もそこから先の人生も、標準という枠に括れない状態が広がってきた。高卒であれ、専門学校卒、大卒であれ、始めに就いた仕事を一生続けられるような見通しが立ち難くなったのだ。

職業人としての人生の展望が見え難くなっただけではない。働き方が変わることは結婚や子育て、生活の立て方にも大きな影響を与える。特に若年層では、どんな仕事に就きどんな働き方をするかによって、生活全体、その後の人生の見通しが大きく変わる。また、逆に、離婚することで、経済状態を含め、生活がこれまでとガラッと変わってしまうこともある。

要するに、学校を卒業して無事就職できれば後は何とか生きてゆけるという見通しも成り立たない現実がある。そしてそうなると、高校を出ればいい、大学に入れれば大丈夫…というような、若年層を職業社会につなぐ学校の役割も変化せざるをえない。例えば、とにかく大学には行っておこうと奨学金を支えに大学を出ても、卒業と同時に奨学金の返済がのしかかり、思っていたような生活が送れないことがある。無理して大学には行ったけれど、その先の保障なんかないのが現実なのだ。

（2）非正規雇用の増加とその結果

標準的コースの通用力がこのように低下したことを、男女とも多様なコースを選択できる可能性が増えたという理由で、高く評価する見方（派遣会社などの経営者がしばしば言ってのける議論だ）もある。しかし、この理由は実態にそくしていないと思う。標準コースの力を取り戻せと言うつもりはまったくないが、多様な進路を選べるようになったとは考えられないからだ。

標準的コースに乗らない就業や暮らし方がなぜ広がったのか、その背景ははっきりしている。正社員（正規雇用）として働く新規学卒者が減少したためだ。職に就こうという若者が望んでそうなったのではなく、企業（財界）が方針として正規雇用の割合を減らしたからである。

この結果、派遣社員、契約社員、パート、アルバイトなど多様な雇用形態で働く人たちが増えたのを多様化と呼べばそう言えるかもしれないが、一括りに非正規雇用で働く人たちの待遇は正社員と比べ低い。雇用形態が多様化したのは事実だが、この結果、待遇が悪くなり仕事がきつくなったことをみれば、「多様化して良かったね」などと言えたものではない。以下の発言を見て欲しい。非正規社員はいつでも切り捨てられる、企業にとって使い勝手のよい労働力として扱われたのである。そういう非正規雇用の労働者が、この20年間にどんどん増えていった。

「日本のバブル経済がはじけた後、業績が悪化した企業は「選択と集中」の美名の下に、不採算部門の切り捨てに走りました。不採算部門をなくすことは間違いではありません。しかし、それと同時に、そこにいた人員もあっさりと切り捨ててしまったのです。

コスト削減、なかでもリストラを大きく打ち出した企業は、株式市場から評価され、株価が上がるという現象が表れました。確かに、固定資産である人件費を削ることは、経費の削減つまり利益の増大に大きく寄与します。多くの企業が右にならえとばかりに人件費の削減に努めたのです。…（中略）

この状況はますますひどいものとなっています。サブプライムローン問題による不況に襲われた日本企業は、こぞって非正規社員の首切りに走りました。そこには後ろめたさは感じられません。人件費削減つまりコストカットのためには、当たり前と言わんばかりでした。」

（塚越寛『リストラなしの年輪経営』光文社２００９年）

この発言は、驚くなかれ、経営者のものだ。経営者がこんな風に言うことは、日本の企業が、労働者の扱いについていかにまともでないかを裏づけている。つけ加えると、非正規社員だけ理不尽な処遇を受けたのではなく、正社員だって待遇が良くなったわけではない。待遇の低い非正社員の増加は正社員の処遇を低く抑える効果がある。「正社員になれたから安心」というこれまでの常識は、実は、通用しない。

こうして、労働者の処遇は「着実に」低下していった。21世紀に入ってからの年間平均賃金の増減率をみると、OECD35ヶ国のうち、下がっているのは日本だけである。ちょうどこの四半世紀の間に社会に出た若者たちは、処遇低下の波――賃金の低下だけでなく、劣悪な職場環境やきつい労働実態もふくめ――をまともにかぶることになった。

(3)「若者はもっと頑張れ」コールの裏側にあるもの

標準的コースに乗ろうと頑張ってもうまくいかない若者たちが増えたのは以上のような背景があったからだ。「努力が足りない」「やる気がない」…といった若者への非難は、だから、的外れだし、「もっと頑張ればできるはず」と、根拠のない頑張りを若者に求める圧迫にもなる。安心して働ける環境も機会も減らされる中で、「頑張ればできる」とたきつけるのは根拠がない。

根拠が怪しいにもかかわらず、「もっと努力して良い待遇、安定した社会的地位を手に入れよう」という「たきつけ」は、現在の日本社会に充満している。

「もっと頑張れ」コールがそれほどに盛んなのは、標準的コースが標準的かどうか疑わしくなり、レア・アイテムになりかけているからこそ、そのレア・アイテムを手に入れるために必死にならせよう――そんな思惑がはたらいているからではないだろうか。いくら懸命に働いたところで明るい展望などない、老後の保障などまったく期待できない…と、若者たちが社会の行く末を見限り反乱でも起こされたら困る。何の保障も期待できないからこそ、もっと頑張って働くという方向に若者の意識を持ってゆきたいというわけだ。

この「たきつけ」には、「社会保障や福祉制度に頼らず自分で何とかしろよ」という悪質な主張（自己責任イデオロギー）がひそんでいる。その点については後で触れる。ここで注意したいのは、「何の保障もないから自分で努力しないと大変だ」という主張に説得力を持たせるために、標準的コースに乗れず、仕事や生活について何の保障も得られない人間がどんなにひどい状態にあるかを訴えるのが効果的だという点だ。「そんなことではうまく生きていけないのが当たり前だろ」と言え、「そうだね」と支持をえられそうな「逸脱」や「落ちこぼれ」の例が取り上げられるのは、そうした効果があるからだ。

標準的コースに乗れず、社会をうまく渡ってゆけない若者たちに対するそうした見方・扱い方は歪んでいて、うまくゆかない困難、問題の核心をつかんでいるとは思えない。そこで、標準的コースから外れた（外された）若者たちはどうみられ、どう扱われてきたかをたしかめ、そこにひそむ歪みをあきらかにしてゆこう。

(4)「若者は危ない」というイメージ形成に利用されてきた青少年事件

１９９０年代後半には世間を騒がす青少年事件が続発した（実は続発しているかのように報道された）。21世紀に入ってからも、秋葉原無差別殺傷事件から最近の川崎小学生殺傷事件にいたるまで、大きく報道される若者の犯罪が途絶えることなく続いている。（京アニ放火殺傷事件の加害者と目される人物も、近年の若者定義の範囲内かもしれない）それぞれの事件内容についてここで立ち入って言及はしない。二〇数年間続いた青少年事件のつたえられ方と、それらが、時々の若者についてどんな印象を与えてきたのかを考えたい。青少年事件の印象を通じて若者のすがたはどう想像されてきたのか？

この時期の青少年犯罪にかんする専門家の研究は、現代日本の青少年犯罪件数（とりわけ二〇代）は低いという点でほぼ一致している。欧米諸国で若者の非行が問題視される場合と比較すると、日本の若者の非行・犯罪率は、むしろ異常と言えるほどに低いようなのだ。それなのに、なぜ、青少年の引き起こす事件がショッキングな出来事として衝撃を与え、若者の危険性を印象づける「拡声器」のような社会的役割を果たしてきたのだろうか。

被害の大きさが深い衝撃を社会に与えることはもちろんある。秋葉原事件、座間9人遺体事件、相模原障がい者襲撃事件（この事件は優生思想にもとづくヘイトクライムの、現代日本における大規模で深刻なケースである）、京アニ事件はいずれも、多数の被害者を生んだ点で、青少年犯罪の次元にとどまらない問題を社会全体に投げかけた。

とはいえ、多数の被害者を生み出す点に青少年犯罪の特異さを求めるのはまちがいだろう。少女を拉致し何年も監禁した事件や、いきなり交番を襲い警察官を刺殺するといった事件もまた、若者の特異さを強力に印象づける事件だからだ。

これらの青少年事件を通じてつたえられる若者についての特徴づけには、それがすべてでないにしても、以下のような共通性がみられると思う。

事件を引き起こすにいたる心情や動機の異常性に焦点が当てられ、そのことが、しばしば、若者の意識・振る舞いの不可解さと結びつけられる。

「殺すのは誰でもよかった」「（自分が）死ぬために誰かを殺そうと思った」といった述懐――ただし、報道されるそれらの述懐、おそらくは警察によるリーク、が正確とはかぎらない――は、なぜ無差別の殺傷に出るのか理解できないという受けとめ方を広げる。供述の様子が、「淡々と」といった形容でつたえられることも、不可解という印象に拍車をかける。前兆なく突然行動に及ぶ（としか感じられない）こともあって、何を考えているかわからない不気味な若者像がつくりだされる。社会へのわかりやすい恨みの類がわかればまだしも、そうでなければ、ただただ「不気味さ」が強調される結果になる。

とうてい了解できそうにない行動を「若者は不気味な存在だ」と一般化することは、もちろん、まちがっている。「衝撃的な事件」という入り口から青少年の特徴が語られる場合、このように、実像とはかけ離れたイメージがつたわりかねない。

また、それと同時に、そういう行動に及んだ若者を「変質者」として意識の上で隔離してしまうことも危険だ。要するに、理解できず理解する必要もない人間なのだから社会病質者としてさっさと「除去」してしまえばよいという主張を導くからである。社会防衛論というこの考え方は、「異常（者）は社会から排除して当然」という感覚をつうじて優生思想へと近づいてゆく。現在の日本社会はそうした「社会防衛」の具体化へと次第々々に向かっているようにみえる。

標準的コースに乗れないことまでもその人の「異常」に数えられるなら、この事態の深刻さは明白だろう。学校秩序になじまない少年少女を「ゼロトレ」の名の下に隔離し圧迫を加える現実は、社会全体の未来を予兆している。この場合、若者は社会の周辺におかれるどころか、危険な存在として懲罰され、社会から追放される。そしてそうする社会の異常性は見失われてゆく。

若者と言いながら、上述のような若者像からは女性が抜け落ちている。「不気味な若者」像に女性・少女が想定されることは少ない。河内長野家族殺傷事件で殺人予備罪に問われた女子高校生（２００３年）、小６同級生殺人事件（２００４年）、女子高校生による母親毒殺未遂事件（２００５年）、女子学生による殺人事件（２０１４年）など、耳目を集めた事件があるとはいえ、そこから「不気味な少女」像が広がることはなかった。若年女性の「逸脱」については、社会の関心は性的側面に極端に集中していた。関心の持たれ方にははっきりとジェンダー・バイアスがあった。

たとえば、90年代末には女子高校生の「援助交際」（売春）が注目を集め、「援助交際」を行う女性高校生の意識にかんする報道が溢れる状況になった。ＪＫ産業と括れるさまざまな業態が「女子高校生」という特殊なジェンダー特性──もちろんこれは社会的関心の側にある特殊な視線にほかならない──を売り物に、次々と出現してくる。性サービス産業への女子高校生の動員が問題視されたとはいえ、女性の有力な就業先に水商売、性サービス産業がある以上、若年女性の「逸脱」は、事実上、黙認ないし容認される。

黙認も容認も、逸脱的とみなされた若年女性が抱えこまされる困難に目を向けない。種々の経済的困難から逃れる手っ取り早い手段として水商売や性サービス産業が機能していることも、家族的背景や単身生活に由来する若年女性の生きづらさ──女性がおかれている社会的位置に由来する点で、水商売等に従事する女性にかぎられない──も、気にとめられることがない。不気味な存在として排除されはしないが、社会の周辺的存在に固定化されるのである。

(5)「まともな仕事に就こうとしない困った若者」という像

大事件を引き起こすほどではない（ただし、予備軍とみなされることはある）が、「社会のお荷物」として厄介視される若者たちもまた、社会の周辺部に位置づけられる存在だ。フリーター、ニート、引きこもりと呼ばれる若年層がそうである。それぞれの言葉の由来、背景は異なるが、「働けるはずなのにまともに働こうとしない」、「自ら好んで社会人として自立しようとしない（できない）」といった共通のイメージを付与されている。さらに、このイメージの底には、「社会的責任を果たそうとせず、社会に貢献できない存在」という人間評価・能力評価がひそんでいる。社会の縁辺におかれるべくしておかれた若者というわけである。

リクルートが命名（1987年）したフリーターは、バブル期には、従来の日本型雇用にとらわれない新しい働き方の実践者という肯定的意味を帯びていたが、90年代末には反転して、自分の夢を追うだけで現実を見ない愚かな若者とみなされるようになる。夢追い型フリーターという類型化はこの反転を如実に映していた。しかし、そういう類型化も、自分の夢だけを追うフリーターが多数ではなく一部に過ぎないことを、同時に、つたえていた。正社員になれない（標準コースに乗れない）ため、アルバイト、パート、請負、派遣など、非正規雇用で働く若者たちがフリーターという名称で括られ、理解されたのである。

『経済白書』による「フリーター元年」（1997年）という言葉や、この時期につたえられた「フリーター200万人時代」という予測では、フリーターという言葉に肯定的意味はない。問題なのは、非正規雇用で働く若者たちの処遇低下であって、「まともに働こうとしない若者」の存在ではなかった。財界が打ち出した正社員の絞りこみと、これを後押しする雇用流動化政策とによって、若年層の就業条件が急激に悪化してゆく。それが1995年から2000年代初頭にかけ社会に出ようとした若者を直撃した変化だった。あるシンクタンクの予測（UFJ総研「フリーター人口の長期予測とその経済的影響の試算」2004年）では、2010年にはフリーター人口がピークに達し、476万人に上るとしている。要するに、正規雇用の枠が狭められた結果、大量に生み出された不安定雇用の労働者がフリーターと名づけられた若者たちの正体だったのだ。

この状態をもっとも鮮明に映し出したのが、1995年から始まる「就職氷河期」に就職期を迎えたロスト・ジェネレーションだった。高校、大学を卒業すると同時に就職（正社員として就社）というこれまでの標準コースに乗れず、就職できない、仕事に就けても不安定な雇用形態を余儀なくされた若者たちは、その後のライフステージでも不利な条件におかれ続けた。ほぼ10年後のリーマンショック時には「派遣切り」の憂き目に遭い、40代を迎えた現在では、安定した仕事に就けるキャリアを認められず、「生涯貧困」の道に追いこめられようとしている。

周知のように、90年代末の急激な変化以降も、非正規労働者は増え続け、いまでは、全体で４割程度にまで達している。つまり、非正規で働くのはもはや「普通」の内なのだが、待遇・雇用環境では正規雇用よりも低い。４割の労働者が職業社会の周辺部に追いやられているのは異常という他ないが、その異常が「普通」になってしまったということだ。

最近の為政者の言い分は、この異常を普通と言いくるめることに必死のようである。「非正規という言葉をこの国から一掃する」と述べた安倍晋三首相の発言はその典型だろう。では、誰もが正規雇用で働けるのかと言えば、そんなことはない。非正規という「言葉」をなくす方針は、「正社員をゼロにする」＝正規雇用の安定性や労働者保護の体制を壊す政策と一体だからである。90年代末からのざっと20年間、非正規労働者が増えることで正規で働く労働者の待遇も下げられてきた。それをさらに徹底して、正社員のメリットなぞなくしてしまうというのが、非正規という言葉を使わない（使わせない）方針にひそむ「本音」なのである。

働き方が不安定で待遇も低い、したがって生活も将来も見通しが持ちにくい——そんな状態が「普通」になってしまうことを後押しする政策はまちがっている。ところが、雇用の安定を壊す政策は、現在では、非正規雇用を増やすだけにとどまらず、「会社勤めがイヤなら自営で働けばよい」という自営業の推奨にまで踏みこんでいる。フリーランスという聞こえのよい言葉で、働き方に融通の利く事業主になってみてはという甘い勧誘だが、雇用労働者に認められるさまざまな保護が外される事業主扱いが、企業経営からみてコストが安く使い勝手のよい労働力であることはつたえられない。たとえば、美容師を事業主扱い（業務委託契約）する美容院チェーンや、海外で偽装請負と問題視されているウーバーの配車サービス（日本では配食サービスとしてウーバーイーツが展開、２０１９年10月にはユニオンが結成されている）、裁判となったツアーコンダクター、長距離トラック運転手など、実態としては「契約」先企業に従属している名ばかり事業主の労働者たちが続々と生まれている。フリーランスという周辺職種を拡大し、若者の働き方の「普通」にしてしまえという発想であり誘導策である。

(6) 働く意欲を引き出す?

非正規雇用や名ばかり事業主の労働者を拡大させる社会構造と政策とをみるなら、「まともに働け」と若者の尻を叩く主張にまったく根拠がないことはあきらかだろう。しかしそれでも、働く意欲が欠けた若者を問題視する議論は止むことがない。

日本でのニート非難はそのあからさまな例であった。英国で使われたＮＥＥＴという政策用語は、失業状態で学校教育も職業訓練も受けていない若者を指し、彼らをどのように社会に包摂するかを問題にしていた。そうした問題の立て方にも疑問の余地はあったが、少なくとも、働く意欲・気力のない問題青年といった、ゼロ年代前半に広まった日本でのニート理解は、そこには存在していない。

しかし、日本では、問題の焦点が失業状態で社会から排除されている若年層だったにもかかわらず、「働く気がない」＝「怠惰で無気力な若者」というイメージのニート理解がまたたく間に浸透していった。ニートという言葉が広がった当時の内閣府調査（「若年無業者に関する調査（中間報告）」２００５年）での若年

（15～34歳）無業者数は２１３万人、10年間で80万人増加したという。だが、その内１２９万人は職を探し、求職中ではないが就業希望が43万人であるから、若年無業者の大半は職に就きたいがそうできない若者たちだったことがわかる。さらに就職希望を表明していない、残り42万人（前掲調査では８割以上が中卒もしくは高卒）にしても、無気力や怠惰と片づけられない背景のあることが推測できる。

この時期、社会に定着したニート像は、このように、まるで根拠のない若者バッシングであったが、「ニートになってはおしまい」という不安を子育て家庭に行き渡らせ、「子どもをニートにしてしまうのは家庭の責任」という意識を広げていった。若年層の就業困難という新しい事態が、当事者である若者の意欲や家庭責任の問題へと見事にすり替えられていったのである。

「働こうと思えば働けるのに家に閉じこもっている存在」とみられた引きこもりの場合、無気力や意欲の欠如といった「本人の問題」だという理解、また、そういう若者に育てた「家庭の問題」への追及が、ニートの場合よりも一層強くなる。引きこもり者とその予備軍合わせて２００万人に達するという内閣府の調査結果は、引きこもりが個人的事情による個人の問題ではなく社会問題であることを十分に示しており、そういうとらえ方から、ＮＰＯ等の民間団体や地方自治体による支援策が種々講じられてきた。若年層が社会生活を送りにくい日本社会に特有の背景があることを、引きこもり問題は示唆している。いじめや進学、就職あるいは就職の失敗等々、若年層のライフステージのあちこちで生まれる引きこもりのきっかけは、若者が社会人として生きることの難しさをつたえている。

けれども、そうした難しさは、本人が克服すべきでそうできるはずの困難にすぎないという理解が、いまも強固に存続し続ける。「同じような環境だって引きこもらず生きている者がいるのに」という感情は、それができない欠陥を本人に求める強力な根拠になる。「病気でもなく、どこも悪くないのに」という受けとめ方から、「結局は、本人の甘え、贅沢だ」という非難のまなざしが引きこもり当事者に向けられてゆく。面と向かってでなくても、そうした「雰囲気」、心理的圧力を当事者は敏感に感じとる。「自分がだらしないからダメなのだ」と、自分自身を追いこんでしまうことも珍しくない。「まともに社会生活ができず働けない者の居場所はない」という縁辺化の作用がそうやって強まり、ますます社会に出にくくなってゆく。

引きこもりを「甘え」や「贅沢」とみなすのは、当事者のおかれた苦しさとかけ離れた思いこみにすぎない。「どこも悪くないのに」、「同様の環境でも普通に生きている者がいる」という、一見妥当に感じられる理解についても、本当にそうなのか、ちょっと考えてみよう。

「他の人は普通に働いている、生きている」という現実認識が正確でないことは、たとえば、津村記久子「十二月の窓辺」(『ポトスライムの舟』講談社2009年)に描かれたパワーハラスメントの一部始終からうかがうことができる。読むだけで胸が塞がるほど深く、隅々まで描き抜かれたハラスメントの「現場」では、「普通に働く」——いじめられる当事者だけでなく周囲の人間もみな——なんて絶対にできない。たとえ、そんな環境に耐えて働くことができたとしても、それはそれで異常ではないのか? 淡々と「小さな」日常を描きとめるようにみえる、その後の作品群を含め、津村が磨こうとしているのは、この社会に染みわたるそういう「異常」へのセンサーのように思える。普通にみえる社会の「普通でなさ」を炙り出す努力だということだ。

毎日生きてゆくのがつらいこんな状態はフィクション世界での作り事、絵空事ではない。心や身体をいつ壊しても不思議ではない毎日を送っている人々は、現実の社会に膨大に存在する。パワハラ、セクハラ、モラハラ、パタハラ、シューカツハラスメント…と、社会生活のあらゆる場面でのハラスメントが広がり、学校生活での止むことのないいじめを含め、人間関係が壊れてゆく状況の深刻さは増す一方である。職業社会で相対的に弱い立場におかれている若年層にとって、この状況が普通だなどと言えるはずがない。いつ引きこもってもおかしくない、精神障がいや自死に追いこまれる危険だってある異様な現実があることは、数々のルポルタージュが報告しているし、若年層の自殺率の高さや、うつ病リスクの高さにはっきりと示されている。

そんな異様な現実に耐えられない者に向かって、「自分がしっかりしていさえすれば大丈夫のはず」と言い放つのは、その現実に苦しみながら日々をくぐり抜けている者に対して、「もっと耐えろ」と要求し、「苦しい、おかしい」と言わせないはたらきを持ってしまうだろう。

フリーターやニート、引きこもりの若者たちにたいするバッシングが露呈させたのは、この20数年間に、「普通に（まともに）働く」ことの内容が変質させられ、決して普通ではないことが当たり前になってしまったこと、そしてその結果、そんな社会では生きにくい若者たちが、ますます社会の片隅に追いやられていく社会構造にほかならない。

（7）21世紀仕様の人間になれ？

90年代末から「格差社会」という言葉が生まれ定着するゼロ年代半ばにかけての大きな社会変動が若者たちの苦難を生み出した原因であった。若者の能力不足や努力不足をいくら強調したところで、この事実は変えようもない。そして、若者の困窮状態をつたえる報道（「フリーター漂流」「ネットカフェ難民」等）がなされ、若者たち自身が加わる反貧困運動が影響力を持つ（日比谷派遣村はその象徴だった）に連れ、縁辺化された若者たちに対する政策的対処が迫られるようになった。これまでの社会秩序から押し出され、行き場のない若年層を放置するのは危険だという為政者側の判断もはたらいていた。

こうして、若者の大半が標準的コースを辿って社会に出てゆくと考えられていた時代にはなかった青年政策が打ち出されるようになる。その性格に照らして自立支援政策と総称できるようなスキーム（若者自立・挑戦戦略会議「若者自立・挑戦プラン」２００３年、内閣府「若者の包括的な自立支援方策に関する検討会報告」２００５年等）が掲げられたのである。

それらの詳細に触れるだけの紙幅はないが、いま振り返るなら、自立支援政策が十分な成果を挙げたとは言えない。引きこもりの若者や就業困難を抱えた若者に対するＮＰＯや自治体の支援策が有効な事例はあり、その経験が蓄積されてきたことも事実である。それを無視すべきでないとはいえ、自立支援政策には、その効果を疑わせる重大な問題点が存在していた。

重大な問題点とは、就業自立を掲げながら、非正規雇用の不安定な働き方や、「自立」など無理な低処遇を解消する観点が欠けていたことである。それどころか、雇用流動化政策による非正規雇用の拡大という方針が同じ時期に推進されたのだから、自立支援を効果的にすすめる社会的・経済的基盤は、むしろ、脆弱にさせられていった。

40代に達したロスジェネ世代にいま支援策が検討されていることは、はっきり言えば、自立支援政策の失敗を意味する。引きこもりの長期化と親子共倒れの危険を指す「80―40問題」は、引きこもりに限らず、90年代末からゼロ年代に青年期を迎えた若者たちが高齢の親を抱えた40代となる時に出現するすべての困難を指し示している。自立支援政策に代表される青年政策は、21世紀に進行し続けた若者たちの貧困化を解消することができなかった。実は、標準的コースから外された若者に、「標準コースに戻れる能力を磨け」という要求が「自立」という政策用語にはこめられていたから、不安定な働き方と低い待遇から脱出できる保障は、自分の「能力」以外にはない。「努力」もせずに苦しいと言うのは「甘え」で「贅沢」だという認識と大差がないのである。

若者が社会に出てゆく過程でぶつかる新しい困難は、それが社会的に見えるようになった時点では、まがりなりにも社会問題と受けとめられたが、働き方の困難も貧困も「普通」になったこの10年ほどの間に、「自分で何とかするしかない」ことがらへと矮小化されてきたように思える。「普通に働けるはず」と周囲からみられる存在である若年層は、なおさら、自分たちの困難を社会に訴えて解決する道を塞がれている。社会の周辺におかれる状態が固定化された若年層が無視できない規模で出現するのである。

生活のために「アルバイト」に励む高校生、大学生（その実態は、英語で言うパートタイム・ステューデントだ）のすがたが示すように、固定化された縁辺状態は学校生活の段階から存在する。「子どもの貧困」が注目され、貧困の再生産を防ぐ課題が叫ばれても、幼児期から学校教育段階、就職・就業をつらぬく縁辺状態の解消にはほど遠い。一生を通じて社会の底辺部につなぎとめられる層が一つの社会層と言えるほどの規模に拡大しているのだ。１９５０年代に「下層の青春」と呼ばれた若年層が、背景にも内容にもちがいがあるとはいえ、日本社会にいままた根づき始めたかのようである。

社会の底辺部に押しこめられることは、だから、具体的な恐怖であり不安である。そうならないためにどうすればいいかが大きな関心事となるのは当然だろう。現在の教育政策がその軸にしている「人材開発」は、そうした恐怖や不安を利用して、変化してゆく社会（「知識基盤社会」）で生き抜ける人間（たとえば、ＡＩに駆逐されないスキルを持つ人間）の陶冶（訓練）を掲げている。そういう要求は、社会に出てゆくために超えるべきハードルを上げる。「こぼれないように頑張る」普通の努力は、この結果、一層きびしい規律や統制をともなう長い訓練に変貌してゆくだろう。そのプロセスの詳細については触れえないが、縁辺化を回避する努力もまた、若者たちの間に種々の困難を生み出さずにはおかないはずである。

わずか20数年間に日本の若者たちを襲ったこの巨大な変化、使い捨ての労働力として社会の周辺部に追いやられる危険にたいして、個人々々のスキルや才覚で対処することには限界がある。若者が自分たちを社会の正当な一員として位置づけさせるために必要な課題、運動はどんなものか。これからの社会で、「まっとうに働きまっとうに暮らすこと」の中味はどのようなものか。それを自分たちでつきとめ、自分たちにとって必要で望ましい変化をつくりだすこと——それこそが若者の担う課題ではないだろうか。

3　格差社会認識の定着は何をとらえ何を見失ったか

（1）偽問題としての中流崩壊

ゼロ年代を迎える時期、橘木［1998］、佐藤［2000］の著作を皮切りに、日本社会に格差と不平等が拡大しているのではないかとの観測が広く社会的関心を呼ぶようになった。格差拡大は事実なのか、事実だとすればその原因は何か、格差を測る適切な基準は何か等をめぐり、経済学、社会学、教育学等の分野から数多の議論が寄せられた。格差論争の出現である。

言うまでもなく、経済格差がまったく存在しない社会はフィクションである。格差論争が関心を寄せたゼロ年代前後の時期のみならず戦後日本のどの時期を取り出しても格差は存在し続けた。それゆえ格差論争の核心は、経済格差の有無ではなく、ゼロ年代前後における格差はどのような規模か、格差を生む原因は何か、経済的、社会的格差が世代間で再生産され固定化されているか、さらには、格差の何に焦点を当て克服すべき社会問題、政策課題としてターゲットに据えるのか、といった諸点が係争問題となっていた。

社会問題、政策課題として格差を取り上げることの是非が意識されていた点に注意しよう。問われたのは、社会科学諸分野の専門家によるファクトファインディング、その適否だけではなかった。格差への対処を政治的主題とすべきかどうかも同時に問われた点で、格差論争には、ゼロ年代前後におけるポリティクスが色濃く反映されていた。

また、後にフリーター元年と呼ばれる97年には、山一證券廃業に象徴される経済・金融危機が表面化し就職の覚束ない「ロスジェネ世代」の出現が話題となる中で、社会的格差の固定化に対する世間の関心も高まっていた。社会生活の各所に留まっていたバブル期の残り香がいまやきれいに拭い去られた――人々がそう意識し始めたのは、95年以降のことであった。「『努力すればナントカなる』社会から『努力してもしかたがない』社会へ、そして『努力をする気になれない』社会へ――。／現在の日本はそういう転換を、それもかなり急激な形で経験しつつある」との佐藤の指摘（前書128頁、以下同様）は、それゆえ、この時期の社会変動に対する人々の想像や漠とした不安を裏付ける役割を果たした。佐藤の知見は95年ＳＳＭ調査の解釈という限定的なものであったが、世間はこれを、不平等な社会の到来というメッセージに受けとったのである。格差論争には、階級分化や不平等の実態認知と評価をめぐる社会意識、イデオロギーの次元が存在したのであり、人々の眼を格差に向かわせたエートスとその現実的地盤の検討抜きに格差論争の性格はあきらかにできない。

「（一九八〇年頃から）中間所得層のウエイトが減少し、高所得層と低所得層のウエイトが上昇し」た結果、「貧富の格差拡大」が進んでいる（『中央公論』編集部［2001］75）との橘木の指摘が注目を集めたのは、高度経済成長期以降、所得格差が減少し「一億総中流」と呼ばれる平等化が実現したとの印象が覆されたからであった。つまり、格差論争の意味（衝撃）は、大多数が「普通」の暮らし向きと標準的ライフコースの枠内に収まっているはずという中流意識の幻想を剥がす点にあった。だが、「総中流社会」が実在したか否かを問う「勘違い」（高原［2009］231）を前提とした幻想の引き剥がし方には、そもそも問題が孕まれている。「中流崩壊」という格差社会の問題枠組みが、すでに、イデオロギー的制約の下に置かれていたのである。

格差社会認識の右の制約については後述するとして、所得格差の拡大が観測できるか否かに関する橘木と大竹文雄の応酬について付言しておこう。格差拡大と映る事態は高齢化に由来する現象に過ぎないとの大竹の反論（「かつて日本が平等社会にみえたのは、単に若年層が多かったからというみかけの理由に過ぎなかったともいえる。現在、不平等になりつつあるようにみえるのは、年をとれば所得に格差がつくという日本の元来の不平等が表に出てきているにすぎない。」前掲「中央公論」［2001］103）は格差拡大論への有力な反証とされ、大竹［2005］に代表されるその指摘は、格差を問題としない主張の根拠に使われた。だが、97年‐02年のジニ係数から若年層での所得格差拡大を示した太田［2006］のように、橋本の指摘を補強する知見があり、今日の時点からみて、橋本［2013］の、「九〇年代、格差拡大が主に高齢化によってもたらされていたかにみえた時期に、その後の格差拡大は着実に準備されていた」（187）との評価が妥当だろう。橋本は、戦後全時期にわたる格差の諸相を検証した上で、女性非正規労働者の増加に始まり、続く90年代末以降の男性非正規労働者の激増を格差拡大の要因とみなしている（同前 187 ～ 190）。

（２）新自由主義批判の欠如

このように、90年代末の時点で格差拡大を問題にする根拠が存在していた。なぜこの時期にそうした変化が進行したのかについても、現在では、大方の見解は一致していよう。すなわち、「グローバル競争」を勝ち抜く経済・社会システムの構築を掲げた財界、政府による［日本的経営］の再編（＝雇用流動化）と各分野での「構造改革」・規制緩和の強行、小泉政権（２００１‐２００６）を画期とする新自由主義政策の強力な推進が格差拡大を生んだという理解である。

では、格差論争は、ネオリベラリズム理念とその具体化をどうとらえていたのか。

正面から新自由主義政策の適否が正面から論じられたとは言いがたい。むしろ、ネオリベラリズム批判を焦点に据えることが回避された印象さえある。日経連「新時代の『日本型経営』」（95年）が財界による雇用流動化、正規労働者縮減の大方針を打ち出し、社会福祉の「基礎構造改革」（社会保障制度審議会「社会保障体制の再構築（勧告）」１９９５年）が福祉政策の質的転換を掲げたように、90年代半ばには、日本における新自由主義構造改革の方向付けが鮮明となった。紆余曲折はありながらも、格差論争が現れるゼロ年代前後には、予想を超える速度と規模で、構造改革・規制緩和の諸施策がすすんでいたから、この時期の格差・不平等を論じる以上、日本における新自由主義の展開を無視できないはずである。にもかかわらず、新自由主義構造改革とかかわらせた社会変動の検討・検証は、格差論争のみならず、一般的にもきわめて不十分であった。

個別分野での指摘はあったにせよ、それらの変動が新自由主義というトータルな理念・政策とのかかわりで語られるようになるのは、小泉構造改革の帰結といえる「格差社会」化とその実態がつたえられるゼロ年代半ば以降のことである。新自由主義という言葉さえ、90年代には、日本の社会的現実と結びつけて語られることが少なかった。筆者も加わった「講座現代日本」シリーズ（大月書店、１９９６-97年）は、眼前に進行する事態を、「新自由主義的改革の時代が始まった」（渡辺［1997］21）ととらえたが、そうした認識は多数派ではなかった。「多国籍企業化する日本の巨大企業の活動を拘束しているさまざまな規制を取り払って、市場と競争が野放図に展開する社会・政治体制の構築」（同55）をめざす新自由主義改革についての理論的分析は、目を凝らせば労働と生活の各所に出現していた構造改革由来の変化に立ち後れたと筆者の目には映る。

格差をどのように論じるかが、そうした議論の拠って立つ歴史的地盤・時代認識と不可分であるとすれば、ネオリベラリズムの思想・政策にかんする検討の欠如は、格差論争の性格を推し量る上で決定的である。

無論、各種の格差を競争活力の源泉とみなす格差肯定論は構造改革推進派にとって「常識」だった。「まともでない陰の道」だった雇用流動化を「日の当たる道」にせよという、構造改革の旗振り役、牛尾治郎ウシオ電気会長（当時）の発言（島田［2001］170）には、格差への懸念・配慮など微塵もない。「市場の障害物や成長を抑制するものを取り除く。そして知恵を出し、努力したものが報われる社会を作る」（閣議決定「今後の経済財政運営及び経済社会の構造改革に関する基本方針」２００１年）という、統治層の新自由主義理念はきわめて鮮明であった。小泉政権時を通じ経済閣僚として「聖域なき構造改革」政策の先兵を勤めた竹中平蔵が、「ジニ係数のようなものだけを指して格差であるとするような平面的なとらえかたの議論をしていては問題の核心には到らない」（竹中［2006］121）と言い、格差があっても固定させなければよいと主張したのは、新自由主義者として当然の態度であった。重要なのは格差を恐れるあまり個人の創意と競争を抑え、経済成長を頓挫させてしまうことだ、というのである。

格差はいつの時代でもあるという言説が易々と罷り通るのは、それが大衆実感に訴えるクリシェだからというだけでなく、世界規模でのネオリベラリズムの同時代史的展開を軸として現代をとらえる視点の不足ではなかったか。

なぜそのような視野狭窄が生じたのか。

思想史的観点からみれば、戦後日本に特有の事情として、ニューリベラリズム（社会的自由主義）から福祉国家思想にいたる理念・政策系譜の咀嚼と、この系譜に対抗するネオリベラリズム思想、政治の性格理解とが、ともども手薄で蓄積されて来なかった点が挙げられよう。リベラリズム、福祉国家それぞれの思想史的分析が、数少ない研究を除き、戦後日本で欠けていたことの根は深い。そうした背景から、日本の現実に引き寄せたネオリベラリズム分析は脆弱であった。

また、開発主義的保守政治のにない手たる自民党が新自由主義政党へと変容するプロセスへの注視も不足していた。93年政変以降の政治対抗を、保守（自民党）vsリベラル（民主党）という図式で了解するのみで、新自由主義政治というフレームで政治過程・政策動向をとらえる視点が欠けていた。保守政治批判が新自由主義的な政策、スキームの「革新性」を肯定し待望する態度——例えば、官僚政治批判が小さな政府論へと誘導される回路——にスムーズにつながり、この錯誤によって、新自由主義政治の推進を核とする体制変動の性格が看過されたのである。

（3）格差と不平等を受忍させる格差社会認識

小泉政権の終わる2006年度、「ユーキャン新語・流行語大賞」候補60語の一つに格差社会がノミネートされた。「教育格差」「結婚格差」「希望格差」から、「死に方格差」「思いやり格差」といった拡張用法に到るまで、格差を冠する言葉の氾濫は、格差を話題にすることが普通となった社会状況を示している。種々の社会的・経済的富の配分状態について格差表象を使って説明する話法が定着したのである。

では、格差論争の社会的波及効果とも言えそうなこの現象は、論及された格差の克服とどのようにかかわっていたか。社会的克服の対象に格差を据えることの実践的意味とパースペクティブが、格差の問題化言説にはどれだけ備わっていたか。

格差拡大を指摘する以上、これに対処する方策の検討は不可欠である。論争の口火を切った橘木の議論にはそうした問題提起が含まれ、だからこそ、対処すべき新たな格差拡大の有無が論点となった。格差を事実として確認できるなら、その克服を政治的・政策的課題とする——福祉国家型ポリティクスでは当然そうあるべき社会問題化のロジックがつらぬかれれば、格差社会化という現状認識は新自由主義構造改革と真っ向から対立する地点に位置したはずである。しかし、事態はそのようには進まなかった。生活全般にわたる格差の発見と、「今は格差社会だ」という実感的社会像（感覚）――この感覚は、各種の意識調査が示すように、「経済大国」期の生活やライフコースをもはや維持できそうにないという意識に根ざしていた――の一般化とは、これに照応する新自由主義批判の意識を育てたわけではない。ゼロ年代に人々が実感し目の当たりにした激しい社会変動、格差拡大の問題性を、ほぼ同時期に広がった格差社会認識が鮮明にするという関係は成り立たなかったように思う。個々の議論は別として、格差社会認識の浸透は、社会問題生成におけるクレイム申し立て（キッセ、スペクター）の強力な地盤ではなかった。それどころか、格差社会の認知は、構造改革によって拡大する格差を受容させる馴致過程に組みこまれていたとも言える。フリーターと正規職との処遇格差を問題とする言説が、フリーターにならぬよう個人の努力を求め正規職を得る競争を煽るキャリア教育に帰結する状況はその典型である。

問題は格差社会認識ではなく、この認識に立つ実践の困難だという反論があり得よう。格差を容認し推奨さえする新自由主義構造改革のただ中で格差克服を実践的課題とする実践に困難がともなうのは事実である。対処すべき格差、不平等の存在は、ゼロ年代後半には一般に知られるようになる。この点で、不平等と格差の新たな様相をつたえたメディアの力は大きかった。とりわけ非正規雇用若年層の窮状をつたえる報道は、若者が直面する労働・生活困難を社会問題として受けとめる必要を意識させた。NHKディレクター松宮健一（当時）によるドキュメント（「フリーター417万人の衝撃」２００４年、「フリーター漂流」２００５年）が、「夢追い型フリーター」という名称からイメージされる、まともに働こうとしない若者というフリーター像の変更を迫ったのはその一例である。「NNNドキュメント」（２００７年1月28日放映・水島宏明ディレクター）が「ネットカフェ難民」という言葉を広め、厚労省による「ネットカフェ難民」調査

（「日雇い派遣労働者の実態に関する調査及び住居喪失不安定就業者の実態に関する調査の概要」２００７年８月）を実現させる後押しとなったように、若者の窮迫現象をつたえる報道は、政府・自治体の対処を促す圧力として機能した。事態の認知が、すでに困難が深刻化して後であったことは否めないが、事態を座視できない問題として受けとめる社会的シフトが、ともかくも構築され始めたのである。

問題はしかし、ここから始まる。容認すべきでないと判断された格差、不平等を解消する努力は、その格差、不平等を創出する新自由主義構造改革が推進される過程・構造と並行して行われねばならなかった。いま・ここにある困難への具体的対処を迫られる「現場」の諸アクターは、覆すことの困難な大状況に抗いつつ改善可能なスキームを追求するという、いわば、二正面作戦を強いられた。葛藤と矛盾とを不可避に孕むこうした対処のダイナミクスは、例えば、２００３年から次々に打ち出された青年政策（若者自立・挑戦戦略会議「若者自立・挑戦プラン」２００３年、内閣府「若者の包括的な自立支援方策に関する検討会報告」２００５年等）の策定・実施過程に窺うことができる。これらは、学校から職業社会への移行の困難を克服すべく策定されたが、雇用流動化という新自由主義労働政策の核心は前提とされ維持されたから、そのターゲットは、根を断つことができず将来にわたって続く諸困難をどのように軽減できるかに事実上限定されていた。

格差、不平等の解消に実践的にかかわる「現場」が負わされたこの矛盾は、解消すべき格差、不平等とは何かをとらえる認識と無縁ではない。新自由主義政策言語としての「自立支援」という観念は、もろもろの困難、不平等が容認してはならず救済すべき、つまり社会的支援に値する性格のものである根拠を当事者に提出させる考え方に立っている。（中西［2007］）「私の窮状は私自身の責任に帰するのでなく、社会によって救われるべきだ」という挙証責任を当事者個人々々に求める自立支援のロジックには、支援なしには自立できない自己の「無能力」を自認させる深刻な罠が潜んでいる。自立支援型政策には支援に値する存在と値しない存在とを弁別し、「真に救済すべき者」を選り出すスクリーニング機能が組みこまれており、自立できていない点で「無能力」であることを認めながら、かつ支援される「値うち」（努力や意欲等のかたちで表明される）のあることをも証明するというアクロバティックな振る舞いを支援対象者に要求するのである。

（４）格差社会論から貧困論へ

福祉国家論の文脈に照らせば、普遍主義と残余主義との対立という系譜上に位置づけられるこうした状況は、濃淡の違いはあれ、新自由主義政策が福祉国家レジームを侵蝕した80年代以降の西ヨーロッパ諸国では周知の対立構図であった。思想次元で問題をとらえるなら、能力主義批判、平等論の深化によって格差社会認識をバージョンアップする作業と言えようか。ロールズ、ドウォーキン、センらの平等論が活発に紹介されたとはいえ、新自由主義批判と結びつけた平等主義思想の究明（竹内章郎［2001］［2007］）や、福祉・ケア思想を社会制度、国家論に接続させる試み（立岩［1997］［2009］）は少なく、格差、不平等概念の問い直しにまで踏みこむ社会的気運は醸成されなかった。

格差論争が取り上げた機会の平等、結果の平等観念にせよ、新自由主義政策言語が好む自立観念にせよ、近代の能力観を前提にしている。したがって、格差、不平等を根源的に批判するためには近代批判の次元が不可欠となる。重要なのは、近代へのこの懐疑が、思想的営為に課せられただけでなく、現実の格差、不平等に呻吟する人々にとっても実践的な問いとして自覚されたことである。『フリーターズフリー』（人文書院２００７年創刊）や『ロスジェネ』（かもがわ出版２００８年創刊）に拠り、自らも不安定就業に従事しながら、窮迫する若年層の困難を思想次元に立ち入って検討した論者たち（生田武志、大澤信亮、杉田俊介等）の試み、貧困層支援の現場から問題の所在を理論的につたえた湯浅誠の作業（例えば、「溜め」観念を用いての個体能力観の転換）が思い浮かぶ。

到底受忍できない格差、不平等があるという認識は、生活現実に密着した場面では、「生きさせろ」（雨宮処凜）という直截な要求の形態で噴出しても不思議ではない。そうした要求の質にこそ新自由主義グローバリゼーションに対抗するポテンシャルを読みとったのがプレカリアート運動であり、オキュパイ運動など、この系譜上に位置づく反体制運動は、今日では世界規模の広がりをみせている。日本における格差社会批判の一角にもそうした志向と運動とが出現していたとはいえ、能力主義・自己責任イデオロギーの岩盤を崩すのは容易でなかった。「自民党をぶっ壊す」と叫んで新自由主義構造改革を強行した小泉政権に対抗し、それよりもラディカルに「社会をぶっ壊す」と表明できる回路は限られていた。「（戦争の）悲惨さは「持つ者が何かを失う」から悲惨なのであって、「何も持っていない」私からすれば、戦争は悲惨でも何でもなく、むしろチャンスとなる」と述べ、衝撃を与えた赤木智弘［2007］の格差社会批判は、右傾化の基盤は下層若者だという誤認を導いただけで、平等主義の徹底に立つ変革構想が、このねじれた批評に本格的に対置されることはなかった。不平等や格差の極限的形姿が垣間見えるのは、「社会をぶっ壊す」どころか、社会によって壊された者たちの自虐的な怨嗟が事件（秋葉原無差別殺傷事件、「黒子のバスケ」脅迫事件等）として「突如」出現した時だけであった（渡邊［2014］）。

格差社会認識の定着が、かえって、その社会の下で窮迫状態にある存在を他者化（ジョック・ヤング）し排除する帰結を招いたとすれば、格差という認知のあり方そのものを再検討せねばならない。「社会が富裕層から貧困層までひとつながりの連続体であるかのようにイメージされやすい」格差社会という言葉より、「ある基準以下の人々と以上の人々を峻別する」貧困概念の方が「やや明確」という橋本健二の指摘（前掲

214）は適切だろう。「ある程度の格差はやむをえない」という感じ方はポピュラーであっても、「ある程度の貧困はやむを得ない」と主張するのは難しい。貧困の規模・動向を検証することは、格差を論じる上で核心的重要性を帯びている。「所得格差というのは必ず存在します。その一番低いところの絶対水準が下がっているかどうかが一番重要です。今の日本の場合、これは必ずしも下がっていない」（前掲 12）と言う竹中平蔵の論法は、貧困問題に触れない格差論の弱さを格差肯定の側から示していた。

竹中のこの指摘には、貧困水準が下がらぬかぎり貧困層がいくら増大しても問題ではないという含みがある。極言すれば、社会成員の大半が貧困線上に張りつくような事態さえ、竹中にとっては取るに足らないことがらなのである。だが現実には、貧困規模の拡大は、新自由主義国家の下でさえ、福祉支出の急激な増大をもたらし、「小さな政府」政策を行き詰まらせる。生活保護受給世帯の急増をめぐる動向は、受給世帯の抑止のみならず受給水準をも引き下げようとする政策と、この制約を突破し貧困克服を新自由主義レジームの打破と結びつけざるをえない運動との対抗が伏在することを示唆している。したがって、貧困を貧困として認知し、かつ新自由主義構造改革がもたらす貧困化に着目することは、格差社会認識の限界を超えるステップボードとなる。

不安定就業、非正規労働者の組織化をめざすユニオンや、貧困問題にとり組む社会団体が反貧困運動のステージを拓いたことは、日比谷派遣村（２００８-２００９年）を機に一挙に知れ渡った。貧困が社会問題化する前提には、反貧困運動と緊密にかかわる貧困認識の深化があった。ＮＨＫドキュメント（「ワーキングプア」２００６年7月23日）から流布したワーキングプアという言葉は、90年代から、新自由主義構造改革がもたらす貧困の様相と構造とを精力的に解明してきた後藤道夫が意識的に復活させたカテゴリーである（後藤［2011］233）。後藤の責任編集になる理論誌『ポリティーク10　現代日本のワーキング・プア』（旬報社）の発刊は２００５年9月で、新たな貧困の問題化は格差社会論議の活況時とほぼ重なっていた。「一億総中流」が流通したバブル期には死語と化した貧困が、ようやく、生きたリアリティをともない復活した。子どもの貧困、母子世帯の貧困、「下流老人」など、急拡大する貧困化の検証・分析や提起（日弁連等々）は、反貧困運動の緊急性と正当性を根拠づけ、貧困克服を社会的、政治的アジェンダへと押し上げた。民主党政権を経て第2次安倍政権にまで到る貧困対策の法制度、スキームが整備された背景には、そうした社会的圧力が存在している。対策の実効性は別として、容認できない貧困が確認された以上、新自由主義政権といえどもこれをまったく無視することは難しい。格差について斜にかまえた論評は可能だが、貧困を同様に扱えるのは恐れを知らない新自由主義者だけである。

　貧困問題――社会的排除の次元を含む――を核に据えることで格差社会論はそのフェーズを変える。「中流からこぼれるか否か」（「中流が縮小しているか否か」）という問題関心から、「普通に生きられる状態か否か」を問う場所（生存権保障の社会的実践）に関心の焦点が移行するのである。橋本健二が言うように、格差や貧困を出現させる階級構造の認識が不可欠（［2013］214）ということでもある。

　言うまでもなく、貧困の常態化（大衆的貧困）と貧困言説の氾濫は、格差社会認識の場合と同様、人々を貧困に馴致させる政治的効果たりうる。根絶されることなく温存され利用される貧困は、そこへ追いやられることを破滅と感じさせ、貧困者を自責に急に駆り立てる。自らの悲惨を訴える以外の言葉、「あとどれくらいカワイソウなら、あとどんな経験すれば満足なんだよ」（２０１５年12月、エキタス最賃デモスピーチ）と社会に反問する道を封じる。第2次安倍政権下の今、そこかしこに出現している社会的弱者へのバッシングはこの状況をあからさまに示している。貧困をリアルにとらえること、貧困を深く語ること（杉田［2015］）は、そこに浮かび上がる困難を社会に引き受けさせる場所に自覚的に立つことでなければならない。

市場価値なき者は「死ね」と暗に迫る新自由主義社会・国家に対抗する貧困認識は、貧困からの脱却を集団的に追求する労働の政治、貧困克服の社会的責任をあきらかにする社会運動と不可分なのである。

【参考文献】

渡辺治1997「帝国主義的改革と対抗の戦略」(『講座現代日本4　日本社会の対抗と構想』大月書店)
立岩真也1997『私的所有論』勁草書房
橘木俊昭1998『日本の経済格差』岩波新書
佐藤俊樹2000『不平等社会日本』中公新書
「中央公論」編集部2001『論争 中流崩壊』
島田晴雄2001『明るい構造改革 こうすれば仕事も生活もよくなる』日本経済新聞社
竹内章郎2001『平等論哲学への道程』青木書店
大竹文雄2005『日本の不平等』日本経済新聞社
太田清2006「若年層の所得格差は97年以降に拡大していった」『週刊エコノミスト』3月28日号(伊藤元重『リーディングス 格差を考える』日本経済新聞社2008所収)
竹中平蔵2006「日本人よ、「格差」を恐れるな」(『文藝春秋』5月号)
松宮健一2006『フリーター漂流』旬報社
文春新書編集部編2006『論争 格差社会』文藝春秋
赤木智弘2007「『丸山真男』を引っぱたきたい」(朝日新聞社『論座』1月号)
中西新太郎2007「〈自立支援〉とは何か―新自由主義社会政策と自立像・人間像」(吉崎祥司他『格差社会とたたかう』青木書店所収)
竹内章郎2007『新自由主義の嘘』岩波書店
高原基彰2009『現代日本の転機』NHKブックス
立岩真也2009『税を直す』青土社

後藤道夫2011『ワーキングプア原論』花伝社
橋本健二2013『格差の戦後史』河出ブックス、初版は2009年
渡邊博史2014『生ける屍の結末』創出版
杉田真衣2015『高卒女性の12年』大月書店

4　貧困と孤立のスパイラル

認知が狂って「自分には可能性がないし、努力しても決して報われない」という世界観を持ってしまった人間が「埒外の民」です。「競争に参加する資格がない」と思い込み、自分の立ち位置を埒外と規定してしまっています。

この「埒外の民」は周囲からただ怠け者にしか見えません。しかし本人の主観では人や社会にたいする恐怖と必死に闘ったのです。心の疲労度合いは努力して「勝ち組」になった人のそれよりも大きいのです。しかし「埒外の民」は自分が「埒外の民」であることにあまり自覚的ではありませんし、そのようになってしまった原因にも気がついていません。物凄い生きづらさを抱えていますが、それを周囲に説明できません。周囲もそれを理解する術もなく「埒外の民」を怠けて負け組になった人間としか思いません。

（渡邊博史『生ける屍の結末「黒子のバスケ」脅迫事件の全真相』創出版２０１４年）

（1）社会的孤立の極限

「黒子のバスケ」脅迫事件[1]被告渡邊博史は、裁判での長文の最終意見陳述で、社会から徹底した孤立状況に追いやられた自分のような存在を、「埒外の民」と呼んだ。「埒外の民」という言葉に込められているのは、一つには、社会（人間界）のどこにも居場所がなく、自死を選ぶしかないところまで追い詰められた極限状態の孤立であり、さらにまた、その孤立を自ら引き受け内面化する無力の自認である。小学校時代から、他者とはちがう「ヒロフミ」という身分だと自分に言い聞かせるほど深い孤立に陥った原因として、渡邊は、学校での、教師も加わったいじめと、自尊心を根こそぎ剥奪する暴力性を帯びた子育てとを挙げている。裁判所への提出書証で詳細に綴られたいじめ、子育ての経緯から浮かび上がるのは、人を人間の「埒外」におく激烈な排除の機制である。

渡邊が述べたいじめ、虐待の数々の事例は特殊な例外と思われるかもしれない。だが、大人よりも狭い生活圏しか持ちえない子どもの居場所を奪い、奪い取られた尊厳を回復するために自死を選ぶしかない（選ばせる）いじめ事件は、四半世紀を超える長きにわたり絶えまなく続いてきた。人を社会の埒外におくいじめや虐待の臨床史と、そこから浮かび上がる非人間的な孤立の構造とは、渡邊の辿った受難の軌跡が決して例外的なものでないことを示している。

ここで確認したいのは、子どもが生きる場を失う極限的な孤立状態は、学校という場（社会）の病理とされるいじめや、特異な家庭環境を背景として出現するだけでなく、貧困を原因としても出現することである。極度の貧困に陥った者が見舞われる絶望的心理状態の一例を挙げよう。親の虐待を受け、児童養護施設で育ち、クリーニング工場就職後、結婚、離婚を経て、2人の子どもを抱えながら生存ぎりぎりの生活を続けるシングルマザーである。近隣、近親の支援はもちろん、制度的支援ともまったく無縁な（そもそも行政的な手続きができないという事情がある）孤立状態におかれている。

なんかね、私の中にスイッチみたいのがあって、生きるのがつらい、早く死にたい、そう思うと心に『死ねスイッチ』が入って、とにかく自殺しなくちゃいけないって気持ちになるんです。つらくてつらくて、……（中略）……サイトで会った男の人と入ったラブホテルの中で手首切っちゃったこともあります。あんま覚えてないけど、警察呼ぶぞって言われました。なぜ？　あとデパートの踊り場のベンチで精神科からもらったクスリでＯＤしたときは、半日デパートのトイレで吐いて、家にどうやって帰ったか覚えてない。よく生きてたな私。

（鈴木大介『最貧困女子』幻冬舎新書２０１４年）

極貧状態にあるこの家庭の２人の子どもが、「子どもの貧困」の極限を生きているであろうことは疑いようもない。16％を超える高い「子どもの貧困率」（２０１２年）の内、どのくらいの子育て世帯がこうした極限的な貧困状況にあるか把握するのは難しい。貧困ギャップを考慮に入れた山野良一の試算（２００９年度）で、貧困状態にある親子２人世帯の所得中央値は月額にして10万円あまり、子どもたちの半数はこの額以下で暮らしており、その人数は１６０万人であるという（山野良一『子どもに貧困を押しつける国・日本』光文社新書２０１４年）。貧困ラインより３割も下がった所得中央値以下で生きる層が膨大に存在することは、少なからぬ極限的貧困の存在を推測させる。各年齢層にわたる子どもたちの生活状況に関する教育、保育現場からの報告例(2)をみても、極度の貧困を特別な事情による例外的現象とみなすことはできない。

ここで、極限的貧困の「極限」とは、困窮の程度がきわだっていることだけを意味しない。社会的・制度的支援はもとより、生存・生活の維持をわずかなりとも利用しうる関係資源(3)をほとんど持たない点でも極限的である。関係資源の欠如、枯渇、剥奪が社会的孤立をもたらし、社会的無力の位置に困窮者を固定する。たんに経済的に困窮しているというのではなく、困窮から抜け出す支援がえられないことをも組みこんで「無力」なのである。家族、近隣関係をふくむ諸々の社会的・制度的紐帯が断ち切られる様相を指す無縁社会という流行語には、こうした無力の性格がよく示されていよう。

人を社会的無力の位置に固定する関係資源の剥奪、欠如、枯渇は近年の社会政策において、社会的排除の一環ととらえられ、貧困の一様態と理解されるようになった。貧困問題を検討するに当たり社会的排除という観念が注目されるのは、貧困の固定化、世代間連鎖を解く上で有効とみなされたからであり、貧困の固定化を防ぐ手段として社会的排除の克服（＝社会的包摂）が提唱されている。日本でも、民主党政権時に社会的排除の実態が検討され（内閣官房社会的包摂推進室「社会的排除にいたるプロセス――若年ケース・スタディから見る排除の過程」２０１２年９月など）、英国ブレア政権の社会的包摂スキームをモデルとする青年政策が志向された。貧困の世代間連鎖への対処は、第二次安倍政権下での「子どもの貧困対策の推進に関する法律」（２０１３年）でも謳われているが、その政策は、〈社会的排除―社会的包摂〉を理念モデルとしておらず、新自由主義的な社会統合とセットになった救貧対策にとどまっている。

政策理念としての〈社会的排除―社会的包摂〉モデルの理論的含意及びスキームとしての実践的意義についてはすでに多くの検討[4]があるが、それらに触れる余裕がない。社会的排除の内でも、社会的孤立を招く関係資源の剥奪・欠如・枯渇の次元に焦点を合わせ、青少年の社会化過程にはたらく貧困化の作用について検討したい。学校教育は社会化過程の全範囲を覆うものではないが、社会化を支える中心的機関であるから、右の課題は、関係資源の編成（配分・剥奪等々）における学校教育の機能を問うことでもある。冒頭に挙げた極限的な孤立を頂点とする社会的孤立の「体制」が子どもたちの生育（社会化）過程に組みこまれるメカニズムと、この「体制」の重心として作用する貧困の位置とをあきらかにしたい。

(2) 社会化の機能不全としての孤立

①孤立を防ぐ課題の重層性

関係資源という言葉で一括した社会的なつながりは、もちろん、同質ではなく、その機能（資源としての性格）も異なる。公的かつ機能別に配置された関係資源（たとえば、スクール・カウンセラー、ソーシャル・ワーカー等々）が想定通りの役割を果たすとは限らず、現実の生活場面では、各人が利用でき、かつ心理的にもアクセスしやすい関係が選択される（たとえば、困難な家庭環境や経済的困窮状態、学校などの公的社会機関からの排除が、頼れると思う恋愛相手をつくる強力な動因となるように）。関係資源の「配置図」（人脈・ネットワーク）も機能もそれぞれに異なり、傍目には不自由なく過ごしているように見えても、深刻な欠如が存在しうる。

社会的孤立を防ぐ上で、「家族さえしっかりしていれば」という議論、意識は広くゆき渡っている。子育ての責任を第一義的に家族に求める主張は、第一次安倍政権によって強行された改定教育基本法にも盛り込まれている。子どもの成育（社会化）過程で生じる問題の解決を、まず家庭責任に帰する議論は、いじめ、引きこもり、非行等をめぐる事件の度に噴出する。貧困による子どもの困窮に対してさえ、「そもそも子どもを産むべきではない」との「本音」が寄せられるくらいである。家庭の「努力不足」を非難するそうした自己（家庭）責任論は、しかし、家族という小社会の関係資源に過重な負荷を与える有害な議論であろう。家族が持つ関係資源によって社会化過程を中心的に支えられるという想定はあまりにも非現実的だ。急増する発達障碍の子どもたちを支える上で、家庭外での生活をカバーする諸々のつながりが不可欠であること、子どもたちの社会で起きるいじめ等の葛藤・トラブルに対する親の対処には限界があること等々、家庭責任論の錯誤を裏づける例は枚挙に暇がない。とりわけ注意すべきは、貧困子育て世帯の実態に関する知見が示(5)

すように、貧困が学校の関係資源を枯渇させ、子どもを孤立状態におく点である。貧困だから子どもにかかわれないという関係が一律にあるわけではない。たとえぎりぎりの生活状態におかれていても、家族関係に蓄えられた関係資源の特性が、子どもの孤立を防ぐ防波堤となることはある。だが、経済的困窮に起因する家庭生活のゆとりなさが、広い意味での子どもの「放置」（孤立）を生む事実は見逃せない。社会化過程を支えるために有用で有効な関係資源を、貧困な環境を生きる子どもたちの現実にそくして、どのように編成し動員しうるかが重要であり、たとえ家族の持つ資源が脆弱であっても社会化を遂げられる保障が必要なのである。

関係資源の配分・剥奪構造を問うことは、社会的孤立に由来する矛盾、困難を克服することに直結している。しかしそれは貧困の根絶とは別問題だという議論がありうる。十分な経済的資源があれば、孤立状態にあっても生活はできるからである。あるいは、潤沢な経済資源を用いて関係資源を購入することもできる。精神的な不満足は解決できぬにしても、生きてゆくには足る。生活の困窮を軽減し、最低限、生活を維持できる物的・金銭的支援があればよい、というわけである。

貧困根絶を目的とする再分配政策等、経済的困窮を軽減・解消する施策が必要なことは言うまでもない。とりわけ、子どもの貧困を軽減する再分配効果がまったく利かない日本の特異な現実に照らせば、社会化過程で生じる困難を解消・軽減する方策が急務である。公教育無償の原則に立つという建前がありながら、義務教育段階ですら、多額の私的教育資源（学用品、修学旅行・遠足見学費、給食費、制服代、部活費用等々、多岐にわたる）[6]が学校生活に不可欠のため、それらを手当てできないことは、貧困子育て世帯に対する強力な排除・差別作用をもたらしている。給付型奨学金の極端な貧弱が進学機会を奪い、貧困層のキャリアルートを閉ざしていることも同様である。EUの子どもの剥奪指標に、「お金がかかる学校の遠足や行事に参加する」「時々友だちを遊びや食事のために家に呼ぶ」等々の項目が含まれている（阿部彩『子どもの貧困Ⅱ』岩波新書２０１４年）ことと比べ、教育・社会化過程における日本の再分配政策がきわめて貧弱であることは明白だろう。たとえば、昼食の費用があることで、昼休みに友だちと一緒に過ごすことが可能になるという場合、ここでの費用援助の有無は、貧困のゆえに生じる排除の作動範囲にかかわるのであり、経済的資源の補完にとどまるものではない(7)。昼食時間に誰と（どんなグループと）一緒に食べるかが、学校での友人関係における孤立の有無・深浅を決する最重要事項の一つであることを想起するなら、こうした領域での支援が、関係資源の配置・蓄積にも深くかかわることが了解されよう。

②学校教育と関係資源の配置

社会化過程における再分配の制度枠組みが必須であることを確認した上で、なお、関係資源の剥奪、欠如、枯渇を防ぐ独自の課題がある。鉛筆がなく「二センチにも満たない鉛筆」で、ノートに「異常なくらい小さい字で書く」（ノートを買えない）子ども（朝比奈なお前掲書）への学用品補助が必要だとして、その鉛筆やノートが一律のデザインだとしたらどうなるか。補助であることが識別可能なら、キャラクターデザインの下敷き等々を持つことが普通の子ども社会では、スティグマ（屈辱感）を与え、使用を躊躇させる要因になりかねないだろう（大阪市が企画する「プリペイドカードによる生活保護費支給のモデル事業」はこうしたスティグマ付与の典型である）。一方での支援が、関係資源の剥奪、枯渇を招く誘因となる。こうした事態が生じるのは、関係資源の剥奪、欠如、枯渇を防ぐ独自の次元／領域が存在するからであるが、教育・社会化過程における社会的排除の検討にさいして、この点への論及は十分になされていない。貧困と教育達成とのかかわりを例にとり考えてみよう。

低学力・学力不振と貧困との相関が検証され、広く認知されるようになった結果、貧困世帯児童・生徒を対象とする学習支援事業が全国各地域で取り組まれるようになった。高校進学からの排除（それは、職業的社会化における最低限の達成が遂げられないことを意味する）という現実を踏まえれば、学習支援の意義は疑いようがない。ただし、ここでの「学習」も「支援」も、「勉強を教える」と単純に理解すべきではない。学習支援によって獲得されるべき「学力」の現実的効果として、高校進学を可能にすると共に、職業生活を何とか続けてゆけることが想定されている。職業能力として要請される「知の社会標準」が学校知とどう関連しているかが改めて問われるが、この点の検討は割愛する。

今一つは、学習支援が、「そこにいられる場」として機能していること、つまり、支援が、支援者と子ども、子ども同士、支援者同士から成る関係資源の培養士としてある、ということ。学力の獲得過程を個人単位のモデルでのみとらえると、学習をめぐる関係資源の賦存・配置と学力のかかわりは見落とされる。先生という呼称は一切用いない(8)といった、支援の「場」を成り立たせるための様々な配慮には、「勉強を可能にする社会的つながりを創出し保持する」実践的機能の存在が暗示されている。そもそも学力を個人的能力・努力の反映とだけみなすことはできず、動員しうる社会的関係資本の質、多寡に相関するとの知見も提起されている(9)。低学力・学力不振の解消という、一見友人関係等の関係資源と無縁に映る教育達成の領域でさえ、「勉強できない」ことと「社会的つながりが剥奪され欠如している」こととの関連が問われるべきである。

現在の学校生活は、毎日登校して真面目に過ごすだけでは、関係資源が枯渇するのみならず剥奪されるような状況にある。勉強中、メールやチャットで友だちにわからないことを質問する高校生が半数というデータ（ベネッセ教育総合研究所「中高生のＩＣＴ利用実態調査　２０１４」）は、友だち同士による学習情報、学習内容の交換・検討が日常化していることを示唆する。ネットを介した交流の比重が高まる小学校高学年以降、勉強を教え合う関係の有無が教育達成の度合いを左右することは十分想定できよう。ケータイ、スマホを利用できない経済条件の子どもたちにとっては、関係資源の剥奪が不利な学習条件を導くのである。

このように、関係資源の配置、賦存という視点を導入することで、社会化過程における困難の所在をリアルにとらえることが可能となる。リアルにとは、この視点を用いて、社会的孤立の様相や深浅を具体的に把握できるという意味であり、各人を社会内に位置づける実質的機能が取り出せるということである。たとえば、勉強はまったくせず、つるんでアルバイトに精出す高校生と勉強ができず友だちづきあいも皆無の高校生とを、低学力という基準だけで一律にとらえるべきでない。関係資源のあり方を考慮することで、学力の高低だけでは推し量れない社会的孤立の位相が浮き彫りにされる。

社会化過程で学校教育が果たしている実質的機能を分析するさいにも、こうした視点は有効だろう。ポール・ウィリスが描いた70年代英国の公立中学は、学校秩序に反抗する労働者階級の子どもたちを、「反抗させる」という逆機能を通じて、親世代の労働世界へと送りこんでいた。この場合、労働者階級の「俺たち」の世界へと集団的に移行させる学校教育の逆機能が、「教育達成」の実質的な内容であった。学校という社会は、意図せざる結果ながら、そこでの教育・社会秩序に反抗する子どもを集団化させる場として機能し、将来の職業生活に有用な関係資源を蓄えさせたのである。同様の状況は、70年代から90年代にかけての日本における社会化過程でも指摘できる。学校から職業社会への移行（職業的社会化）に当たって、高卒就職のローカルトラックが存在した地域では、高校での友だちつながりや「地元つながり」が、高校卒業後の社会生活を安定させる上で有用な関係資源として機能していた。高校教育が公的に組織したのでないにもかかわらず、それらの資源は、企業主の求める「社会性[10]」とも微妙にリンクしながら、地域社会で生きるために役立つ対人関係（社会形成）の技法と人脈とを築く足がかりとなった。90年代末以降の構造改革時代にはこの様相も変化するが、関係資源の調達・蓄積環境である学校の実体的機能、とりわけ、貧困化に抗う繊細な力を帯びた集団性の涵養機能、あるいは逆に、社会的孤立を深化させる個体化機能に着目することが必要である。

③ウチらのシャカイ圏が孕む社会化のアポリア

関係資源の剥奪、欠如、枯渇を防ぐことが直ちに貧困からの脱却をもたらすわけではない。にもかかわらず、深い社会的孤立が貧困の根絶にとって無視できない障害である理由は、孤立が貧困からの脱却を求める回路を、現実的にも意識の上でも徹底して塞いでしまうからである。関係資源の剥奪、欠如、枯渇とは、その具体的様相を異にはしても、窮境を訴え支援を求めるつながりが絶たれていることを意味する。コンビニ然とした無人無料の支援スポットがあるとすれば、そこには可視的な関係は存在せず、孤立が支援を受ける障害にならないかもしれない。だが、必要とする者に支援が届く保障が、その場合にはない。支援を可能にする何らかの関係資源の配置・賦存なくして、貧困からの脱却を遂げるのは困難なのである。

「どうしても苦しければ誰かに(誰にでも)訴えることはできるはず」という反問も、深い社会的孤立を生きる者にとっては空虚で残酷な要求である。窮状を訴えかける回路が閉ざされている(客観的には閉ざされていないという言明は、生活現実内で感知できる回路がなければ空語である)ことは、訴えられないその現実を内面化し、訴えずに生きることを意味する。求められない以上、求めない「選択」を生きる以外にないのである。その状況を指して、「苦しかったら言えばいいだろう」と要求することは、自覚するか否かにかかわらず、「言えない自分が悪い」という無力の自認を強迫的に強化させる振る舞いと言うほかない。身動きの取りようがない状況を内面化させ自認させるこの意識操作は、「どうすればいいのか分かんないです。

けど、やっぱり自分が悪いのかなって思っています。わたし駄目だから、ここで頑張んなきゃってときに限って頑張れなかったり、変な選択しちゃうんです」（鈴木大介前掲書、二八頁）という、いわば無垢な自己責任感覚を、そう感じさせる出所を自覚させぬまま、困窮者に植えつけ極限的な貧困状態さえも受忍させてしまう。社会（他者）に何も求めない孤立は、貧困の現存さえも隠蔽してゆく。

社会化の過程に生まれる孤立の性格について確認しておこう。

学校社会を経る社会化の過程で、社会的孤立に抗う有力な関係資源が友人関係であることは了解できるだろう。思春期の少年少女にとって、社会に位置づけられるとは、さしあたり、友人関係の網の目（ウチらのシャカイ圏）の中に自分のポジションを確保することを意味する。友人関係の重みが家族関係に勝るとも劣らないこと、友だちグループの編成・相互関係や凝集性が学校社会の秩序を支える隠れた基盤となっていることについては、すでに多くの指摘がある。スマホ、ケータイを始めとするＩＣＴ利用の急激な拡大が、ウチらのシャカイ圏を学校外にまで広げ、そこで生きる技法を、より一層複雑化させていることも見逃せない。友人関係を関係資源として蓄え、孤立の危険を免れることの難しさが増したのである。

友人関係のこうした機能、あり方が思春期に特有の現象に過ぎず、社会化を遂げる課題と無縁だと考えてはならない。ウチらのシャカイ圏に突出した重要性を帯びさせる、現代日本に特有の背景が存在するからである。青少年層がおしなべて社会成員に位置づけられておらず、政治的社会化（社会形成の「政治」に関与できる主体として位置づけられること）を阻害されているという事情がそうである。政治的社会化の欠如という一般的特徴にかぎって言えば、現代日本の若年層は、総じて、「埒外の民」に貶められてきた。社会成員としての意識の希薄さ（くもん子ども研究所調査「自分という存在」２０００年、「日本社会の一員だと、あまり、ないしまったく感じない高校生80％中学生86％」等）はその反映だが、これは、政治的社会化の条件・機会が系統的に剥奪されてきた結果に他ならない。職業社会への移行に連接する政治的社会化の課題（たとえば、労働者としての権利を知り、これを守る径路を確保すること等々）は無視され[11]、生活の場に現れる不平等関係、暴力的関係を克服する課題も、政治的社会化の一環に位置づけられては来なかった。学校教育で伝授される種々の政治知識は、現実の生活経験と大きく乖離しており、乖離しているがゆえに、空虚な言説として不信の念を抱かせる。政治的社会化の課題を欠落させた学校教育がもたらした帰結である。

　政治的社会化過程の欠落という、日本社会に特徴的な状況は、社会的孤立をもたらす一般的な要因であり、現代日本に育つ青少年全体がそうした条件下にある。皆が孤立の可能性を抱えながら生きる現実は、一面では、他者が直面する孤立、「社会」からの排除を、自分にもありうる困難として感受させるが、他方、努力すれば回避しえた事態のようにも解釈させる。「誰でもぶつかる可能性のある困難」だからこそ、それに対処しようとしない（できない）人間の特別な「無力さ」へと困難が個人化される。しかも、困難への対処が政治的社会化にかかわることがらと受けとめられないため、孤立化の現象とそれが招く諸困難とは、個人病理へと矮小化される。「いじめられても仕方ない人間はいる」という強固な認識が象徴するように、孤立を招くのは、そうされる個人の側に何ほどか問題がある、というわけである。

　では、孤立化が「努力すれば回避しうる事態」だという場合の「努力」とは何か。

　社会成員として正当に位置づけられる政治的社会化の条件が欠ける中で、その都度その場で生きられる自主的な小社会（ウチらのシャカイ圏）に居場所を持つことであるのは明白だろう。友人関係を中心とした親密圏を規律する自生的な社会である「ウチらのシャカイ」は、しかし、たがいの地位を保障する繊細な「かかわり合い」機制を持つと同時に、明示的に排除された存在（「ぼっち」＝シャカイ圏からの排除が可視化された孤立状態にある者）を抽出する孤立化の機制をも併せ持つ[12]。そうした「社会秩序」が、政治的社会化の想定する自立した市民間の関係の異なるのは言うまでもない。ウチらのシャカイ圏ではたらく「政治」の詳細に触れる紙幅はないが、その一員たろうとする努力は、そこからも排除される存在を生み出すという困難なアポリアを伏在させてしまうのである。関係資源の獲得が同時にその剥奪をもたらす矛盾は、孤立の原因を自分自身に求めさせる内閉化構造の強固な基盤となっている。

(3) 貧困が強いる孤立の現在

新自由主義構造改革の進展は、学卒一斉就職を標準とする90年代半ばまでの社会化過程を著しく変容させた。非正規労働の拡大による賃金コストの縮小をドラスティックに実現させた財界戦略は若年層雇用の現実を変貌させ、若者を使い捨て労働力として大規模に動員する企業・職場が蔓延するようになる。直接の生活困難のみならず社会生活、ライフステージ全般にわたる若年層の貧困化をもたらしたこの変化は、それでは、貧困に由来する孤立化のメカニズムとどうかかわっているだろうか。まず、職業社会への移行について、この点をみてゆこう。

新自由主義教育政策が推進するエリート教育とそこで求められる「高度な」社会性の獲得とは、そもそも潤沢な文化資本、関係資源を動員できる層に優先的に向けられた施策であり、貧困層が『努力』すればたどり着く社会化の課題ではない。重要なのは、「高校つながり」「地元つながり」といった関係資源を一つの支えに職業社会への移行を遂げるルートが、就業の不安定化と処遇低下のスパイラル（低処遇正社員と低処遇非正規労働との）とによって動揺にさらされ狭隘化している点である[13]。学生アルバイトをふくむ非正規不安定労働者を「戦力化」し、過重な仕事と責務を担わせる就業状態が、そこで生じる困難の集団的解決を必要とするにもかかわらず、動員できる関係資源の弱体化を進行させている。正確には、不安定・低処遇労働を維持し固定化するべく、孤立化機制が「活用」されていると言うべきだろう。若年労働者にとって働きやすい職場の指標と感じられる人間関係の安定・安心は、不安定就業を維持する労務管理には不要だからである。

頻繁な転職が広域に渡る場合、関係資源の枯渇がさらに深刻なリスクとなることにも注意したい。専門学校中退、美容師からの転職、ホストなど水商売経由での「フェイドアウト」（社会的紐帯を失い、消息不明の状態に陥ること）等、様々な経路で社会的つながりが見失われ、関係資源の枯渇が推測される事態は、派遣切り、ネットカフェ難民等の社会問題化された事例に映し出された。とりあえず働ける場を見つけなければ生活できない貧困は、関係資源の剥奪、枯渇を度外視させ、就業を迫る。差し迫った経済的困窮と就業に活用できる関係資源の欠如とが、貧困化と孤立化とのそうしたスパイラルを益々加速させることも首肯できよう。より立ち入った検討を必要とするが、学校外での何らかの集団的世界でつくられるつながりを資源として職業的移行に役立てる可能性も狭まっているように思われる。学校社会からの「逸脱」と引き替えにえられる関係の性格が孤立化に抗うだけの影響力を持てず、職業社会へと子どもたちをつなぐ迂回的社会化の径路たりえなくなったからである。それは、手持ちの資源でとりあえず職業社会へとわたる「出口」が狭く塞がれていることと関係している。

職業的社会化のこの困難に対して、学校が無縁だと言うことはできない。キャリア意識の涵養や職業体験・インターンシップの拡大といったカリキュラムを用意し、学卒一斉就職のモデルに沿って職業社会に着地させようとする支配的なキャリア教育が、これらの困難を実質的に切り捨てる結果になっているからである。望ましくなくとも、やむなく不安定就業に向かわざるをえない子どもたちにとって有用で具体的な社会化過程の構築が必要であり、学校はその責務の一端を負っている。

単純化した仮想例を挙げよう。アルバイト先であまりに理不尽な扱いを受け、陰で文句を言い合うやり方、あるいはバックれて辞める選択、それでも辞められず耐える「選択」がある。おそらくそのくらいしか「選択」がない。選択肢に反映されているのは、各人が背負ってる困窮の度合いと孤立の深浅である。店長には逆らえない（言えない）、職場で話ができない、どんなに苦痛でも自分の中でこらえるしかない、学校に相談しても意味がない、周囲の友人には話せない……と、困窮と孤立の強度に応じ、リストは広がるだろう。大学はもちろん高校でも（働く中学生の場合には中学でも）、排除と孤立のリストを縮減させ、理不尽な扱いに対抗する関係資源の蓄積がプログラムとして追求される例は少ない。実質的にはパートタイム・スチューデントと言うべき生徒・学生の職業的社会化過程に実効的に関与するプログラムの構築は、学校機関だけが負うのではないにしても、教育に課せられた緊急の課題である。言うまでもないが、この課題は、貧困等の理由から「正常な」職業的社会化を妨げられた者に対する救済ではなく、現に子どもたちが直面している移行過程の変容に応じて、職業的社会化過程を編み直す作業である。その観点に照らして、学校が関与し動員できる制度、教育、関係資源等を見直し、公的に保障させることも必須となろう。

①友人関係を閉ざす貧困

毎日登校することすら困難な貧困層にとっては、学校生活を通じた関係資源の確保も覚束ないが、学校に行きながら関係資源を剥奪されてゆく現実も無視できない。ウチらのシャカイ圏と貧困とのかかわりに焦点を当て、その様相を検討する。

経済的困窮が学校内外の社会生活で友人関係の形成を妨げる場面は、小学校段階から始まり、広い範囲に及ぶ。公式の学校生活からウチらのシャカイ圏内での見えにくい領域まで、貧困という隠されたファクターが、孤立化を促進するのである。たとえば、「吹奏楽で3年間頑張って部長を務めた」等々のように、学校での部活は、正規の教育課程に含まれぬとしても、推薦入試等で役立つ（標準的に備わっていると想定される）キャリア資源である。だが、生計を立てるためのアルバイトに追われる生徒にとっては、そうした部活は無縁の世界だろう。吹奏楽部への入部に、楽器、関連機器購入というハードルがある時点で、これをクリアする層は限定される。中学でも高校でも、部活に要する諸費用を賄えぬ以上、そうした場への参加は抑制され、予期せぬ出費を迫られぬよう、教室外でのつきあい方にも細心の注意を払わねばならない。細心の注意とは、当然で何の気なしの要求にも応えられない自己のすがたをさらけ出さぬよう、他者からの無視を首尾良く獲得することに他ならない。学校の公式イベントでさえ神経を使わねばならない状況におかれるのであるから、まして、ウチらのシャカイ圏で「そうするのが当然[14]」と目される行動を回避することがいかに難事であるかは自ずと了解できよう。「要求されていることをわかってはいるが、私をそうした要求を確認しあう輪の中に入れてくれなくても大丈夫」と相手が安心するよう振る舞うのである。つまりは、「勘定に入れなくてOK、気にしない」というサインを、共感動員の秩序にそって発するのであり、結果として、「無視されることを彼女（彼）は望む」という認知を得ることになる。「今度、DLに行こうよ」と言われ、「わぁ、いいね、行こ」と言いながら、それを決して実行させない「逃げ道」も確保しておかねばならない。無視を獲得できるそうした繊細な術を持たぬくらいなら、最初からウチらのシャカイの圏外に生きる方が楽である。孤立状態におかれる結果は同じなのだから。

学校内外のシャカイ圏を規制し秩序づけるICT利用が急激に浸透したことも、貧困に由来する孤立のリスクを増大させている。クラス、部活等の連絡事項がLINEを通じて回ることは珍しくないし、アルバイトのシフト調整など、学校外の生活も同様である。公式の連絡、情報交換だけでなく、様々にカテゴリー分けされた複数のグループそれぞれでの交流もLINE上でなされる。複数のアカウントをツイッターで使いこなし、友人関係のメンテナンスをこなす「社会生活」も、高校生の段階では普通になりつつある。ウチらのシャカイ圏に位置づくために必要な（必要と感じられる）関係資源の量も、それらを活かすためのスキルや努力も、あきらかに高度化している。したがって、経済的理由からスマホ、ケータイを持てない少年少女たちが、それだけで関係資源の剥奪、枯渇に瀕し、深い孤立の危険に直面するのは当然だろう。各種調査で数パーセントにすぎないスマホ、ケータイ非所持者は例外と思われるかもしれないが、逆に、孤立に陥らぬためのライフラインの役割をＩＣＴが果たしていることを想像できよう。

貧困がもたらす、学校社会での関係資源の欠如、枯渇、剥奪は、こうして、自尊心を獲得する現実的・心理的手立てと回路とを断ち切る孤立に導く。公式の学校社会でも、ウチらのシャカイ圏でも、およそ社会的な領域へのアクセスが困難で、「手も足も出ず、声も出せない（目立たない）」孤立のすがたは、しかし、彼ら彼女らが学校で「平穏に」過ごす（露骨ないじめも、逸脱行動もない）かぎりは、見過ごされる。おとなしいがこれといった問題は見当たらず、学校秩序には淡々と従っているからである。そうした平坦な学校生活の積み重ねは、しかし、友だちづきあいを核とする関係資源を蓄えることにはつながらず、むしろ、学校社会への参加を通じて、より深い社会的孤立に追いこまれかねない[15]。

なお、「ぼっち」のような孤立ではなく、貧困を共通の背景とする子どもたちが、消費文化の提供するあれこれの夢（アニメ、バンド……）を共有することでウチらのシャカイ圏の一角を占める可能性について付言しておこう。少年少女の低額消費を前提にした消費文化は、経済的困窮層が自分たちのつながりを持ちうる一径路だからである。たまたまライヴで知り合う、声優ファンで一緒に行動するといった経験[16]は、困窮からの脱却とは無縁でも、共にいられる小さな場を確保させる点で、たんなる慰謝以上の機能を持つ。しかしそれと同時に、消費文化世界へのアクセスですら、貧困ゆえに妨げられる現実を見ておかねばならない。Ａ

KB総選挙投票権付CD1枚1000円は、電車賃を払えず、アルバイト1時間分の時給で日々の食生活を賄う子どもを排除する十分な金額[17]であり、資力に応じた関係資源の調達・蓄積が可能な点で、消費文化は、序列化、孤立化のメカニズムを組みこんだ統合秩序なのである。

②結びに代えて

ガンズの言う「貧困の積極的機能[18]」に倣うなら、社会化過程に組みこまれた孤立化機制は、社会秩序の安定化にとって「積極的機能」を果たす装置と言えよう。支援を求めさせ無力を自認させる孤立化の機能は、絶対に忌避すべき状況として貧困を意識させ、そこへ「転落」しないための努力と競争とを動機づけるから、貧困の克服を謳うことが、そのまま、そうした施策の対象となることへの屈辱と不安とをもたらす。貧困の世代間連鎖を防ぐという安倍政権の貧困対策はそのあからさまな例である。詳述する紙幅はないが、「子どもの貧困対策法」にもとづき策定された「子どもの貧困対策に関する大綱」（2014年8月閣議決定、以下「大綱」と略称）が、貧困の世代間連鎖を断ち切る目的に加え、「積極的な人材育成」を挙げているのは、これを如実に示している。「大綱」が、具体的で実効性のある（財政的裏づけや、各種の施策を現実にすすめる上で不可欠な制度・規制の保障）内容を打ち出していないのみならず、「人材育成」ルートからの脱落として子どもの貧困を位置づけ、その救済を述べているからである。さらにまた、道徳教育の教科化に代表される安倍政権の教育内容統制が、「埒外の民」へと追いやられる子ども・若者に対する権威主義的統合をめざしていることも明白だろう。派遣労働の野放図な拡大・延長を企図する労働者派遣法改悪や働き過ぎと過労死とをさらに促進する残業代ゼロ法案など、職業的社会化の出口をより一層不安定で劣悪な状況に変える労働政策を取りながら、貧困の世代間連鎖を断つと主張してみても、その主張の空虚が際立つばかりである。

「大綱」は、「総合的な子供の貧困対策」をすすめるため、学校を「プラットホーム」として位置づけるとしている。これを字義通りに受けとめるとすれば、すでに述べたように、職業的社会化過程の編み直しに関与しうる学校の位置づけと構想とが必須となる。職業社会へと出られない困難と不安とを抱えた子どもたちの孤立化を防ぐ構想とスキームなしに、学校は「プラットホーム」たりえない。

また、社会化過程が不可避に孤立を導く、ウチらのシャカイ圏のアポリアを克服することもまた、社会化過程を編み直す課題の内にふくまれる。友人関係という小社会に胚胎する排除・孤立機制の解消は、学校という公的社会「体制」には困難な課題であり、あるべき関係を説くことで実現できる作業でもない。そうした役割自体を放棄すべきだとの自由化論がありうるが、政治的社会化という次元を認めるかぎり、この課題を避けて通ることはできない。異なる強度と様相とでの孤立を強いられる状況を前提にした政治的社会化の構想が必要なのである。これを述べる紙幅は尽きたが、さしあたり、相互に非対称の関係を「尊厳ある存在同士の水平（ともにいる）関係」へとつなげる架橋の必要を指摘したい。それは、若年層にとって抑圧的に映っている民主主義理念を社会形成の技法（アート）として鍛え直すことを意味している。貧困からの脱却を妨げる社会的孤立の克服は、社会化を遂げるために必要な個々の支援（ケア）課題の遂行（パーソナルサポート）に尽きるものではなく、ケア領域に現れる課題を社会形成の一環に位置づけさせ、貧困対策とその理念とを、「正常な社会への復帰」という視点ではなく、「社会のより人間的なあり方への接近」という視点上でとらえさせる課題なのである。

【注】

（1）人気マンガ・アニメ「黒子のバスケ」が脅迫（殲滅戦）の対象となったのは、渡邊の個人史に根ざす理由があるとともに、構造改革時代の「勝ち組」を象徴するとみなされたことによる。

（2）唯一安定した食事機会は給食だけであること、休日時の欠食、諸費用の滞納、徒歩・自転車以外の交通手段を利用できないこと、無保険状態等々、いずれも社会生活を送る最低限の条件確保が覚束ない事例で、個々の報告例が例外的なものでなく、子育て世帯の「底が抜けた貧困」が進行していることを窺わせる。保育・教育現場で察知、捕捉しうるケースは部分的であろうから、さらに広範囲の困窮事例が存在すると推測できよう。

（3）諸個人が取り結ぶ社会的諸関係を社会形成のリソースという視点でとらえるカテゴリーとして用いる。拙稿「リアルな不平等と幻想の自由」（『平等主義が福祉を救う――脱《自己責任＝格差社会》』共著・青木書店２００５年参照）「関係資源はその定義上から相互性をもち、共同的な性格をふくんでいる」（同前）から、社会性概念のように個体能力に還元することはできない。関係資源の剥奪は、したがって、剥奪する側の関係構造に反射し、見えざる欠落をもたらす。なお、「わずかなりとも」利用可能な関係資源には、困窮者の生殺与奪を握る貧困ビジネスもふくまれる。いじめる友だちを唯一の社会的な絆とするしかない状況があるように、苦役をともなう関係資源の確保は、極限的貧困にとって常態と考えるべきだろう。

（4）さしあたり、Ruth Levitas, The Inclusion and NEW Labour, Macmillan, 1998、デイヴィット・バーン『社会的排除とは何か』深井英喜・梶村泰久訳、こぶし書房２０１０年、福原宏幸編著『社会的排除／包摂と社会政策』法律文化社２００７年、等を参照。

（5）青砥恭『ドキュメント高校中退』ちくま新書２００９年、朝比奈なお『見捨てられた高校生たち』新風舎２００６年など。

（6）教育における公費、私費負担の構造と実態とに関する詳細で包括的分析として、世取山洋介・福祉国家構想研究会編『公教育の無償性を実現する　教育財政法の再構築』大月書店２０１２年、参照。

（7）それゆえ、社会的排除によって生じる困難を承認（アイデンティティの獲得）の問題と狭くとらえ、「再分配か承認か」という二分法の問題設定を行うのは、それゆえ、ミスリーディングであろう。この論点に関し、Nancy Fraser and Axel Honneth, Redistribution or Recognition?, Verso, 2003、参照。

（8）宮武正明『子どもの貧困　貧困の連鎖と学習支援』みらい２０１４年、87頁

（9）志水宏吉『「つながり格差」が学力格差を生む』亜紀書房２０１４年。なお、本稿では、ミドルクラスのコミュニティにおけ

る社会関係をモデルとしたパットナムの社会関係資本カテゴリーを用いない。

（10）ここで、社会性とは、労働能力の柔軟性等々の「高い質」を意味しない。挨拶を交わす、職場の同僚に伝言できる……といった、対人関係の基本的なあり方を支えることがらを指しており、それらは、権威主義的職場秩序の一環にもなれば、職場の「雰囲気を良くする」関係資源の基盤にもなりうる。

（11）企業社会の秩序にそくして振る舞えるよう求める職業的社会化にあっては、政治的関心を持たずに生きることの「陶冶」が追求させる。政治的関心を持たぬこと（見せないこと）が、社会生活を大過なく過ごす処世術となる「非政治化の政治」が支配したのである。若者の政治的無関心という「常識」は、政治社会化のこの特異な様相を若者意識の側に置き換える転倒した認識にすぎない。

（12）詳しくは、ウチらのシャカイ圏における「社会形成・排除」に特有のメカニズムを共感動員機制としてとらえた、拙著『問題」としての青少年』（大月書店２０１２年）第Ⅳ章を参照されたい。

（13）建設業等、「受け皿としての底辺労働市場」に従事してきた若年層への聞き取りによって、この動向を指摘している、西田芳正『排除する社会・排除に抗する学校』（大阪大学出版会２０１２年）第5章「社会の底が抜ける」参照。

（14）「わかりあおうね」という志向性の共有（自己追求に真摯であるメタ自己の保持を相互に察知できること）が社会圏に位置づくことの条件であり、この志向性を確認しあう振る舞いが共感動員である。

（15）問題行動や逸脱の突出例から貧困を炙り出す手法では、こうした「平坦な」貧困と孤立の様相をとらえられない。

（16）杉田真衣「大都市の周辺で生きていく——高卒若年女性たちの五年間」（高山智樹・中西編『ノンエリート青年の社会空間』大月書店２００９年所収）が触れている事例。

（17）10ポンドの費用を出せないことが友だちづきあいを断念させる英国での排除の現実（テス・リッジ『子どもの貧困と社会的排除』中西好孝・松田洋介訳、渡辺雅男監訳、桜井書店２０１０年）は、彼我のシャカイに共通する孤立化のメカニズムを示唆している。

（18）西村貴直『貧困をどのように捉えるか　Ｈ・ガンズの貧困論』春風社２０１３年、に拠る。

5　ノンエリートの若者たち

(1) 個人や個々の企業の問題ではない

――メディアでもブラック企業について批判的に取り上げられるようになってきていますが、どう評価されていますか。

確かにブラック企業について報じられることが増えていますが、単に一部の悪い会社を批判するだけでは不十分だと考えています。ブラック企業はもちろん悪いのですが、それを支えているメカニズムこそが問題にされなければなりません。

ブラック企業の問題が語られるとき、基本的には大卒で就職する人が想定されていることが多いと思います。就活して内定をもらったと思ったらとんでもないところだったと。現在のように内定率が低い状態では、決まらないと当然焦りますよね。そうすると、何とか決めなきゃいけないという状況のなかで内定がもらえたところにいくしかないのです。ところが実際に入ってみると、就労環境がとんでもなくひどい。

最近では、インターンシップですら激しい競争状態になっていて思うように行けないと言われています。エントリーシートを書いても簡単に通らない。それほどまでに就職活動は激化しているのです。若者たちがこのような競争状態に晒されるなかで企業エートス全体の堕落、変質があり、それがブラック企業を生み出す土壌になっているのだと思います。個々の企業を問題にするのは簡単ですが、そういう会社は後を絶ちませんし、ビジネスモデルとして若い人を使い捨てることが想定されているので、そのモデルを変えなければどうにもなりません。

他方で、高卒や中卒で就職する、いわゆるノンエリートの人たちの場合、そもそもブラック企業へ行くな、などとは言っていられない状況にあります。こうした人々の就職ルートについては、一部のブラック企業だけでなく、働く場所そのものが全体としてきつい状況になってしまっています。そうした問題も考えなければなりません。

ですから、悪い会社にたまたま入ってしまった人の運が悪いとか、見抜けなかった人が悪いという話にしてしまうのは大きな間違いです。「そういう会社に入った私がバカだった」という受け止め方をしてしまう場合が多いのですが、見抜けないというところに焦点をあてるのは自己責任論の罠にはまってしまうとらえ方です。個人の選択の問題ではなく、構造的な問題なのです。「ひどい企業に行くな」ということは簡単に言えるのですが、現実問題としてブラック企業に入ることが避けられないような社会システムがある。そのことを問題にしないといけないと思います。

(2) 会社を辞めることもできない若者たち

――しかし、ブラック企業で働いている若者のなかには、こうした問題を考えるどころか、会社を辞めることもできずに、順応して働き続けるという人も多いです。

長時間労働を強いる会社では、若者が他のことを考える余裕がなくなるまで追い込まれている現実があります。たとえば、1日16時間労働を何年も続けて、体を壊してしまったといった相談例は枚挙に暇がありません。こういった場合、転職をどうするか、このままでいいのかと考える余裕が全然与えられない状況になります。ですから、若者が長時間労働に耐えている、そこに迷い込んでしまっているというよりは、それによって身動きが取れず、別の状況をつくり出す余力のない状態に追い込まれているということなのです。

さらに、会社が辞めさせてくれないとか、自分1人だけが抜けてしまうと職場に残った人たちがさらに大変になるので辞めづらいといった問題もあります。こうなると、1人だけの問題ではなく、お互いが縛りあっている職場の関係が問題になってきます。おそらく実状を知らない人は「何で辞めないの？　そんなにひどいのに」と思うかもしれませんが、実際にはやはり辞めづらいのです。本人に辞めるだけの勇気がないのが問題だと言って済ませられる状況ではありません。

パワハラや職場いじめの問題に関連する話ですが、使い捨てを前提にした働き方をさせられていると、どういった職種であれ、お互いの関係に余裕がなくなります。理不尽に怒鳴られる、何らかのミスで罰金が取られるといった職場状況で、互いに追い詰めあいながら働いています。とはいえ、そうした職場を辞めると今度は生活に困ってしまう。頑張って働いていてもひどい目にあうし、辞めても困る。困難を打開できない難しい状況に追い込まれてしまうのです。

90年代後半から、一つの会社で長く勤め続けたいと望む人がどんどん増えています。自分の将来の見通しが立つ安定した仕事に就きたいという基本的な要求が増え続けているのです。それだけ実際には不安定になっているのだと思います。

「年功序列がなくなり、自分でキャリアを磨いていく時代が来たのだ」と、転職をして自分の個性や適職を探していくようなキャリアモデルが喧伝されてきましたが、実際にはそういったルートは社会に全く確立されていません。流動化した労働市場のなかで転職を繰り返して適職を見つけられるというモデルをつくっても、現実はなかなかそうならない。転職先を探すのも非常に困難です。そういった現状を、同じ職場に長く勤めたいという若者の意見はとてもよく反映していると思います。

実際に働いている、もしくは働き始めようとしている若者が考えているのは、やはりその仕事で安定した生活や働き方がしたいということなのです。けれども、それを許してくれない現実がある。若者が安定した職場に長く勤めたいと思うのは当然だと思います。

（３）求められる自己分析の中身とは

――最近の就活のあり方が、そうした若者の意識に拍車をかけているようにも感じます。

いまの就活システムでは、さかんに自己分析が要求されます。自己分析をして、自分の適性を発見した上で就活をすれば必ず自分に合った仕事が見つかるというような謳い文句が唱えられています。しかし、そういった回路で必ず仕事が見つかるかというと、そんなことはない。

自己分析をするといっても、結局、その企業に適合する個性をいかに開発していくかが前提になっています。ですが、あらかじめ企業の言うとおりにしてくださいとは絶対に言いません。あなたの持っているものを出してくださいと言いながら、しかし実際は企業活動への適合が求められるのです。企業の要求に心理的に応えさせるしくみの点で、最近の就活は以前よりずっと複雑になっていますね。

それから、90年代後半から年々、就職活動の開始時期が早くなってきています。大学によって違うところもあるのですが、大抵大学３年生の夏休みから就活が始まるという状態です。つまり、長期間にわたって就活をしなければならない状況になっています。その結果、学生の負担が非常に増えています。そのうち就活ローンができるのではないかと言われているほど、就活にはお金がかかるんですよ。スーツを買うところから始まって、その他にも交通費などいろいろとお金がかかる。そのため、学生は頑張ってアルバイトをして就活の費用を貯めておかないといけない。これは大きな問題だと思います。

さらに、大学側も就活にあわせた様々な取り組みをするようになっていて、就職に必要なスキルをどうやって身につけるのかが大学の教育プログラムにまでなっています。就活は学生と企業だけの問題ではなく、大学も巻き込んでおこなわれているのです。自己分析の結果をみて指導するような大学が就職活動に「熱心な」大学として評価されていくわけです。大学生に対して企業人として役立つどれだけのスキルを保証するのかを大学が示さなければならない状況です。また、文科省も一つ一つの科目が社会に出た時にこんなふうに役立つというようにすべての教育プログラムを位置づけろという要求をしているんですよ。大学は必ずしも個々人の職業スキルを身につけさせる教育をおこなわなければならない場所ではないのですが……。

（4）ブラック企業にとどまらない就活の激化
——大学教育が、企業が欲しがる人材をつくるためだけのものになってしまっているわけですね。

それが「より社会と結びついた大学」というスローガンの下でおこなわれています。日本の企業の場合、以前から大学の中で身につけてきた知性やスキルを評価したり考慮することがあまりありませんでした。企業に入ってからＯＪＴでスキルを身につけていく。そういう考え方でやってきたので、大学では何を勉強してもかまわない、関係ないというスタンスでした。学生を「やる気」「協調性」などといった抽象的な要素で評価してきた。

近年、企業は「即戦力」を評価し始めました。企業に入ったらすぐ働いてもらわないとコストがかかってしかたがないというわけです。そこで、大学生にも「即戦力」として役立つようなスキルを身につけておいてほしいという要求を企業は出すようになってきました。それがプレゼンテーション能力やコミュニケーションスキルが評価される現状に結びついていきます。

即戦力との関連では、大学卒業後、４月１日から働き始めるというのではないケースが目立ち始めています。大抵の企業は10月１日に内定式をおこないますが、それ以降学生にレポートを書かせたり、月に何度か企業にくるように求めたりするケースが増えています。３月からアルバイトとして働かせる企業もたくさんありますね。卒業式の日だけ休みをくれる。学生からしてみれば、10月以降の卒業論文を書かなければいけない時期に勉強以外のことが重なってくるようになります。これはブラック企業だけにとどまらない共通の傾向です。大学生活が働くこととずいぶん重なる奇妙な現象が起きています。

最近は就活システムのあり方が問題視されるようになってきましたが、それはあまりにもひどくなってきたからだと思います。大学生も、この状態では大学に行っているのか、それとも就職の準備をしているのかよくわからないと、さすがに疑問を持ち始めています。そういった疑問は以前からあったと思いますが、声に出して言うことはあまりなかった。それが最近ではたくさん出てきています。しかしその声が具体的な運動につながっていく段階にまでは至っていません。学生は就活がおかしいとは思っているけれど、それをどう表現したらいいのか分からない状況ですね。就活をやめたいという人もいますが、それはドロップアウトにつながってしまうから、多くの学生にとってはその選択もきつい。

90年代以降、大卒でも就職難という時代がやってきたので、きちんと就職するには相当の準備が必要になった。そして様々な準備活動が必要だということで大学が学生にいろいろと就職指導もするようになった。そうしたなかで、大学3年生の夏休みから就職活動をしなければ間に合わないと考えるのも無理はないかと思います。ただ、なぜ大学生活を2年あまりで終わらせなければならないのかという疑問を多くの学生が持っているのも事実ではないかと思います。

(5) ノンエリートの生き方を描く文化、描かない文化

――若者の意識や生活が変わっていく傾向もあるということですね。いまの構造に順化しない若者の生き方についても注目していきたいと思います。それに関して、昨年、中西さんを中心とする7人の研究者で『ノンエリート青年の社会空間』を出されています。

「ノンエリート」とは、もともと労働経済学者の熊沢誠さんが使われていた言葉です。将来的に企業のエリート層に上昇してはいかない層をノンエリートと呼んでいます。現在の状況では、大卒でも大半はノンエリートで就職をしていく。そして、ノンエリート層の内でも非正規雇用で働く若者たちが急激に増えてきました。雇用流動化政策が進められる中で、若者が仕事を転々とする状況が顕著になっています。こうした状況下で、雇用の不安定なあり方や過酷な就労環境など、ノンエリート層における新たな困難が次々と出てくるようになったのです。大卒の非正規労働者が増えたことによって、高卒や中卒で働く人たちの行く先も以前とは違ったものになってきました。ノンエリートという言葉は以前からありましたが、ノンエリートが抱える問題はより複雑化、巨大化していると思います。

そして、90年代の後半からこうしたノンエリートの状況を反映した文化がたくさん出てきました。たとえ

ば、宮崎誉子氏は『派遣ちゃん』等の小説で、非正規労働者に焦点を当てて描いています。そこでは正規社員と非正規社員がいがみ合う、あるいは非正規社員同士がバカにし合うといった情景がたくさん描かれています。つまり職場の人間関係というか、同僚同士が攻撃しあうような状況に置かれた労働者の話がテーマになっています。

漫画では、タカの『ブルーカラーブルース』（宙出版２０１０年）という本があります。著者は建設現場の現場監督なんですが、建設会社に入った新人の正規社員がやらされる現場監督の話です。得意先からは文句を言われ、上司からはしっかりしろと言われ、現場で働く建設労働者からバカにされ板ばさみの状態になる。もっぱら大卒正規社員の視点から、その就労環境がいかにひどい状態かを描いたものです。よく知られた作品で言えば、テレビドラマにもなりましたが、『エンゼルバンク』（三田紀房、講談社）シリーズや『働きマン』（安野モヨ子、講談社２００４〜07年）があります。しかし、これらの作品は、雇用流動化を不可避の事態としたうえで見通しを持って生きていくためには自分でスキルを鍛えていかないといけないという世界観を伝えています。厳しい現実をそれなりにリアルに描いていても、そうならないためにはどうすればいいかということになると、一般職はだめだし、転職で困らないように今から自分のスキルを身につけなさいという方向でしか打開策が考えられない結論になっています。しかし、そのように自分のスキル、能力を上げてゆく方向でがんばっても、現在の就業構造の中では結局一定の割合で一般職や非正規労働者は必ず生まれる。スキルを上げることが能力主義競争の枠内で行われるから、誰かは不安定な雇用状態におかれることになる。それと同時に、不安定・低処遇でも、求められるスキルは上がり、働き方はきつくなります。アルバイトでも「戦力」として扱われ正社員並みの仕事が要求される状況も広がってゆきます。

そうした状況下で、これらの作品では、下積みの枠に入ったらもうおしまいだというメッセージを伝えてしまいかねません。つまり、自己責任論の論理を展開しているのです。これでは一般職や非正規労働者に陥らないために労働者に競争を強いていくようなメカニズムの一環をなしてしまいます。そのような役割を文化がはたすことには、大きな問題があると思います。

厳しい現実があるなかで、社会の構造や制度の問題も含めて、よりよい方向を考えていけるような出発点を考える、労働と労働者を描く文化はそうした視点を備えていないと、リアリティを失うのではないでしょうか。いかに現実が厳しいかが伝わるだけではだめで、メッセージもそこまで責任を持たないと、受け取る側が「こんな状態に陥らないよう自分はどうすればいいか」という方向で考えてしまう。そうさせてはいけない。どのような描き方をするにせよ、現状を「これではおかしい」と捉えられる視点が必要です。読み手が、自分のいまおかれている状態を見つめ直し、そこから、社会のあり方について視野を広げてゆける切り口、入り口の役割が文化にはあると思います。そうでないと、うまくいかなかったのは「自分のやり方や考え方が甘かったから」という自己責任論的な方向に問題が歪められてしまいます。

厳しい生活の中でもなんとか働いて生計を立てていかなければならない。そのような現実を出発点にして、よりよい、安心できる方向を考えていくための手がかりとしての文化が必要だと思います。

(6) 集団的な支えとしての「社会空間」

——「社会空間」というキーワードも重視されていますね。

働き方のモデルとして、企業秩序の中で上昇ルートがはっきり制度化されているモデルと、個人の自由で選択していくモデルとがありますね。90年代以降の就職の仕方や働き方についての議論では、後者のスローガンが重視されてきました。しかし、こうした二項対立的な考え方はおかしいのではないかと思います。実際に働く場所は自由に選べるわけではないし、就職も自由に選べません。したがって、就職の際に個人の自由という点だけにこだわっていたのでは自分の望みは実現が難しいのではないかと思います。つまり、自分が満足し安心して働くという課題は自分だけでは解決できないのです。他の人との関わり、集団の中での個人のあり方を考えていかざるをえない。集団的なものをどのように自分の生活や仕事の中に位置づけるかが重要です。それを「社会空間」と表現しました。

労働組合は社会空間として重要ですが、労働組合に限らず、たとえば労働組合を知らない人や加入していない人でも、１人よりは複数の方が問題に直面したときに解決はしやすい。『ノンエリート青年の社会空間』（中西・高山智樹編、大月書店２００９年）の中で戸室健作さんが書かれていますが（「請負労働の実態と請負労働者像」）、１ヶ月更新の有期契約で働く人たちが、みんなでライブをしたり、サークルをつくって一緒に登山に行ったりしています。そうすると「契約がある時突然切られたらあっちで募集がある」というような情報共有、つながりができる。そういうつながりがある方がはるかにいい。人と人が情報を伝えたり、一緒に行動できたりする空間が非常に重要だと思います。

こうした社会空間を描こうとしている作品であるのか否かが、『働きマン』や『エンゼルバンク』といった自己責任論的な作品との分かれ目になると思っています。「自分で何とかする」「自分の能力で勝負する」というすがたは、誰にも支えてもらえない現実を反映していますから、それでもがんばるすがたに視聴者、読者が共感するのは無理からぬところがあります。けれど「自分ががんばったから（仕事が、就職が……）できた」というまとめ方は、「がんばれない者はダメ、努力が足りない」という感覚にすぐつながってゆきます。個人が自分一人でがんばらないと道が切り開けないというルートだけではなくて、ノンエリートでもユニオンやＮＰＯなど何らかの集団的な支えのなかで生きていける可能性を示すことが求められていると思います。残念ながら、今のところそうしたことを伝えられる作品は多くないのですが。

——まずはノンエリートとして生きていくという道が可能性として示されないと、ということですね。

その道筋が単なる夢とか、「こうなったらいいな」という願望ではなくて、現実的なモデルとして示されることが必要で、モデルを現実のかたちにするためには制度的な保障も必要です。正規と非正規の待遇が違う状態を規制しないといけないし、もっと平等にしないといけない。そのためには生存保障が絶対に必要ですし、失業した場合の雇用保険制度の充実も重要です。

安心して働ける職場を求める若者が増えていて、そのように人々の意識が変化してきている点では、80年代や90年代前後よりも現実を変えていける希望はあるのかなと思います。制度的な保障を具体的に実現していく運動だけではなく、文化の面でも社会空間を描き出すような作品がこれからどんどんでてくるのではないでしょうか。もちろん現在もそうした作品が生まれている最中なので、大変興味深いと思っています。

第4章

若者たちは右傾化したか——若者と政治

1　状況をどうとらえるか

社会運動の視点から、日本社会を変えるために必要なことは何か、という大風呂敷のタイトルを掲げていますが、短時間の報告ですので、現況をどうとらえるのか、ちょっとだけ歴史的な文脈の話をさせていただいて、社会運動の基盤と視点について話したいと思います。

(1) 安倍政権が支持され続けているのはなぜか？

タイトルに「日本社会を変える」と挙げたのは、現在の社会を変えるためには何が必要か実践的な意味も含め真剣に考えるべき時だという問題意識からです。誰もが疑問を抱くことですが、安倍政権が従来の自民党政治の枠を突破するようなやり方で政治を行っているにもかかわらず、なぜ安倍政権の支持率が今なお半数を越えているのか。ネット調査では急減しているという結果もありますが、トータルでいろいろな世論調査を見ると大体半数位の支持になります。安倍政権のコアな支持層ははっきりしていると思っていて、一つは小泉構造改革の少し前から始まった新自由主義構造改革の中で、勝った人々、勝ち組が間違いなく安倍政権を支持している。この層にとって安倍政治が追い風であることはあきらかです。

もう一つ、「日本主義」と書いてあるのは、日本会議のような強固な右派組織だけではなくて、日本はこんなに良い国だとか、おもてなしの文化があるとか、現在の20代の人たちなどに当たり前だと思われている日本のすがたを、中身は実はあまりないのですが、とりあえず肯定的に捕らえる――そういう広い意味での日本主義イデオロギーを支持する層を指します。安倍政権を支持するもう一つの層です。

これは保守主義とは違う、明確な右派だと思います。そういう日本主義、右派、もちろん日本会議も含めてですが、これがコアな支持層。ネット右翼の主張でも、この日本主義がよく見える構造になっています。ただ、コアな支持層だけでは政治的多数派になり得ないので、それ以外に誰が支持しているのか。日本型ポピュリズムという言葉が使われ、安倍政治的なものを支える支持基盤とされることがあります。私はポピュリズムという言葉は慎重に使うべきだと思っているので、ポピュリズムと呼ばれる、安倍政権を支持するような層は一体誰なのかはっきりさせるべきだと思うのですが、それは誰も説明していない。大阪維新の会の支持層についての分析はありますが、私が見る限り、いわゆる欧米型のポピュリズム、難民の「脅威」にさらされて、そこで仕事も生活も脅かされていると感じている大衆の層と、「維新の会」のような日本の政治家を支持する層と同じだと考えるのは実証的に間違いだと思っています（なお、欧米型ポピュリズムの今述べたような理解もまちがいであるというのが最近の研究で共通了解になっています）。そうすると、ポピュリズムと言うことで誰が支持しているのかは実はあまりはっきりしないと思っています。

神奈川にいるとあまり感じないのですが、全国各地に行って、従来の自民党の支持層、保守主義層が今の状況の中でどういう政治的な選択肢とか政治的な可能性を展望できるのかを考えると、その方向性が見えない状況にあることは実感として感じることができます。これは特に新聞とかテレビしか見ない人でいうと、ネットに詳しければ違いますが、場合によっては「加計学園が何でこんなに問題になっているの？」と産経新聞を読んでいるとほとんどわかりませんし、メディアの状況でいうと、きわめて狭い政治的視野と展望しか持ち得ない。現実的な生活は新自由主義構造改革の中で、きわめて厳しい状況に追いやられているにもかかわらず、依然として自民党を支持する構造になっていて、自民党の議員は国会の中では多数派で、専制権力の下にあるという事情が大きいと感じています。自民党支持の延長線上にある、そうした安倍政権容認層がどのくらいの規模かは実証的に検討する必要がありますが、ポピュリズムが安倍政権を支えていると単純に言えない所に日本の場合の大きな特徴があるのではないかと思います。

(2) 支配層の未来戦略に展望はあるか?

現在の支配層がとっている戦略にどういう展望があるかという話ですが、安倍政権の「暴走」といいますが、なぜこれだけ大きな力をふるっているのかと考えると、日米同盟のことを考えないと出てこないと思っています。ご承知のようにジャパン・ハンドラーと呼ばれるアーミテージやナイが三次にわたって報告書を出していますが、2012年の第三次報告書の中には現在の共謀罪の審議に関わるサイバーセキュリティに関する項目があって、日米の情報、特にテロリストや敵対勢力に関する情報収集の一元的・集中的機構が必要だと書かれている。特定秘密保護法にしても集団的自衛権の容認にしても、ジャパン・ハンドラーの報告書の中に系統的に書かれている点では、安倍政権の政策も日米同盟の下での政治的方向性に沿ったものだと言えます。もっといえば、従来の保守主義に基づく自民党の党首が突破できなかった課題をより右派的な政権が実現するかたちになっている。従って従来の保守政治の解体再編を促す性格を持っているにもかかわらず、自民党政権が言葉の上では続いているということではないかと思います。

こうした右派政権による強行的な国家社会体制の再編に伴って、社会秩序としてはかなり不安定な要因が出現します。特に新自由主義構造改革の進行が生み出す巨大な生活要求と社会紐帯の脆弱化という問題があります。認知症で現在行方不明になっている方が年間1万2000名。行方がわからない状態が普通のことのようになってしまって、誰も今では異常と思わない、またかという世界になっています。しかし、社会から見放された層が大量に生まれることは社会統合にとっては非常に危険な要素ですから、これをどう押さえるかという課題がありますし、右派政権による社会統合がもたらす反民主主義的な秩序の拡大、これも当然統治の不安定化をもたらすわけです。そういうジレンマをどう克服するかということが、安倍政権がすすめる政治の中で教育政策分野などに特徴的に出てきていると思います。

細かい話はあまりできませんが、日本における右派政権の登場と右派政権による政治の継続には歴史的背景があります。すなわち、日本における右派政権の登場は、大きく見ると、東アジア世界が１９９０年前後から直面してきた同時代史的な転換過程の一環のように考えられます。日本の場合には、経済でいえば、中国経済の巨大な成長を背景とした東アジア世界の（軍事プレゼンテーションを含めた）政治・国際秩序の変化の中で、自分達が確保してきた利益も含めて従来の地位を維持することが困難になっている。日本の支配層にとって、従来の地位権益をどう維持するかが最重要な課題となっている。それが成功するかどうかですが、歴史的に見ると、おそらく成功しない。この同時代史的な転換の中で今進められている、支配層によるトータルな日本の国家社会体制の再編、転換が長いスパンで見て、成功する保証はないと思っています。この間、横須賀・三浦市民連合が開催した集会で、政治学者の中野晃一氏が興味深い指摘をされていました。安倍政権がまだ多数派なのですが、ちょっと目はしのきくエリート、知識人は、もう日本は終わりだと最近言い始めている、つまり冷めた目で政治から距離をおこうとしていると話されていました。距離をおいて冷笑的にみているだけでは政治は変わらない。知識人にはその現状を変える責任があるはずだという中野氏の主張に共感したのですが、それはともかく、長いスパンで見ると歴史的に展望がある方向に日本社会が進んでいないことがはっきりしていると思います。その上で日本社会の変革の可能性をどうつかまえるのか、という問題です。

(3) 日本社会の変革可能性——社会運動の領域から考える

①構造的制約

構造的な制約ということで考えておかなければいけないことは、後藤道夫さんが指摘されている日本型生活安定装置の本格的解体です。2008年から2009年以降の各種データを詳細に分析して、後藤氏は、日本型生活安定装置(その中には自民党の保守政治も入っていますが)、何とか生活を続けられる体制が2010年代から本格的に崩れ始めたことをあきらかにしています。私はその通りだと思っていて、その結果簡単にいえば社会空間、人々が生きる空間そのものが縮まり、そこで行動する余地も極めて狭くなってゆく。学生がなぜSEALDsのように立ち上がらないのかといいますが、ダブルでアルバイトをしている学生がその上国会に行けるか、大学の授業にすら満足に出られない学生にとっては夢みたいな話、学生だけではなくて、ほとんどあらゆる世代、生活層にこの実態が広がっている。イギリスのブレイディみかこさんの『子どもたちの階級闘争』(みすず書房2017年)という最近出た本を読んで、非常に面白かったのですが、意識的に仕事をしないで、日本でいう生活保護をもらうという運動家、アナーキスト達がいた。仕事をする位なら社会運動をやるという人たちが保守党政権の、生活保護を制限する、補助金も出さないという政策で、どんどん働かなくてはいけなくなった。保育所とか社会運動の場からどんどん人が少なくなっていく様子を書いていました。日本の場合は仕事をするので精一杯、さらに生活するので精一杯。その上でなおかつ何か社会的な枠組みの中でものを考えようという余地がそもそもかぎられていた。過重労働や生活苦の広がりで、ますます、身動きのとれないそうした状態が広がっているのです。きわめて大きな構造的制約だと思います。

運動基盤は間違いなく拡大しているが、構造的な制約のために運動の回路が狭くなっていく。その中で自己責任意識が蔓延する関係になっています。人権に関する意識でも、とりわけ若年層に深刻な変化が進行しているようです。横浜市の「人権に関する意識調査」（２０１６年）では、「差別があるのは仕方ない」と回答した二〇代が43・5％、三〇代でほぼ3割です。人権感覚のこの薄さは、誰かを差別した経験に由来するのではなく、自分が差別されてしまう状況への諦念に由来するのではないか。人権なんていう言葉がそもそも最初から生活の中で具体的な価値を持っているとか、自分の生活を守るために行動する拠り所だという感覚が、現実の生活にそくして大きく損なわれている。人間らしい生活も労働も保障されない状態を解決できる政治のあり方が展望できないために、既存の政治体制に対する無力感の亢進が進んでいく。これをどうするのか。そんなのは嫌だとか、それはおかしいとか、そういう反転する契機が非常に重要だと思います。ＳＥＡＬＤｓの運動があれだけ大きな注目を集めたのは、自分たちで物を言って行動するという社会的民主主義ないし民衆民主主義のすがたに意義があったわけで、社会運動の基盤を見た時にはそういう対抗関係があると思います。

②安倍政権に対抗する政治舞台と回路の構築

社会運動の基盤を具体的な運動の回路につなげていくために必要なことがらは何か。社会的な行動、政治的な行動に参加すること、そういう経験を重ねるという政治的社会化のプロセス・回路が、日本の場合は自民党型保守政治の下で長期にわたって機能不全においやられてきた。保守統治による阻害はきわめて大きかったと思います。どの党の支持者であっても、自分の政治的主張や社会問題への態度を日常生活の会話で躊躇せず出せる世界は、日本社会には基本的にはないと考えていい。大学のキャンパスでもないです。保守政治の歴史的な害毒というか問題だと思います。政治を自分たちの生活の場の中で解放するという働きを阻害してきたこと。自民党の政治家に頼るというパターナリズムとの関わりもあります。横須賀で聴いた話で面白いのは、「俺、進次郎やってるから」と。これは許されるのです。人気がありますし。要するに自民党保守政治の枠内で生活を保障されながら仕事を続けていく、そういう地盤が背景にあって政治的な回路はきわめて限定された状況になる。それでも、安保法制に反対する運動の中で、戦後民主主義運動の再編というプロセスが進んできたことが重要だと思います。安倍政権に対抗する政治回路が構築されてきたことも見なければいけないと思います。

いろいろな要素がありますが、一つは総がかり行動に見られるように、左派社会運動の中での対立の克服がすすみつつある。左派社会運動の糾合という歴史的局面に入りつつある。ＳＥＡＬＤｓもそうですが、市民主義リベラルの草の根運動と野党共闘という結びつきがはっきりしたことも大きな変化でしょう。１９７０年前後の市民主義ラディカリズムの運動は、１９８０年代から１９９０年代にかけて全体としては溶解していく。けれども、安保法制反対運動の中で市民主義リベラルがバージョンアップして再生する、世代も交代していますが、そういう変化が起きている。そのことと密接に関わって、具体的な、自分たちが行動できる場から、社会的民主主義と私はよんでいますが、そういう根っこの所での運動の模索・追求が始まったと思います。立憲主義の回復というリベラルな共通課題があったからできたのだということもありますが、同時に市民主義的な行動の中で掲げられている課題・要求をみると、リベラルな共通課題にとどまらない政治的主題を意識し取り上げている。個人の尊厳を守る要求内容に貧困問題が入ったり、米軍基地の辺野古移設反対も共通の主張として掲げられています。単に立憲主義の回復という次元にとどまらない広がりで考えられてきている。「安保法制に反対するママの会」の行動に見られるように、特に生活の場、子育てに関わって、３・11の原発事故の問題も大きいですが、生活の場に根ざす政治運動と憲法理念の平和主義とを結びつけて考える動きが広がってきた。この２年間、あるいは数年間の大きな変化だと思います。

③置き去り（社会的・政治的排除）の構造にたいする異議申し立て

そういう変化と並んで、戦後の日本社会で様々な形で置き去りにされ被害を受け続けてきた人々・地域に着目し、被害を置き去りにする政治、社会構造に対して異議申し立てが行われてきました。投票行動で見ると、３・11以降の東北地域では、従来の自民党政治を脱する状況がはっきり出ています。これは原発問題等に対する大衆的な認識の転換がなければ出てこないですし、沖縄もご存知の通りだと思います。この置き去りにされてきた人々が反乱を起こすのが欧米型のポピュリズムの議論の中では出てくる話ですが、日本の場合、そこは単純ではない。また、私が興味を持っているのは、そういう社会的・政治的排除に対して、日本にはたしてＩＳ型の暴発が出現する可能性があるのかという問題です。理論的な可能性としては十分あると思います。ただし、政治的テロリズムとは異なる様相をとってのことですが。政治的な回路をふさがれた状態で個人の内側に閉じこめられた憤怒や絶望がまったく予測できないかたちで無差別の殺傷を引き起こす事態はすでに出現しています。

④若者の政治（ポリティクス）をどうとらえるか

若者にそくして社会的な民主主義をどのように根付かせていくかという課題を最後にお話しします。ＳＥＡＬＤｓのスピーチなど、若者のスピーチではっきりと出てくるのは政治を生活の場に取り戻すという主題です。自分達の生活場面の中で自分たちが考えておかしいと思う事に異議を唱える。これが大事で、これをどう広げるかが課題です。政治的主題だけではなくて、恋愛関係の中でカレシがカノジョに対して「俺の言うことをきけ」というような、権力的な関係がおかしい等々の異議申し立ても含め、学校生活の中でのいじめもそうですが、すべて政治の舞台で考えていくことができないと駄目だと言うことです。そういうことを考えられる人は意識高い系だ、国会前まで行って自分でしゃべることができて、行動する人間はバイトしなくてもいい、実際は違うのですが、元々余裕があって頭がよくてエリートの人がやるんでしょと、罵りとしてネットなどで投げつけられる、こういうリアクションが必ず出てくる。だから正面きって政治の話なんかできない――そういう状態をかえなければならない。

他者化の困難をどのように克服していくかが課題です。AEQUITASという最低賃金1500円を要求している若者中心の団体は、労働問題を市民運動に取り込んでいく考え方で、彼ら、彼女らは市民運動だと非常に強調する。ただし、その市民運動は労働組合や労働運動の必要性をあきらかにする運動だと言う。中心メンバーはそういう関係づけの方向を意識的に追求しています。これは、日常の場で、日常的な生活圏で、政治を自分達が関わってゆけるものとしてイメージしたり、そういう舞台を作ることと結びついていると思います。生活圏内に埋もれている社会的イシューを無理なく政治化するための場をいかに豊富にするか。アクセスの可能性をいかに飛躍的に広げるかが、今日の社会運動にとって必要なのではないかと思います。

2016参院選の中でも、「普通に8時間働けば普通に暮らせる社会を」というメッセージが大きな影響力を持ちました。どのような主題をどのような形で自分たちが考えるか、一緒に話し合えるものとして作るかが求められる。言い方を変えると民主主義が持っている可動域をいかに広げるかという課題であるし、社会運動という枠の中だけではなくて、社会、文化、政治運動のつながりの中で社会運動を再構成していく課題ではないかと思います。SEALDsもAQUITASもロゴとかはスタイリッシュなのですが、スタイリッシュで若者らしいと言う見方は平板で、注目すべき点は、自分たちが声を上げることについての意味づけだと思います。外から見ると社会運動というカテゴリーで括られる行動だけれども、それが普段の生活から切り離された世界になっているのはおかしい。自分が毎日ご飯を食べ、料理するのと同じ平面上に政治がある世界を作りたいといっていて、生活と政治のそういう結びつきを可能にする回路をどうつくりあげるかが求められているのではないかと思います。

⑤反緊縮という左派社会運動の理念にふくまれる新自由主義グローバリズムへの対抗と資本主義批判は日本社会ではどのように出現しているか？

こういう社会運動を広く豊かにすることが、今の世界の反緊縮、反資本主義――ＡＥＱＵＩＴＡＳはブラック資本主義に宣戦布告すると呼びかけていますが――資本主義や新自由主義グローバリズムに反対する世界的な運動とどう結びつくのかが課題としてあるのではないかと思います。先日のイギリスの総選挙でＢＢＣを何時間もずっと見て、ジェレミー・コービンの当選した後最初のスピーチを聴いていたのですが、彼がはっきりと言ったのはＥＵ離脱の問題もあるけれども、労働党に支持が集まったのは貧困とか医療とか福祉とかの要求に応えようとした、若者が本当に望んでいる事に応えようとした。それが労働党の勝利の原因だとはっきりと言っていた。つまり構造的な制約として私たちが政治的な場面でなかなか活動できない状況をひっくり返す、まさにそうした場面で民衆の要求に応える運動を作ることしかないのかなと、コービンの話を聞いて感じました。

社会や政治のあり方をめぐる歴史的局面は、日本も、そうした世界的状況と大きなちがいはないと思います。安倍政権の暴力的とさえいえる統治も、こうしたグローバルな変動に対する支配層の対処であるから、単純な復古主義ではない。米トランプ政権をはじめ、乱暴な権威主義統治が世界規模で広がりを見せているのは偶然ではないでしょう。対抗の局面が歴史的に変化したのであり、若者の政治をふくめ、社会のあり方を変えようとする新しい政治の基盤もその中で広がっているのだと思います。

2　若者と政治――ナショナリズムを支えるもの

(1) 非政治化の政治

これまで、「なぜ政治的関心を持とうとしないのか」という問いに集約されてきた若者の意識・行動について、新たなアプローチが現れている。一方で、脱原発、特定秘密保護法反対などの街頭行動に参加する若者たちが注目を浴び、他方、ネトウヨと称される右派「集団」のヘイトスピーチと過激な行動とが耳目を集めている。これらを若年層の政治的活性化ととらえるアプローチである。

現代日本の若者たちは政治的に活性化しているのか。もしそう言えるなら、活性化を促している歴史的、社会的背景と土壌とは何であるのか。

若者は政治的関心がないという「常識」は、実は、ドグマ（教条）にすぎない。70年代半ば以降、半世紀近くも日本の若者像を支配してきたこのドグマは、政治的社会化過程を欠如させた社会化様式（日本型青年期）のなせる業であって、これを「関心のなさ」へと逆転させる認識操作は、それ自体が、日本社会の転倒した政治性を鋭く反映していた。つづめて言えば、政治的関心を持たずに生きることの「陶冶」が系統的に追求されたのである。新規学卒者を企業秩序にスムーズに接続させる日本型青年期は、政治的関心を疎外する政治的排除を不可欠の一環としていた。企業秩序内に空気のようにある「政治」は、「経済大国」時代の生活保守主義と地続きの政治にビルトインされていた。非政治的であることが保守政治の土壌をつくるこの関係では、政治的関心のなさこそが、社会生活を大過なく過ごすための処世術であり、「陶冶」とは、こうした処世術を確実に身に着けさせる作業であった。

政治的排除の、この極端な状況は若年層にかぎって生じたのではない。業界、地域地盤をつうじての「政治動員」（投票行動）と結びついた「非政治化の政治」は、保守政治の継続に有効な統治技法であったから、政治的無関心は統治の危機を意味しない。逆に、「非政治化の政治」に逆らって異議を申し立てる社会運動は異様視され、政治問題、社会問題とみなされるイッシュウについて直接行動を起こすことは、安定した社会秩序への反逆のようにみなされ感じられた。

(2)「ウチらのシャカイ」の政治圏と共感動員

このように、若者の政治的無関心という常識は、「経済大国」時代の日本を覆った非政治化の政治を若年層の意識傾向のみに押しつけるドグマに他ならない。したがって、問うべきは、特有に構築されたこの政治舞台の枠外におかれた生活現実から生起する「政治」はどんなすがたをとっていたのか、という点である。たとえば、男女の不平等関係にかかわる「政治」は、その多くが、公式の政治舞台とは異なる形態をとって出現してきた。

政治的排除が社会化過程に組みこまれた若年層にとって、彼ら彼女らが生きる社会的世界の隅々まで政治的契機はそぎ落されているため、そこに出現する政治性を帯びた主題がそれと了解されること自体、きわめて困難であった。とりわけ学齢期の青少年にとって、政治化の土壌は皆無に近い。学校知識としてつたえられる政治は、したがって、政治的排除を現実的で絶対的な前提としながら、あたかもそうした排除が存在しないがのごとく教示されるかぎり、空語や欺瞞と感じられる。つまり、政治的教養の獲得をめざしているはずの教育が、そこでつたえようとする内実（民主主義精神、憲法上の諸権利等々）の「欺瞞性」をつたえる逆機能を果たしてしまう。

もちろん、青少年の社会的世界にも政治的な主題は厳然と存在する。それらの主題を、彼らは現実に処理しなければならず、そこには、ある種の政治的形姿が出現する。その政治的形姿はどんな性格を帯びているのか？　若者たちにとってのそうした「政治圏」は、今日の政治的公共圏とどうかかわっているのか？

若年層が自前でつくりだしている「政治社会」、公式の政治舞台とは無縁に、「非政治的に」扱われ認知される「政治圏」を、さしあたり、「ウチら」のシャカイ（シャカイという用語については、拙著『シャカイ系の想像力』岩波書店２０１１年参照）を統御する相互的な規範及び技法と名づけよう。友人関係を主舞台とするこの「政治圏」には、いじめの諸現象に知られるように、暴力、差別、争闘と否認・抵抗等々、もろもろの「政治的」振る舞いが出現する。しかし、この親密圏の「政治」は、職業人（＝社会人）たりえない青少年の世界として、公式の政治社会から画然と隔てられている。また、「ウチらの世界」を統御する規範も技法も、公式の政治社会を形式上統べる理念・原則としての民主主義とは独立に編み出され、そうすることによって「ウチらのシャカイ圏」を防御してきた。

友人関係という社会における同意調達（動員）の特質を見ておこう。

通常は親密圏における相互承認のメカニズムとして扱われるこの関係形成は、ウチらの世界にあっては、筆者が共感動員と呼ぶ（拙著『問題としての青少年』大月書店２０１２年）独特のすがたをとる。互いのテンションを一致させ、各人の「そうでありたい自己」へと向かう姿勢を承認しあう関係である。詳述できないが、相互の心情への配慮と一致とを優先させるこの関係は、「われわれ」の圏域をつくり、外的圧力への心理的障壁を築く。共感動員は、心情的一体化を有効に組織するポピュラーな様式であり、若者たちによる政治的動員の一形態ととらえることが可能だろう。異論の相互抑圧機制をふくみ、状況に応じて自在に集団的一体化を具現化させる心理装置（KY秩序を想起されよ）としての共感動員は、たとえ狭い親密圏の範囲であれ、強力な統合作用を発揮する。

カルト的社会動員とも親和性を持つそうした同意調達・動員機制は、しかし、ただちに政治的ポピュリズムやナショナリズムと結びつくわけではない。おそらくそれは、共感動員の構造自体に、激しく暴力的な排除を思いとどまらせるある種のストッパーがあるからではないか。共感動員は、いじめ等の暴力的関係を瞬時に出現させる基盤ではあるが、そうならずに済むのは、「ウチら」を一体化させるこの機制が、「弱くはたらく」性質のものだからであろう。共感動員の作動が柔軟であるがゆえに、ウチらの圏域は融通無碍に変化し、結果的にシャカイ圏を安定させる。強い排除機能がはたらく共感動員は、この強みを失わせ、自らが敵対的に位置づけた外部との関係を硬直化させてしまう。その結果、「ウチら」の一員である自己自身が強い排除の危険にさらされることにもなる。

状況に応じ広狭さまざまに定義される「ウチらの世界」の一体性とは、それでは、「どこへの」一体性なのか？

共感動員が出現させる心情的一体性は、ルナンが「日日の国民投票」にたとえたナショナル・アイデンティティへの帰属とは異なる。「こうありたい・こうあるはず」というメタ自己次元の心情的一致に向けて各人が相互保障の関係を築く一体性は、仮構にすぎぬにせよ「フランス国民」という帰属先が想像される前者とちがい、帰属先（寄る辺）の像自体が結ばれない。

「こうありたい」という志向の持つ正当性だけが各人の位置（自己というよりは、ポジショナリティ）の「正しさ」を確証させるこうした動員（統合）様式は、したがって、これに起因する特有の性格を帯びる。

一体化を実現する動員資源、機会の徹底した浮動性等々がそうであり、それらは、この動員機制が排外主義、レイシズムに接続するところでは、あらためて浮き彫りにされるはずである。

（3）若者は右傾化したか？――窮乏化モデルの不成立

共感動員という一体化装置を備えた若者たちの「政治圏」は、21世紀に入り、公式的政治舞台との接近・遭遇（＝公式の政治の側が変容する状況）を果たし始めたようにみえる。そしてこの過程が、社会的に可視化されるにつれ、若者の右傾化という命題が主張されるようにもなる。若者の「政治圏」と公式政治との接近はどのような経路をたどって出現したのか。その結果政治社会に現れた若年層の言動を若者の政治的右傾化と概括できるのか――この2点を検討しよう。

若年層の政治化を促した背景に、労働社会の変化とこれに連動する職業的社会化の変化（日本型青年期の崩壊）があることは自明だろう。21世紀初頭のいわゆる「格差論壇」で盛んに論じられた若者使い捨ての苛酷な実態、近年のブラック企業問題など、労働政治と深くかかわる若年層の雇用・処遇条件の劣悪化は、学齢期の若者にも深刻な不安を呼び起こし、事態の改善を求める彼ら自身の行動も広がっている。アブセンティズム（怠業）の範疇にふくまれる行為までふくめ、社会的なリアクションの拡大と、これを受容する意識の広がりは、労働社会領域での政治化と言ってよい。

東日本大震災での東電原発事故は、若年層の政治化を促したもう一つの背景である。脱原発運動を画期として、政治的主題にかかわる運動への若年層の参加が広がり、坂口恭平、三宅洋平といった社会運動家への共感と支持が集まっている。この動向には、現代日本の社会システムなかんずく新自由主義競争秩序と、これに規定されたライフスタイルへの拒絶の意思が、多様なかたちでこめられている。これは、成長経済の回復・維持を志向する保守政治に鋭く対立するものであり、現代日本の若者に広く共有されている社会意識(上昇志向、社会的地位志向の極端な低率)と言えよう。

ポスト3・11の動向に関し付け加えたいのは、直接行動への参加を厭わない行動志向である。脱原発運動が政治化の画期となったのは、その主張が、直接行動に訴えても違和感なく受容されると感じられたからであろう。身近な生活圏内で行動に出る(たとえば自身の大学でデモする等)困難は依然としてあるから、ウチらの「政治圏」と社会運動への直接的参加によって表出される政治性とに懸隔があるとはいえ、直接行動の場を介してつくられる政治圏が、シャカイ圏内に併存し始めたのである。

以上から、若者の政治的保守化・右傾化という命題は正確とは言い難い。若者の保守化・右傾化とは何を指すのか、より立ち入った検討が求められている。

東京都知事選にさいし、明確な右派である田母神俊雄候補への20代の投票率の高さが、若年層の「ナショナリズム」への傾斜を強く印象づけた。若者たちの意識動向と政治行動とは、言われるところのナショナリズムとどう関係しているのだろうか。

この点について広く流布する解釈は、格差社会の下層に固定化された若者の窮乏化・窮民化が、傷つけられたアイデンティティを回復させる帰属先としての国家を希求する、というものである。さらに、そうした下層労働者が、競合する移民労働者とその母国への排外主義、レイシズムを受容するとの理解もこれに随伴する。

この、グローバル化にともなう排外主義、レイシズムの新たな勃興を説明する西欧由来の窮乏化モデルは、フリーターの立場から戦争による格差構造の転覆を望むとした赤木智弘「丸山真男を引っぱたきたい」(朝日新聞社『論座』2007年1月号)の衝撃もあって、橋下「維新の会」の躍進や在特会会員、ネット右翼のエートスを説明する背後仮設として採用されるようになった。格差と孤立化に呻吟する若年層が「強い国家」とナショナリズムを希求するという図式は、新自由主義グローバリズムへの対抗類型としても、理解されやすいものであった。

しかし、近年における排外主義・レイシズム言説とその社会基盤にかんする分析にそくすなら、この図式を用いて若者の右傾化を論じるのは無理がある。

まず、若者右傾化の微表とされる右派言説の受容層は若者にかぎられない。（『マンガ嫌韓流公式ガイドブック』晋遊社２００６年、に収録された読者の声など）各年齢層にわたる排外主義、レイシズムの表出を若者に特有の政治行動とみるのは不当な単純化だろう。また、嫌韓、在日特権等の主張にしても、90年代からゼロ年代にかけて急激にすすんだ保守言説の右傾化が背景にあり、若者の言動だけが特別に右傾化したとは言えない。

窮乏化モデルの核心といえる下層の若者たちを右傾化の中心とする解釈も疑わしい。樋口直人（『日本型排外主義』名古屋大学出版会２０１４年）によれば、西欧でもその説明力が疑問視される、競合関係にもとづく排外主義という図式は、日本における排外主義運動の実態とは乖離しているという。下層の若者たちを「ナショナリズム」の主たるにない手とするのは、実証性を欠く。

⑷「反民主主義」感覚と代替的公共圏

窮乏化モデルでは若者の右傾化現象を説明できないとすれば、右傾化という印象自体が誤りなのだろうか。フジテレビの「韓流偏重」に抗議する嫌韓デモ（２０１１年８月21日）は、街中を歩く普通の人と感じられた）若者が参加した点で関心を引いた。つまり、公式政治の視野外におかれ看過されてきた「ウチらのシャカイ圏」が、突如、政治化して（しかも右派と目される政治的主張を掲げて）現れたように映ったのである。規模の問題は別として、急進化する右派言説への共感が若年層でも存在することは、既述のように、とりたてて不可解な事態ではない。問うべきは、以前ならまるで疎遠に感じられたはずの右翼的主張（いわゆる右翼の街宣活動を想像して欲しい）とウチらの政治圏とを結ぶ新たな回路が存在するのか、そしてそうだとすれば、この回路の特質はどのようなものか、という点があろう。

ウチらのシャカイ圏は若者たちの政治的排除を前提にしていたから、保守右派言説の中心アジェンダの一つである「戦後レジーム」（憲法秩序下の民主主義体制）批判が、若年層を引き寄せる有効な主題としてはたらくことは想像に難くない。支配装置と感じられる民主主義（デモクラシー）秩序への果敢な挑戦と映る「戦後民主主義」批判、人権・リベラル・左派への攻撃は、「反体制」の意識と実践とを示す重要な標識となる。朝日新聞などのマスメディアが「マスゴミ」と嘲笑され非難されるのも、民主主義による抑圧という感覚の普遍性を基底にしていよう。「何かを決められるかたち、保障は決して民主主義などではない」という「反民主主義」感覚は、若者たちに広く共有されている。それは、ウチらのシャカイ圏の現実に根をおく確信であるがゆえに強固であり、民衆民主主義の追求と結びついた政治化の展望が塞がれた場所に生まれる政治化の一径路に他ならない。

「反民主主義」感覚の表出が「普通」に思えるのは、ウチらのシャカイ圏でのみ通用してきた話法が、ネット社会における代替的で疑似的な「公共圏」と結んで作動していることと、おそらくは無関係でない。「日本では概して、ブログや掲示板の利用頻度の多い者ほど、排外性が強い」（辻大介・藤田智博「「ネット右翼」的なるものの虚実」（日本図書センター『若者の現在　政治』２０１１年）と指摘されるように、ネット上の政治言説では、レイシズム、排外主義の主張が大量に流布しているが、それらの主張者、信奉者は、公式的政治社会の欺瞞に気づくコモンセンスの形成舞台としてネット社会を位置づける。「従軍慰安婦」問題等に関する右派言説の定型が、2ちゃんねる「まとめサイト」等で解説され、マスコミ報道（洗脳攻撃）が隠蔽した真実、公定の政治言説と闘う武器として「発見」される。「正しい」政治認識、社会認識を獲得できる公共圏としてネット社会の優位性が確認され、政治的公共圏の「下克上」が生じるのである。

ネット経由の情報・言説こそ信ずるに足るという態度（「ネットde真実」）は、あれこれの認識にかんする参照枠の信頼性にかかわるが、獲得された認識内容が排外主義的か多文化主義的か……といった傾向性とは、直接には関係しないかにみえる。しかし、「ウチら」の政治圏が、ネット上の代替的公共圏と交錯する状況では、ことがらはそう単純ではない。

ネット社会で表明されるもろもろの主張の真正性は、当該の認識内容の真理性を裏づけにするとともに、各人の志向性の正しさ（正義でありリアリティでもある）を相互に確証させる公共圏の強さによっても支えられる。この場合、ウチらの政治圏に組みこまれていたストッパーが外れてこそ、自らの正しさが確証されることに注意しよう。ことがらの真理性にもとづく審判よりも、新たに獲得された公共圏に依拠する相互承認の体制化の方が自己の優越性を証だて、各人にとってより重要な関心事となるのだ。

こうして、「インターネット上の排外主義フレームのほうが、自らにとって「経験的信憑性」があるとみなされるようになる。「本当におこっていること」をネット上で見出そうとする」（樋口前掲書一一四頁）認知態度が自明とされ、「なんきん大虐殺はシナのプロパガンダという結論はとっくに出てる／未だに「あった」なんて言ってるのは、中共に魂を撃った売国奴と、その売国奴に洗脳されたアホだけ」（近藤瑠漫・谷崎晃『ネット右翼とサブカル民主主義』三一書房2007年二七頁）といった定型的言説が反復強化される。共感動員機制を考慮すれば、このような仕方での「公共圏」確保が強力な排除機能を持つことはよく了解できよう。

(5)「萌えキャラ国家」としての「日本」

ウチらのシャカイ圏をネット社会へ侵蝕させることで生じる排除現象は、政治・社会認識の領域にかぎられない。私的領域での炎上事件、社会的事件をめぐるさらしなど、疑似公共圏化したネット社会での「正義」の実現と排除の行使とは、現実の公共社会とは異なるすがたをとって発展してきた。政治言説をめぐる抗争はその一部にすぎないとはいえ、疑似公共圏内で表出される「ナショナルなもの」の特質は、若年層の政治的エートスに位置づけられる「ナショナルなもの」の性格を考える上で、有益な示唆を与えるはずである。

寄る辺なき若者に安定したアイデンティティを付与する「国家」(「日本」ないし「日本人」)という図式では、喪失させられたアイデンティティを回復しつなぎとめるペグ(くさび)として、何らかの国家像が想定される。「国家」や「日本人」「伝統」を、「あるもの」として感じさせ、それらにたいする崇敬の心情を養うことは、保守右派イデオロギーの強調するところであったし、安倍政権が強力にすすめる教育の国家主義化(拙稿「グローバル時代の能力論・人材養成論と内面陶冶の国家主義」『現代思想』2014年4月号青土社)でも、この視点はつらぬかれている。

しかし、自己を社会内につなぎとめ包摂する体制的世界としての(日本)国家や日本人のすがたは、嫌韓、嫌中言説では、きわめて曖昧である。いわれない非難を浴びせる反日言動にたいする正当な反撃と位置づけられる「日本・日本人の正しさ」は、日本国民というネイションにも、現にある国家体制にも、確たる結びつきを持たないように映る。「反日」言説に規定され、その反射として、「日本」「伝統」など、伝統的保守右派言説に淵源する「実体」が援用されるのである。「日本の正しさ」への固執と、そのように名指される「日本・日本人」「国家」の空虚な記号性とが併存すること、その背景が問われねばならない。

若年層が受容する形態としての「ナショナリズム」は、「日本」へと帰属する「意志」の堅固さに焦点をおく。そもそも帰属という観念、それをつうじて確証されるアイデンティティという20世紀由来の観念が、この場合すでに、揺らいでいるのではないか。アイデンティティの不動性にかんする既存の理解が再検討されねばならない。新自由主義グローバリゼーションがもたらす個人化の議論でも、アイデンティティ構築の危機がナショナル・アイデンティティの希求を生むという議論はあった。個人をつなぎとめる紐帯としての「伝統社会」の衰弱がアイデンティティ構築の新たなペグを要求するという理解である。

しかし、これまで見てきた帰属のエートスは、この図式をはみ出すように思われる。大衆社会論、消費社会論等を下敷きにしたアイデンティティ喪失の物語では、獲得されるべきアイデンティティの観念が前提されていた。この前提自体疑わしいとすれば、「国家的なもの」によって保障され位置づけられるアイデンティティの想定も問題含みとなる。国家によって確証される自己の確実さではなく、「萌えキャラ」としての国家に属することの快感が、「萌えキャラ国家」としての「日本」を希求させ、そうした「日本」をまとう自己への愛が、「反日」を排撃する心情の動力となり、「正義」となるのではないか。「日本」という衣裳をまとうことは、アイデンティティ獲得というより、新自由主義グローバリゼーションという環境を所与とする「キャラ立て」の所作なのであり、心情操作の技法としては、「艦コレ」等の擬人化操作の延長線上にある。「ナショナルなもの」のキャラ立ては、こうして、ナショナリズムの財産目録に新たな一つをつけ加えたと言えないだろうか。

3　ネット社会と若者

(1)　ネット社会の何が問題か

21世紀に入り、私たちがその中で生きるメディア環境は大きく変化した。変化の内容は、情報伝達、コミュニケーション手段が豊富になり、発信、受信の量が激増しただけではない。媒体としてのネットメディアの普及は、新聞、テレビなど、マスメディアを軸とした情報環境の変動をもたらすとともに、新たな情報環境におかれた人間間の情報行動、コミュニケーション様式を急激に変貌させたのである。

多様なメディアを駆使する人々のコミュニケーション範囲と回路とが広がり、コミュニケーションの密度はとめどなく濃密となった。人々の知り合い方もつきあい方も、こうしたメディア利用をつうじて否応なしに変化する。ディジタル・ネイティヴ(1)が多数を占め始めた青少年の情報行動、コミュニケーションに現れる新奇な事態、たとえばネットいじめ等々が注目され、さかんに論じられるのはその一例だろう。犯罪や非行につながる突出した事例だけでなく、ごく普通の振る舞いのうちに、新たなメディア利用がもたらす変化は浸透している。「試験に出る」と参考文献が紹介されたとたん、講義中でもスマホからアマゾンに注文が集中するといった情報流通の速度、ＤＳのフレコ掲示板で広がる小学生(2)の交際範囲、寝落ち(3)するまで続くチャットの密度……思いつくまま挙げてみても、ＩＣＴ利用の普及が出現させた変化は急激かつ広大だ。「便利になった」とはいえ、「〝いいねボタン〟の生きづらさ」とある学生が喝破してみせたように、生活に不可欠と感じられる利便性と、それゆえに生まれるストレスや依存性等が、切り離しがたく絡み合って出現している。

媒体としてのメディアが人間関係や各人の文化行動に及ぼす変化はICT利用に特有のことではないとはいえ、ネット社会を日常世界の一部として生きる私たちは、友だちのつくり方、未知の人間との知り合い方、円滑なコミュニケーションのための作法、トラブルの回避法や身の処し方等々、社会関係の広範な場面で新たな課題を課せられるようになった。ネット社会を生きるリテラシーとして、それらの課題が、ガイドや指南書等々のかたちでまとめられてもいる。本稿では、ネット社会のリテラシーにかかわるそうした諸論点にかかわりながら、やや次元を違えた問題を取り上げたい。ICT環境の発達によって出現したネット社会での「公共性」とは何かという問題である。

なぜ「公共性」を問題にするのか、簡潔に触れる。

周知のとおり、ネット上ではヘイトスピーチと呼ぶべき言説が行き交っている。歴史認識問題、「従軍慰安婦」問題をめぐっての、レイシズムに立つ攻撃のみならず、性差別言辞や生活保護受給者バッシングなど、特定の対象を取り上げての脅迫的・攻撃的言動がネット社会に流通している。日記にひそかに書きつける行為とブログやツイッターでの同様の行為とは、言説内容は同じであっても、その性格のちがいはあきらかだ。公開的なブログなりチャットなりによってつくられる場が公共性を帯びている以上、そこでの振る舞いにもそれなりの作法（社会的責任、倫理）が要求される。ネティズン（ネット市民）とは、ネット社会のそうした公共性を踏まえて行動できる市民という意味であった。皆がネティズンとして行動できればネット社会上の軋轢・紛争は解決できるはずとの期待も、この言葉にはこめられていた。

だが、残念ながら、現実はその期待どおりにはすすんでいない。「ネット社会の〈市民〉常識をみなが身につけさえすれば問題は解決する」という予測は安易にすぎた。一般社会（人々がネット社会と区別する「現実」社会をそう呼んでおく）では非常識だと非難されるさまざまな言動が、ネット社会では（であるがゆえに）出現し続けている。

昨年夏に相次いで報じられた、いわゆる「バカッター」騒動はその一例だ。いじめや脅迫の現場を動画投稿する、非道で不可思議な事件も続いており、おそらくそのすそ野は報じられる事件よりもはるかに広い。もちろん、それらは非常識だと認知されたからこそ注目され責任追及もなされたのだから、非常識な言動を戒める公共的な規範がはたらいてはいる。ネット社会を無法地帯とみなすのは事実に反するけれども、「ネット社会だから非常識になれる」と映る現象が、かたちを変えながらも起き続けている点に注意したい。以下の主張を与示すると、「ネット社会の常識を身につけさせる」というアプローチだけでは「非常識」を克服できないこと、ネティズンという理念が前提にしている公共性、公共圏の考え方を問い直すべきこと、の二点である。

(2) ネットメディアは民主主義を強める？

ネット社会が公共圏を豊富化するという肯定的なとらえ方についてまず吟味しよう。

マスメディアの介在する公共圏が集権的な発信機関と受け身の大衆（マス）という一方方向の情報伝達、関係図式で理解されるのにたいして、ネットメディアは万人の発信、情報行動を容易にするため、双方向の情報伝達と市民間の水平な関係を広げるとされる。ネット社会の伸長は市民の政治化を促し、政治参加、社会参加を拡大するというわけである。エジプトなどの政治変動にさいし、ソーシャルメディアの普及が既存の政治構造を転覆し社会変革をもたらしたとする評価は、その代表例だろう。

問題が起きている現場からいちはやく「何が起きているか・何が必要か」をつたえるツイッターなどの手段が、マスメディアとは異なる社会的機能を果たすことは、たしかに、重要な社会的・政治的意義を持つ。ネット社会での独立系メディア、メディア運動家と呼ぶのが適切なドキュメンタリストの報道は、マスメディアに依存しない情報回路を広げ、種々の社会・政治運動をつなげ広めるネット社会の影響力も強まっている。

3・11以降の脱原発運動を画期・起点として、とりわけ若年層のあいだで、秘密保護法反対運動など多様な社会・政治運動が編み出されてきたことと、ネットメディアを介して結ばれるつながりとは、密接に関係している。政治家によるツイッター利用が、政治的立場の如何を問わず、有効とみなされ活用されるようになったことからも、ネットメディアが政治動員の有力な回路となりつつあることを確認できよう。このような状況を指して公共圏の拡大・豊富化ととらえるのは、たしかに、適切と感じられる。ネット社会は民主主義の進展に寄与するとの評価が導かれても不思議ではない。

ネット社会での人々の活動が飛躍的に拡大したことは、ただし、すぐさま民主主義の進展につながるわけではない。ネットメディアを用いることで社会成員の発信量が増え、社会関係が広がるとしても、それはただちに、民主主義の進展を意味しないのである。手段としてのネットメディアがそれを利用する人々の言動と関係とを一律に民主化するとみなすのは幻想だろう。誰もが発信（発言）しやすくなる手段の発達は、この手段に支えられた関係の社会的な適切さを必ずしも保障しない。社会・政治過程に「普通」の人々がより広く深く参加できることそれ自体の意義は断固として認めるべきだが、それによって生じる帰結はずっと複雑なのである。

類似の問題は、20世紀初頭、マスメディアの発達と軌を一にすすんだ大衆民主主義をめぐってすでに意識されていた。大衆が政治に参加することで愚民政治がするという批判である。熟慮を欠いた大衆の意見に左右される政治・社会は危険だというこの認識は、思慮深くものごとを判断し「理性的に」振る舞える模範的市民にだけ公共性社会への参加資格を認める点で、強烈なエリート主義を内包していた。大衆の定見のない浮動性、無責任な同調性……といった知見にも、あるべき市民像のモデルが見え隠れしている。大衆民主主義の制度的定着とともに生まれたポピュリズムという観念には、「主体性を持たず扇動にのる存在」としての民衆像が刻印されている。マスメディアに操作される大衆という図式もまた、こうした認知モデルの一環であった。

では、ネット社会が公共社会の民主主義を前進させるとはかぎらないとすれば、マスメディアに踊らされる大衆という像がそう考えたのと同様に、ネット上で「無責任」な言説を流し交わす人々は、やはり、愚昧で危険な「マス」、しかも、匿名を武器に以前よりもはるかに自由に発言できるようになった「マス」なのだろうか?

ネットメディアに飛び交う差別的言辞や人身攻撃を目の当たりにして、右に述べた「マス」の危険を感じる向きは多いだろう。バカッターの非常識な振る舞いにしても、仲間内の悪ふざけを公共の場に載せて恥じないのは彼らの「無知」ゆえだ、との論評がなされた。公共圏にたいする無理解、思慮のなさが呼び起した行為だという説明であり、市民常識を欠いた若者という把握である。ネット社会の危険は、そうした「マス」が豊富な行動手段を持ってしまう点にあり、これを防ぐには、つまるところ、ネティズンの思慮を身につけさせる以外にはない――こう結論づけられることになる。しかし以下の理由から、ネット社会が顕わにした危険を、そうした啓蒙作業によって解消できるとは思えない。

（3）ネット社会を介した「正義」の構築

ネット社会で（あるいはネット社会を介して）現れる非常識な言動がある種の「正義」感情にもとづいている場合、「公共の場での常識を踏まえろ」という要求（啓蒙）は場違いどころか権力的抑圧にさえ感じられるだろう。非難されて当然な（と感じられ、確認しあえる）行為、人物、団体等への集中的な追及（炎上）には、こうした「正義」感情の集積・噴出がみてとれる。ネット社会を介した「正義」の構築であり、もう一つの公共圏の出現とも言えるが、既存の公共性理解や公私（パブリック―プライベート）区分に立てば、このような「正義」などとうてい認め難い。アナーキーで無法な振る舞いとしか映らないのである。

実際、ネットメディアで悪と断罪された対象にたいするネット上での「晒《さら》し」はもちろん、電凸《でんとつ》(4)や脅迫・いやがらせなど、一般社会にまで及ぶ非常識な行為が、いまや日常化している。「慰安婦」問題をめぐっての、元朝日新聞記者への社会的リンチというべき攻撃や、在特会（在日特権を許さない市民の会）による京都朝鮮学校襲撃事件は、なかでも意識的に組織された暴力行動であった。これらの行為まで正義という観念とかかわらせて説明することには違和感があるだろうし、ヘイトスピーチをふくめ、こうした暴力的攻撃、抑圧による被害を防ぐための社会的反撃と法的措置とが緊急に必要であることは言うまでもない。そのことを認めた上で、自分（たち）が正義だと感じること（したがってそんなものは正義ではないという反論を自分にたいする抑圧とみなすこと）の絶対性が、なぜネット社会では容易に出現してしまうのかを問題としたい。この意識機制を踏まえた対処なしには、社会関係を暴力的に扱い処理する地盤は決してなくならないからである。

近年、ネット社会が公共社会と民主主義とを無力化するメカニズムについては、サイバー・カスケード（キャス・サスティーン）など、いろいろの説明がなされている（たとえば、イーライ・パリサー『閉じこもるインターネット』井口耕二訳、早川書房2012年)。ネットメディアによって、以前なら分散し孤立していた感情・気分を可視化し集積することが可能になった。公共圏をより民主主義的に組織するかにみえるこの変化は、しかし、「お気に入りの世界」「自分たちが同じだと確認しあえる関係」を発見させ、その世界にかなない共有される心情、気分、主張を正当化させもする。

筆者が共感動員(拙著『「問題」としての青少年』大月書店2012年参照)と呼ぶ、心情や気分、志向をたがいに同期させる集団化のメカニズムが、ネット社会では、大規模かつ強力に成長してきた。共感動員は、従来の公私区分では私的領域に位置づけられていた領域での変化にみえるが、そう映るのは、むしろ、日本社会における公共圏の歪み、矮小化に由来する。とりわけ社会の一員(社会人)と認められにくく、まして公共圏とも無縁な存在(非政治性、政治的無関心)と扱われてきた青少年にとって、共感動員に支えられたシャカイ(ウチらのシャカイ)こそが、自己を位置づけ正当化する相互承認の機能をそなえた代替(疑似)的公共圏であった。

共感動員を大規模に実現するネット社会の発達は、それゆえ、代替的公共圏とそこでの関係規範、正義の確定といった政治機能を成長させることにもなる。仲間内で「キモ!」と言い捨て確認しあうような関係、そこで共有される正当性の感覚が、自然に政治性を帯び、公共圏の主題へと移行する環境がつくられたのである。

ネットメディアが容易にした志向や意思の集積機能は、敵意の、同様に善意の、巨大な塊を正義(公憤)として正当化する。数々の「晒し」事例にはそうした正義感情の発露が窺われるのであり、ネット社会を震源とするそうした種々の「政治」行為が現実的で深刻な被害(あるいは逆に実益)をもたらしている以上、私たちはこれを公共圏のことがらとしてとらえ直すべきである。つまり、ネット社会の「公共」感覚をも視野に入れ、既存の公共圏理解、そこでの関係ルールとしての民主主義理解を問い直し、バージョンアップさせることが求められている。

（4）排除と差別の政治に抗する民主主義を

たがいにわかり合える「ウチら」の創出には、そこに参加できない存在を強力に排除する機能がともなう。誰かを名指しして「キモ！」と言い合う関係（共感動員）には、自分がその場に位置づく（承認される）ために誰かを排除する操作の有効性が示されている。その「誰か」としてKYや「ぼっち」、「痛い人」等々が、あたかもそうみなされて当然であるかのように選り出され確認される。

日常生活の何気ない場面に浸透している、こうした排除の振る舞いを公共社会の用語に翻訳すれば、政治的迫害、差別、人権侵害に当たることは明白なはずだ。にもかかわらず、被害を被る側が「そう扱われて仕方ない存在」だと、さかさまに考えられてしまう。そうでなければ自分の居場所が確保できないと感じられるために。

攻撃可能な対象を選りだし固定化することで自分達の優位性を獲得しようとする、こうした振る舞いと同系の構造をもつ言動が、いま、ネット社会での政治行動として現れている。「在日特権」という虚構を振りかざして在日朝鮮・韓国人を攻撃する行動がそうであり、「反日」「売国奴」という認定もそうである。これらのラベリングは、人権侵害、差別といった事態を特権の享受とその擁護へと置き換え、「特権層」を攻撃する正義の立場に自らを位置づける。この倒錯した心情に立てば、弱者に貶められた者が反撃に出ることは居直りに、人権を主張すれば特権を押しとおそうとする強圧に読みかえられ、自らの正義がより一層確信される。「特権」や「売国奴」といったラベリングは、それらを梃子に正義を手に入れる支点におかれるから、ラベリングの妥当性を検証させることができない。公共圏が想定してきた議論を成り立たせない構造である。

排除すべき「弱者」を指定し、徹底して無力化しようとする「正義」の構築は、ネット社会が持つ心情の社会的集積作用ゆえに、ネット社会に特有の現象とみなされやすい。また、前述の仕方で正義の側に立とうとする存在について、「現実」社会における経済的・社会的地位の低さや不安定さから「強い日本人」としてのアイデンティティを求める下層の若者たちだと説明する理解も多い。しかし、そのどちらも事態の核心を衝いているとは思えない。なぜなら、ネット社会が炙り出してみせたような弱者攻撃は、「現実」政治の動向に照応しており、「弱者の特権」を攻撃する振る舞いは、経済力をたっぷり備えた文字通りの経済的・社会的富裕層によって支持され、になわれてもいるからである。新自由主義政治がもたらした社会の二極化、格差社会とは、たんに社会が分裂することを意味しているのではない。顕わとなった裂け目と矛盾、そこに生じる困難や被害から目をそらし、これらをないものと見せかける強烈な欲望と行動とが生まれる。「弱者」の存在を通して炙り出された社会の矛盾を否定し、弱者自体を社会から排除する試みが、公共社会で公然とすすめられている。この事態をネット社会の病理に矮小化すべきではない。

危惧すべきは、ネット社会で力を得、有効に機能してきた倒錯的な「正義」の構築と「正義」の実行が一般社会にも侵襲し始めたことである。憲法擁護の活動が公共社会でさまざまな制約をうけ、九条擁護を詠んだ俳句の掲載が公民館に拒否されるなど、公共圏を支えるべき民主主義を無力化させる動きが社会生活の各所に出現している。ネットメディアでの右派言説を一つの支えとする安倍政権の政治手法がこの動きを正当化し加速させていることはきわめて重大である。秘密保護法の強行等にみられるように、「強い日本・日本人」の正しさを主張し、これに反するとみなされた考え方や行動を力ずくで排除しているからである。公共社会の民主主義を現実に定着させる役割をになうべき政治も社会・政治制度もいちじるしく劣化している。「選挙で勝った首長に従うのは当たり前」と述べた橋下徹大阪市長の発言は、既存の公共圏や民主主義のあり方が、権力によって破壊される今日の状況を象徴している。さらに言えば、ヘイトスピーチと言っておかしくない、週刊誌の嫌韓・反中国記事やバラエティ番組の炎上商法など、公共圏の民主主義を担う一環と考えられてきたマス・メディアの劣化も著しい。民主主義社会という建前の下で、全体主義とさえ呼べそうな抑圧的状態が広がっているのである。

排除や差別を正当化する現実政治とネット社会との悪しきスパイラルを超えるために大切なことは何か？　民族・人権差別を見逃さず抗議するサッカーサポーター、ヘイトスピーチにたいする反対行動を起こしたKポップファンの若者……を想い起こそう。お気に入りの世界で自足せず、憎悪の社会的集積に同調せず、他者の排斥を拒否するさまざまな行動が、社会生活の各分野で生まれている。ネットメディアを活用しながら、自分たちのできる仕方で、人間的で民主主義的な関係（他者を排除せず差別しないことはその根源的基盤である）を築く試みは、既存の公共圏や公私区分を超え、自分たちが生きられる世界をつくり直す試みにほかならない。個人的な強さに頼って生きるのではなく、つながりの民主主義が活きる場（社会圏）の創造によって誰もが生きやすい関係をめざすこと――そうした努力が、身の回りにある生きづらさを克服するとともに、変質の危機に瀕した公共圏を、自由に人間らしく生きられる場を保障する社会圏へと建て直す道につながっている。

【注】

（１）幼少時からネットメディアを生活の一部として慣れ親しんで育った世代

（２）携帯型ゲーム機の友だちコード交換用の掲示板

（３）ゲーム、チャット等で就寝のため接続を切ること

（４）攻撃対象者・組織や関連組織に直接連絡して抗議、非難等を行うこと。

4　民主主義なんかいらない?

(1)「こんなのおかしい」と感じる瞬間――民主主義の出発点

民主主義という言葉を生のまま差し出され、「民主主義、大事じゃね?」と問われたとしたら。熱烈に「そうだよね」とは同意してもらいにくい気がする。「何それ?」がふだんの会話なら返ってきそうな反応だし、「そうなんでしょうねぇ」と返されるのはお愛想まじりだろう。若い世代にとって、自分の身に迫って使える感じがしない言葉のひとつではないだろうか。おそらく、人権という言葉と同様に。どちらの言葉も、公式社会の場やメディアでひんぱんに使用され、皆が守るべき規範のように扱われてはいる。もちろん学校教育の世界でも。しかし、自分がいま生きている場、そこに出現するしんどさ、身動きのとれない困難、生きづらさ……から抜け出すのに役立つ足がかりだとは思えない。大事だと言われれば否定はしにくいが、「役立ってる」実感は持てない。自分の身に迫って感じられないというのはその意味だ。

民主主義も人権も、それらにこめられている内実(「何がおかしいか」に気づかせる見方・考え方)が自分の生きる場、その不条理や不当を照らし出す場面は、実は、いやと言うほどある。ブラック企業に「運悪く」入ってしまい文字通り使い捨てられる不当な扱いは人権の損壊だし、バイトだからと、いつもいつも「上から目線」で指示(命令)されていたらむかつく。なぜむかつくかと言えば、人間関係にきちんとつらぬかれるべき民主主義がないからだ。たとえば、次のような例。

「先日「アルバイトの女の子」といわれました。派遣について、キチンと学習して欲しい。「ねー」ではなく、キチンと名前で呼んで欲しい。」

こういう場面は日々の生活でいくらでも挙げられるだろう。働く場面でも学校でも。同世代のあいだでも、女性と男性でも。自分の思いを押し殺したり、気持ちとはちがう見せかけをつくらないといけないたくさんの例がある。

「Aさんから「Y社社員に食事会とか飲み会に誘われたら必ず参加して。うち（X社）のイメージが良くなるように交流を深めて下さい。日給高いのはそういう仕事も含めてのこと。特に出張先では積極的に」って言われるから、これも仕事だと思って行ったんです。そしたら、Y社社員は全員男で下ネタばっかり振ってくるんですよ。もう恥ずかしくてたまらなかったけど、イヤな顔をしたら雰囲気が悪くなる感じだし、前にAさんにセクハラ受けたらどうしたらいいか聞いたら、「Y社のおかげで仕事があるから笑ってしのいでください。それができなかったらランク下げますよ」って言われたんです。Aさんにランクの格下げするぞって脅されたら、あとは自分でどうにかするしかないし、この下ネタ攻撃を数時間我慢さえすれば、ノリのいい子だなって、もっと業務依頼がくるようになるんじゃないかと思って。」

（田中慶子『どんなムチャぶりにも、いつも笑顔で⁉　日雇い派遣のケータイ販売イベントコンパニオンという労働』松籟社２０１４年・五五頁）

下ネタを振られて（どう弁解しようと、振っている側は意図的で悪質だ）も我慢したこと、そういうセクハラについて相談しても正社員の上司が、「笑って流せ、そうでないとお前の評価を下げるぞ」と脅した（どんなに言い方がソフトだろうと、言っていることは脅しだ）こと——その関係全部が、同じ人間同士のかかわりとしておかしい。上司と平社員だろうと、親会社と下請け会社だろうと、そのちがいを相手に振える力（権力）のちがいだと勘違いして厭がることを吹っかける。それがおかしい。人間関係の民主主義的なかたちを歪め、壊している。

人間を育てるはずの教育の場でも、残念なことに、子どもたちが「無力」なのをよいことに理不尽な力（暴力）を振るう「教育者」は後を絶たない。大人に対して子どもは相対的に弱い立場にあるのが現実だから、理不尽な要求にも抵抗しにくい。そうした関係では「力を振るえるぞ」という誘惑が忍び込みやすいのだ。「自分の言うことに素直に従い、ついてきてくれる。実力だよ、影響力があるからだよ。」——ひどい場合にはそう錯覚までして、子どもが自分自身の気持ちを持ち、言葉を持ち、それを外に出せる機会を狭めてしまう。「何でも話してごらん、怒らないから」と言いながら、「自由に話すことを許せるオレ」のおかしさに気づかない。（自分が新米だったとして、職場の上司から「無礼講だから、悪口でも何でも出していいんだぞ」と言われ、不満をぶちまける人がいますか？　信用ならない上司の「無礼講」と同じことを子どもにも向けていませんか？）

プライベートな恋愛関係の中にだって、同じような話しはたくさんある。「カレシから俺の色に染まれと言われました、染まらないといけないんでしょうか」という質問を受けたことがある。冗談じゃない、ふざけるな、と言いたい。人はみな「自分の色」を持って生きている。他者とかかわることでそれらが混ざり合い、多様な色合いが育つことはあるだろう。主張し合い譲り合うことはあっても、「俺の色以外許さない」という関係は支配だ。「お前の色を消せ」と平気で言えてしまう「関係」は、恋愛だから仕方ないではすまされない。親しい人間同士のプライベートなかかわりの中にも、民主主義と呼ぶことがふさわしく、たがいに尊重すべきかかわり合いのかたちがあるはずなのだ。

(2) 理不尽な力の伝染をくいとめるストッパーとしての民主主義

しかし、問題はここから。民主主義にのっとったつながりが大切だと言っても、それが多くの場合には通用しない。これまで挙げた例はみなそうだ。自由にものが言えるなんてウソ、民主主義は通用しない。あまりにも通用しないから、民主主義にもとづいて社会はつくられると言う人間も信用できない。自分の好き嫌いだけで物事を押し通す「俺様主義」の方が、かえって正直に感じるぐらいだ。現実がそうなのだから。たがいを配慮しあう人間関係なんてウソだという感覚がはっきり描かれている例をみておこう。

「ぼくを含めた世界の全てが嘘臭く、薄っぺらで、疑わしい。／お父さんやお母さん、先生や友達はぼくに優しくしてくれる。にこにこ笑いながら話かけてくれる。／でも、ぼくにはその笑顔が一番怖かった。ぼくがそれらに気を許した途端、その笑顔がひっくり返って怒り顔になる。絶対なる。この人達の笑顔はぼくを嵌めるための罠なのだ。」

(鮎川歩『クイックロード&セーブ』2009年・二八二頁)

こう述べた後で、主人公は、信用できないものを最初から信じなければ裏切られずにすむという切ない信念を吐露している。気持ちはわかるし、スジは通る。自分も相手もできないようなことを掲げ、これを守ろうと言われてもピンと来ない。「戦後民主主義を守れ」といったスローガンについてゆけない感じも、同じ感覚ではないのか。民主主義という制度（デモクラシー）があると言うなら、なぜその制度は自分たちがぶつかっている困難を見過ごし、放置しているのか？　世の中を見渡しても、無視されてしまうことばかりではないのか？　原発はやめようという意見の方が多数なのに政府は反対方向をめざしている。沖縄の人たちが辺野古に米軍基地をつくるなとはっきり意思表示しているのに、その民意を政府はまったく聴かない。「民主主義って何だよ」って疑って当然ではないか。

民主主義制度（デモクラシー）へのそんな不信（それはまた政治不信でもある）も立派な意見のひとつであることを認めよう。結局は力（政治権力、暴力、経済力……）の強い者勝ちの現実、民主主義だからと多数の力で議論を封殺する社会のおかしさ（「少数意見の尊重」という、実はデモクラシーを成り立たせる上でも不可欠のしくみは、まったくのお題目でしかない）、建前にすぎないデモクラシーを正しいと言うだけで現実を無視しているとしか思えない大人、メディアの偽善――これらの内容を含んだ不信感の表明は、正確でない点があるとしても、真剣に受けとめるべき「意見」だ。

では、民主主義という考え方について、「どうせ信用できない建前だろ」とシニカルに受けとり、「そんな考え方も制度も当てにするな」とばかりに振る舞えばよいかというと、それはちがう。民主主義が通らないという実感、自分の尊厳を傷つけられ、「ひどいじゃないか」と思う体験――現にあるそれらの感情・経験をどう受けとめればよいのかが問題の核心だ。「どうせ上司なんてムチャ振りするもの」とか、「男なんて所詮信用できないもの」と考えておけば裏切られずにすむと言えるだろうか？　たとえば、「鮮度が落ちた」と言われ何年も勤めた職場を雇い止めになった女性にそう言えるだろうか？　そういう振る舞い方は、民主主義が通用しないためにひどい目に遭った者に対して、結局のところ、「あきらめなよ」と述べているにひとしい。慰めているつもりでも、受けた被害は決して回復されないし、回復されない傷として残り続ける。

しかも、それに加え、どうせ世の現実は道理がとおらないのだから、自分だけ律儀にスジを通すのは馬鹿馬鹿しい、力を振るえるところで振るわないのは損だとも感じさせる。つまり理不尽な力は、そのままにしておけば、必ず伝染する。

どう考えても理不尽でおかしいと感じる体験、事実。そういう理不尽な目に遭って「ふざけんなよ」「むかつく」と怒りに震えるとき、その事実、体験、感じ方を大切にし、そこから出発する民主主義の活かし方はないのだろうか。変な言い方になるが、民主主義の通用しない場面、関係でこそエネルギーを与えられ、力を発揮し、人を励ます民主主義、理不尽な力の伝染を阻止するストッパーとしての民主主義が考えられないか、ということだ。

(3) あなたには私をクズと呼ぶ権利なんかない、私があなたをクズと呼べないように

幸いにして（不幸にして）、私たちは、生身の人間であるかぎり、理不尽な目に遭ったときのくやしさや怒りを感じないわけにはゆかず、簡単に忘れることもできない。笑い飛ばして何でもないフリをしても心は傷つく。たとえ自分では大丈夫と思っている場合でさえ、そうした傷は深く潜んで、突然姿を現す。いじめを受けている子が、そう自覚していなくてもある日一歩も歩けなくなる、というように。

差別や不公平、不平等のいろいろな現れに苦しみ、我慢できないと感じるのは、それらによって自分が人間としてこの世界にいる土台が奪われるからだ。「お前たちはクズだ。異論はあるだろうが、社会に出たばかりのお前たちは何も知らないクズだ。その理由は、現時点で会社に利益をもたらすヤツが一人もいないからだ。」（今野晴貴『ブラック企業』文春新書２０１２年）などと言われたら、平気ではいられない。「プライドなんか捨てろ」という「叱咤」は企業現場でも教育現場でも、上司や指導者がよく使うフレーズだが、

そうやって奪おうとしているのは人間の尊厳そのものである。尊厳を失うと反論ができない。奴隷状態に陥ってしまう。現代の世界にだって、この意味での奴隷状態はあちこちに生まれている。反論どころか、何が自分を苦しくしているかもつかみにくい「弱者」である子どもという存在は、とりわけ、奴隷状態におかれやすい。

それでも人間は、心の中では、「こんなのおかしい」とつぶやくことができる。「私が悪かった」と言わされているその瞬間でさえも。「おかしい、おかしい」と思い続けるのにも大変なエネルギーが必要だが、そう感じることのできる力すなわち人間としての尊厳を守ろうとする心のはたらきは、人が持っている大切な財産だ。ただし、放っておくとその財産も社会の圧力のためにすり減らされ、奪い取られてしまう。社会の圧力とは、「問題はあなたの方にあるんじゃないの」という追求、自己責任論という圧力のこと。「いじめられる側にも問題がある」「奨学金を返すまで結婚できないと言うけれど、借りたのは自分でしょ」「リストカットしてしまうのは結局時分の心が弱いから」……と、こんな風に、何でも個人の責任にしてしまう圧力は恐い。なぜなら、自ら「私がダメな人間だから」と認めてしまうようはたらく強力な誘導作用があるからだ。

「これはおかしいと感じている私の方がおかしいの?」そう自問自答させる罠に落ちてはいけない。シューカツで内定がなかなか取れない学生が多分一度ははまるこの罠がいやらしいのは、「自分は天才でもないし、普通の人間なので」という、ほとんど誰もが思っているはずの自分像をたくみに利用しているから。「だからダメなのは自分の方」と思わせる魔術。尊厳を見失わせるそんな魔術に対抗するのに必要なのは、「特別の才能」を持つことじゃない。「クズだと言われて口惜しかったら、クズと言わせないだけの実績をみせろ、力をみせろ」というレトリックに乗せられると、そう要求する相手が、「たしかにお前は大したヤツだ」と言ってくれぬかぎり、クズ呼ばわりされ続ける。スキルが足りなければそう言えばいいのに、クズだと脅す。「クズ扱い」のレトリックが使っている戦術は、相手の人間としての尊厳を貶め、反論させないことで自分に従わせるやり口なのだ。

だからこう答えよう。「あなたには私をクズと呼ぶ権利なんかない、私があなたをクズと呼べないように」と。たとえ他人《ひと》より仕事が遅くても、ミスしてしまっても、場の雰囲気についてゆけなくても、クズ（DQN、キモ……と尊厳を傷つける同種の言葉はたくさん開発されている）と呼ばれる謂われなどない。

「同じ人間としては対等なはず」という出発点――人がたがいにかかわりあうすべての場面の出発点がここにある。人がたがいにかかわりあうとは、社会をつくることだから、社会をつくる上で不可欠な出発点と言ってもよい。多数決で決めれば誰かをクズと呼んでもかまわない（この仮想例は、物理的暴力を用いないいじめの一類型に当てはまる）という発想がなぜ受入れられないか、ここからわかるはずだ。「多数決」のそうした理解は民主主義ではない。むしろ反民主主義と言うべきだろう。社会をつくる方法の一つである民主主義の出発点は、他の方法と同様に、人間としての尊厳をたがいに認め、護り合うところにあるのだから。民主主義とは、人がたがいに人間的なかたちで結びつくための考え方や技法の、唯一ではないが不可欠なひとつなのである。クズと言われたらたまらなくイヤだと思うその時、あなたは民主主義を活かし生きる場に立っている。「あなたが主人公」といくら持ち上げられてもそんな実感がまるでない時、あなたは民主主義を生きる場から隔てられ、かつそのことを実感している。そのように感じることが、つまりは、民主主義感覚を持っているということなのだ。

（４）民主主義を生きるとはどういうことか

ここまで述べてきたことをまとめて「民主主義って何？」という問いに少し固い表現で述べるなら、人間的尊厳の相互保障を土台にした人間関係（社会関係）形成の原理だ、ということになる。「こんな関係はおかしい」と感じることに始まり、「あなたの言うこと、していることはこの点がおかしい」「それってちがう気がする」と違和感を表明できることは、民主主義の考え方・技法の具体的なひとつだ。いまこの社会で、内心で思うだけじゃなく、「そう思う」と告げることがどんなに難しいか、私たちはよく知っている。バイト先で、「時給の発生が30分刻みなんておかしいんじゃないですか」と言えない。「同性愛なんだ」と話せない、政治のことを友だち同士の話題に持ち出せない……数え上げれば、思っていても外に出せない事項はいくらでもある。タブーだらけと言ってもいいくらいだ。つまり、普通に生きてゆくために不可欠な民主主義がそれだけ壊されている。

ここから、自分が感じる違和感、苦しさ、怒り…を出しやすい条件、機会、環境があるかどうかも、民主主義の大切な中味であることがわかると思う。「若者がなかなか本音を言ってくれない、何を考えているかわからない」などと逆ギレする大人がいるけれど、「本音」が言えるどんな条件、機会、環境を社会が整えているか、まず先に考えるべきだ。若者にかぎらず、大きな困難を抱えている者ほど、その事情を外に出す手段も機会も環境も奪われている。「弱者の特権」という嫌らしい言葉があって、「弱者」だからものが言いやすく、優遇されやすいと主張されたりするが、それは事実に反する。生活に困窮して生活保護を受けなければ生命も危ない人が、それでも受給を申請できない。申請させにくい環境がある――そんな現実を無視して、「ものが言いやすい」と強弁するのはおかしい。

意思を表明すること、気持ちをぶつけることには、「何に対して・誰に向かって」という対象がともなっている。酔っ払って、ひとり電車の中でつぶやいたり怒ったりしているおじさんだって、多分、気持ちをぶつけたい（でも、そこにはいない）「何か・誰か」がいると思う。自分の言い分について誰かに応答してもらうことは、関係を結ぶこと、社会をつくることの最低限必要な条件だから、「誰か答えてよ」と要求できるし、応答がしやすい環境（相手に応えて誰かがきちんと返してくれるようなかかわり方）も重要になる。言葉もまだ十分に回らない子どもが一生懸命喋っているのを、ていねいに優しく（人間的配慮をもって）聴きとろうとする人を想像して欲しい。また、逆に、学校でハブられ、そこに自分がいないかのように扱われる苦しさを想ってみよう。誰も応答しない環境で生きるのは、社会的な死を宣告されるにひとしい。よってたかって誰かを標的に無視することは、相手を人間界から追放しようとする仕打ち、暴力である。日本で育ち生き暮らしている在日朝鮮人の人々に向かって、「日本から出て行け」と叫ぶことと同じように。

私たちが社会をつくり、社会の一員となることは、したがって、誰かの求めに応じて答えられるようなポジションに自分をおくことだ、と言える。

ところがここで困った問題が出てくる。何年も「ぼっち」のままで寂しくて仕方ない、ちょっとお話ししてくれませんか、と街頭で話かけられ、「はいはい」と気軽に応じる人は多分少ないはず。ストーカーに「オレを無視するなよ」と言われても、そんな求めに応じたくないのは当然のこと。ストーカーの方は「オレという人間が無視された」と傷つきますます怒り狂うだろうが、だからといってうかつに返事などできるはずがない。

また、誰かに問いかけたらひどい反応が返ってくることもある。ネット社会での炎上例には、どうみても言葉の暴力でしかない応答がたくさんあることもよく知られているとおりだ。官僚答弁という言葉で表される、応答のかたちをとっていながら実質の中味は相手にまったく答えていないやり方もある。「誰かの求めに応じて答えられるようなポジション」にいる者同士のやりとり（応答関係）が相手の尊厳を奪うかたちですすめられると、たがいにかかわり合う民主主義が壊され、応答関係が成り立たなくなる。問いかけ、回答を求め、あるいはそれらに答えるかかわり方にはそうした危険がひそんでいて、その危険をあらかじめ取り除いておくことは難しい。尊厳を護り合うという関係（民主主義が活きている関係）は、社会をつくる各人の振る舞いをつうじて実現するものだからである。その意味で、民主主義は、私たちがたがいにどう振る舞うか、他者の問いかけにどう答えるかを具体的に測り、判断し、批判もする（できる）センサーのようなはたらきをしている。

私たちの社会がどのようにあるかを敏感に知らせることのできるこのセンサーには、さらに、尊厳を護り合う関係の実現に私たちを駆り立てるモーターも備えられている。この社会で生きる誰かの尊厳が護れず壊されるとき、それを許さぬよう自分自身にも他の人々にも働きかけるというモーター、つまり行動を促すモーターが。民主主義は社会をつくる行動と切り離せない。

もちろんここで言う行動の範囲はとても広い。理不尽だと思う、むかつく、疑問でいっぱい…といった、社会生活のあちこちできっと出会うはずの出来事について、そう感じた瞬間に、その場所に、行動への入り口がある。社会をつくる一人ひとりの行動を不活発にし、行動を諦めさせる力とその現れ、手口に注意しよう。それらに対して、「いや、そうじゃない」と示すその人なりのやり方すべてが、社会をつくる行動なのだ。

普通の（他人を服従させる力を持たない）人間が自分たちの世界をたがいに生きやすくするための関係術として民主主義をとらえるなら、身動きが取れずものも言えない状態にある誰かを見過ごさず気にかけられるかどうかは、民主主義を生きる試金石だろう。「誰か助けて、何とかして」と声に出せない叫びを感じとり、それに応えることが、自分がぶつかる理不尽や困難を外に出して解決することにつながる——そんな社会的通路をつくるのが民主主義の力なのだ。

5　現代を生きる若者の社会と運動

（1）左派でも右派でもない？

最初に断っておきたいのは、現在の若者たちが踏み出し始めたさまざまな運動を、既存の左派や右派という区分にとらわれない新しい性質のものだとする解釈は安直だ、という点です。種々の社会問題にたいする若年層の近年（90年代後半からの構造改革時代）のアプローチには、たしかに、それ以前とはちがう特徴がみられますが、だからといって、社会をどうとらえどう変えるかについての対抗関係がなくなったわけではありません。左翼などと呼ばれたくないという感覚があるのは事実で、歴史的には、それはほぼ四半世紀に及ぶ社会意識の非政治化[1]によって培われたものです。

極端な（過激な）主張をする人間だと思われたくない相互規制は、たとえば学生たちの日常的つきあいに現在も強くはたらいています。脱原発デモに参加したことをツイッターでつぶやけても、ふだんのキャンパスでは気軽に話せないし、まして友人にも参加をすすめる（オルグする）のはもっと大変です。「偏っているわけじゃないけど」などと弁解しておくのは当たり前で、これを左派、右派にとらわれない新しさとみるのは早計でしょう。むしろ見るべきは、それほどに強力な規制がはたらいていながら、それでも社会的なイッシュウについて行動し始めたという事実の方です。

そしてそうした現象が広がったのは、若者をめぐる社会、経済環境の激しい変化と密接に関わっているように思います。一言で言えば、若年層が直面している社会的、経済的窮迫の深さと幅広さが、共々に、若者たちの社会的行動を促す背景となっており、政治や社会（秩序）への彼らによる働きかけを阻んでいた従来の壁が揺らいでいる、ということです。

ただしもちろん、追いつめられた若者が反撃に転じるといった直線的で単純な理解でこの変化をとらえるべきではないでしょう。未曽有の原発事故をきっかけに脱原発運動に参加するようになった若年層、とりわけ放射能汚染の危険を肌身に感じた子育て世帯の場合には、わが身に降りかかる危険に直面することが政治的アクションを促す関係にあると言えますが、社会的、経済的窮迫の深まりが、すべて、同様の関係で行動化を促すわけではありません。

むしろ、労働・生活状況が困難であればあるほど、社会的行動に訴えて困難を打開することは難しくなります。「ネットカフェ難民」が生きのびるすべは政治舞台や政治の場のはるか外側に定置しています。生活のための学生「アルバイト」に対する文字通り無法な搾取の数々は、見過ごされたままになっています。生活のきびしさ、仕事の理不尽さが大きければ大きいほど、それらを社会問題として解決する出口が見つけ難いと言ってもよいくらいです。

（2）運動機能と居場所機能

そこで、簡単には身動きできない、自分たちの困難を社会に向けて「啓《ひら》いて」ゆくみちすじがわからない――そんな状況におかれた「当事者」たちの運動圏をどのように広げてゆくかということが重要な課題となります。

首都圏青年ユニオンなど、青年労働者を対象としたユニオンの組織化、反貧困ネットワーク等の運動は、それぞれの苦境を自分の内側に閉じこめず声をあげてゆける「場」と方法を編み出してきたところに特徴がありそうです。一般化して言えば、集団の力を支えにして社会の一角に居場所を確保する試みです。処遇を改善する運動という面だけでなく、社会的閉塞から自己を解き放つという意味での解放運動の側面があるということです。(2)

社会運動の役割である、社会に通じる「窓口」を開く作業（運動機能）が、そうした作業を経験する者同士が集まり一緒にいられる場をつくること（居場所機能）と分かちがたく結びついている点に注意したいと思います。問題の深刻さが運動基盤を拡大するという理解は後者を看過しており、逆に、社会活動に参加する若者を「自分が満足できる居場所が欲しいだけ」ととらえる非政治的理解（「自分さがし」論の延長で近年の若者たちの行動化を解釈する仕方）は前者を見ていません。そうではなく、両者が結びつく具体的なあり方にこそ、若者たちの〈社会―運動〉の核心的な特徴があるのです。

この視点は、社会運動の基盤を広くとらえ、若者たちが参加する多種多様なボランティア活動をも視野に入れるべきことを教えています。たとえば、全国の自治体に広がっている貧困世帯の子どもたちを対象とした学習支援には多くの学生が加わっていますが、その「支援」にも、先述した２つの機能がはたらいているように思います。社会の「現場」にある具体的な問題にとりくみながら、同時に、自らを「社会人」（主権者や市民という言葉ではうまく言い表せないため、さしあたりこう呼んでおきます）として位置づけることのできる足場を築こうとしているからです。「居場所づくり」を組みこんだ社会参加の組織は、このように、社会の現実に接近する有効な回路となっています。ネット上でも現実社会でも膨大に存在している若者たちの小サークルは、居場所機能を備えた趣味的集まりにすぎませんが、この回路を前提にすると、社会に異議を申し立てる「運動体」にいつ変身してもおかしくないでしょう。クラブでのダンス禁止への反対運動や、(3)

「非実在青少年」問題にたいし若者たちの間に広がった強い反発はそのことをよく示唆しています。どんな問題、どんな方向に焦点が当てられるかを問わず、〈社会—運動〉の基盤が大きく広がっているということです。

(3) 若年層全体を覆う社会的閉塞

いま自分が直接に困難にぶつかっているかどうかにかかわらず、社会問題と呼ばれる領域に若者たちが、上述の意味で関心を寄せるようになったのは、これまで標準的とされてきた就業や結婚等々のライフコースが動揺にさらされていることと深く関係しています。

若者と一口に言っても、その生育環境、教育環境から就業・職業経歴や人生の展望にいたるまで、格差という言葉では不十分なほどに巨大な差異があるのは事実ですが、にもかかわらず、現代日本を生きる若年層のほとんどがライフコース変動の渦中にいる点は共通です。

ブラック企業の罠《わな》に落ちてしまうことへの不安が広く共有され、ブラック企業の存在が社会問題になったことからわかるように、将来への懸念は若年層全体に浸透しています。仕事であれ生活であれ、安定した将来展望を描ける若者は少なく、だからこそ、勤続志向の高まりや、若年女性の専業主婦願望の増大などが生じていると言えます。つまり、若者たちは、就業、人生の展望を現状維持の観点でみることはもはやできない、ということです。

実際、90年代後半からの構造改革時代に育った若年層の生活行動も生活意識も、それ以前とちがうことが各種の調査から指摘されています。財界・政府支配層が期待し煽るような、「グローバル競争を勝ち抜く優秀な人材」をめざし努力する人間像は、現代の若者にとって魅力的とは言えません。近年、「さとり世代」

と呼ばれるようになった彼ら彼女らの行動や消費性向は「堅実」と言われ、立身出世型の地位競争とかけ離れた意識を示しています。東日本大震災が人々に社会的絆の大切さを気づかせたと言われますが、若者たちの間では、それ以前から、「普通に生きてゆけるつながりと世界とがあればそれで十分」という感覚が支配的だったと推測できます。それは、新自由主義的な構造改革政治がドラスティックにすすめた無縁社会化（社会的排除と孤立とが重層的に広がっている社会）にたいする当然の反応だと思います。

したがって、安倍政権が掲げる経済大国の維持（経済成長とこれを保障する新自由主義構造改革）というスローガンは、若者たちの心に響くものではないでしょう。むしろ、別の道、別の社会モデルが実現できるなら、そちらの方に向かってゆきたいと感じて不思議ではありません。

生活が成り立たないのは困るが、無理して（生活を犠牲に「社畜」となって働いて等々）まで成功したいと思わないのが「普通」です。そういう「普通」に苛立つ支配層は、最近では、その「普通」を得ようと思ったら人並み以上に「努力」しなければダメなのだ、というレトリックに訴え始めています。生きづらさを増大させることで、「それが嫌なら競争の舞台に上ってもっと努力しろ」と迫る威嚇の手法です。困難を訴える人間にたいし、しばしば向けられる、「キツイのが当たり前なのに、楽をしようとする」という視線は、この手法によって「キツイ」状態が普通に感じられることを出発点にしています。

威嚇的なレトリックに頼るこうした統治は、しかし、裏を返せば、支配層の掲げる未来像、社会像の吸引力が消失したことの証明と言えます。働き方をふくめたライフスタイル全般について、既存の標準・定型にとらわれない探求が試みられ、若年層を惹きつける対抗的な社会構築の底流をかたちづくっているように思います。その流れを見逃さず、受けとめることができるかどうかが社会運動のにない手に問われているのではないでしょうか。

(4) 社会認識のラディカル化

これまで述べてきたことから示唆されるように、現代世界、日本社会のさまざまな社会・政治問題に接近し、行動し始めている若者たちの社会・政治意識には、認知のパラダイムシフトとでも言うべき変化がすすんでいるように感じられます。

「若者は政治的に無関心だ」という「常識」によりかかって彼ら彼女らの社会感覚、行動感覚を裁断することは誤りです。おかれている現実に比して政治的行動に出る機会が制限されており、たとえば「既成政治」への不信感が戦後民主主義や憲法秩序を抑圧的ととらえさせる状況があるとはいえ、日本社会の現状をつかまえる若者たちの感覚は既存の政治地図にとらわれない特徴をそなえ始めているようです。新聞を読まずテレビを視ることも少なく、関心事はユーチューブなどネット上の情報で押さえ、ソーシャルメディアで意見交換する若者の「社会認知」のスタイルは、メディアによる課題設定機能(時々の政治的・社会的主題を設定することで関心を誘導、制限する機能)をふくめた既存の大衆操作を効きにくくします。

福島原発事故の報道について、ネット上でのそれが信頼性のあるソースとして活用されたのは、社会・政治問題へのアプローチが革新される大きなきっかけでした。

そしてそれは、「自分たちが何を問題とするか」や、「誰が(どんな集団、どの政党……が)自分たちの関心事を取り上げ、何を主張しているか」についても、これまでの政治社会、政治秩序にとらわれない探求、表明を広げたと言えます。

そうした背景がなければ、たとえばワタミの渡邊会長がブラック企業経営者の代表的存在として追及されるような状況は出現しなかったでしょう。あるいは、ユニオンの存在が、実態としてどれだけ知られているかは別に、自分たちの権利と利益を守る運動組織として普通に受けとめられる状況もなかったはずです。

これまで使われてきた言葉で表現されるわけではないけれど、現代日本社会には階級格差があり、搾取があり、政治的支配と社会的・文化的抑圧が存在すること、しかもこれらに由来する苦難と矛盾とが自分たちを直撃していることを、リアルに感知し表明もしている(4)――それが認知のパラダイムシフトです。言い換えれば、社会認識のラディカル化です。旧態依然たる若者像にとらわれたままだと、この変化を見過ごしてしまうことになります。

(5) 若者にとって民主主義とは

ではそのような社会認識のラディカル化は、実際に社会を変えるはたらきかけ、運動（実際に変えるためには政治的アクションが不可欠な一環としてふくまれていなければなりません）と、どれだけ、どのように結びついているでしょうか。

前述した意識変容と政治的現実との間にギャップがあるのは事実でしょう。いま進行している安倍自民党政権の政治と若年層の意識変容とは乖離《かいり》しています。社会認識のラディカル化が、「既得権政治の打破」といった主張に引きずられ、橋下型ポピュリズム政治に回収されてしまう危険性も少なくありません。問題は、もはやこれまでの日本社会の延長線上に自分達の未来を展望できない若者たちのリアルでラディカルな意識が、「もう一つの社会」をつくりだすために必要な「政治」の発見・創出につながるかどうかだと思います。

政治を生活現実の変革に有用で不可欠の「舞台」として意味づけ、築いてゆけるかどうか、ということです。若者たちをどうやって政治的課題に動員するかという狭い見方ではなく、若者たちが望む社会変革を現実化できるような政治の場をどのようにつくってゆくのかが問われています。

こうした政治の場をつくる運動圏の技法（アート）という意味での民主主義について最後に考えてみます。

一つは、民主主義のラディカルでアクティヴなあり方が求められているという点です。若年層の窮迫が、根源的には、今日のグローバル資本主義とその秩序を維持する新自由主義政治に由来することはあきらかです。現代日本の若者たちが感じ示している現状への違和感や憤懣は、そうした秩序にたいする対抗性を帯びており、資本主義システムそのものへの不信や非同意の面をふくんでいます。若者たちが生きている社会的、経済的現実にたいするリアルで徹底した批判をつらぬくという意味でのラディカルな姿勢を薄める「配慮」の必要はなく、またそうするべきではないのです。

とはいえ、きびしい現実をリアルに知れば知るほど出口が見えず、意気阻喪する状況もあります。たとえば、ブラック企業はおかしいと感じても、ブラック企業を根絶する保障が見えない以上、きびしい現実を知らされるだけでは不安と忌避感だけが強まることになりかねません。しかしまた、自分たちに迫られている問題を「誰か」が解決してくれると期待するのも幻想にすぎないことを若者たちは実感し始めています。

各人が生きる場と社会的・政治的行動の舞台とをつなげる多様な回路が身近につくられていれば、自らの力で問題を解決する具体的な経験を積めるはずです。脱原発運動のような大きな政治的アクションのみならず、貧困克服の支援活動、地域社会の再建につながるまちづくり運動など、広い意味での社会的活動の場に参加する若者たちの経験が重要なのは、この意味でのアクティヴな民主主義を体感できるからです。生活のあらゆる場面で生じる問題についてどこからでも行動を起こせる、より一層多様な回路を編み出すこと、支援することが重要だと思います。

(6)「安心距離」を保障する作法

政治の場をこのように広げる民主主義に求められるもう一つの特性として、「安心距離」あるいはコンタクトゾーンの確保という点を挙げたいと思います。

問題を共有する者同士がともにその解決をめざして行動するプロセスは居場所機能をふくんでいました。居場所機能は問題を共有すれば保障されるわけではなく、その場にともにいられるための土台が不可欠です。「いじめ」が友人間で起きることからわかるように、「その場でともにいられる」条件は、とりわけ若者の間では複雑で繊細です。孤立しない、一人でいても気楽（昼食を一人で食べても大丈夫なことが高校選択の動機になるくらい重要です）、余計なことは聞かれない、意見をはっきり言ってくれる、気の進まぬことを無理強いされない……これらをうまく確保できるような民主主義のあり方を、「安心距離」ないしコンタクトゾーンの確保と呼んでみました。

「安心距離」の個々の中身は矛盾するようでもあり、複雑にみえます。問題が現れ、それにかかわって背景のちがう人々が集まる「場」の文脈はそれぞれに異なりますから、「安心距離」のつくられ方がちがうのも当然です。

ただし、「その場でともにいられる」ために、権威主義的な力、秩序が有害である点は共通です。権威主義とは、あからさまな「上から目線」の指導（助言）といったわかりやすい状況だけでなく、たとえば、ヴェテランの活動家が何でもでき解説してくれるスーパー活動家に見えるような状況をも指しています。「若者はネット（サブカルチャーにくわしい……等々）が得意」といったステレオタイプの類型化に透けてみえる「評価」の姿勢も権威主義的で、「安心距離」を損なうものと言えます。

「安心距離」ないしコンタクトゾーンの確保は、若者を運動の場に惹きつけるための手段ではありません。たがいの尊厳を認め守ることのできる関係を具体的に築いてゆく探求であり、運動の場でこそ鮮明に現れる民主主義豊富化の課題なのです。

若者たちの社会的・政治的意識のラディカル化がすすみ、社会運動、政治行動への参加が広がるなら、その動向は支配層にとってより強い警戒の対象となります。改憲や社会保障改悪に突き進む安倍政権の政治路線は、これに反対する勢力と運動とを押さえこむ政策をともなっています。

若年層が社会的・政治的関心をもちそれを行動につなげる回路にたいしても、種々の抑圧と攻撃が加えられる危険があると感じます。学校教育の領域では、社会・政治意識の民主主義的な涵養を妨げる方策が矢継ぎ早に打ち出されています。それらは現在の権威主義的で新自由主義的な支配が持つ脆弱さの現れですが、アクティヴな民主主義の可能性を押しつぶす政治攻勢、攻撃であり、軽視できません。

社会・政治問題のそれぞれのテーマにたいするとりくみ、運動とならんで、民主主義の豊富化・社会的再定義を組みこんだ民主主義擁護の運動化が、とりわけ若者たちとともにとりくむ運動場面に共通する緊急の課題となっていると思います。

【注】

（1）ここでは触れられませんが、この体制は、資本の攻勢による労働運動の弱体化と市民主義の変容に加え、政治・社会問題領域からの若者の排除によってつくられたものです。

（2）湯浅誠他『活動家一丁あがり！　社会にモノ言うはじめの一歩』で報告されている若者の姿からは、そうした解放的経験を積むことと組織することの意義がつたわってきます。

（3）ネットトを中心に無数に広がる趣味的集まりは、時に万単位、10万単位の規模にまで及びます。コミックマーケットに集う数十万の若者のように。

（4）若い作家たちの「お仕事小説」と称される作品群やライトノベルにもこの状況はよく反映されています。

6　アンダークラスでもなく国民でもなく——若者の政治的身体

はじめに——政治に無関心な日本の若者？

「若者は政治に関心がない」という通念は、幾重にも折り重なった誤解に支えられた神話にすぎない。たとえば、この場合の若者はそれ以外の「大人」に対比されているが、大人が政治的関心を持ち若者はそうでないという断定は成り立たないだろう。そもそも「若者」を一括して扱えるのかという疑問も湧く。民主党であれ自民党であれ、三〇代、二〇代の議員、候補者が次々に生まれており、既成の政治舞台への参加をめざす若者やその予備軍、支持層が減っている兆候はみられない。そもそも、「政治に関心がない」と決めつけるときの「政治」とはどのようなことがらを指しているのか、これも曖昧ではないだろうか。政治家をめざす先述のような若者たちが増えることを政治的関心の増大と考えてよいのだろうか。若者の政治的振る舞いとしてどのような行動・行為が想定されているのだろうか。小泉劇場と呼ばれパフォーマンス政治などと呼ばれた政治的スペクタルが関心を集めることは「関心の増加」といえるのか……。

たちどころにいくつも挙げることのできるこれらの疑問にもかかわらず、若者の政治的無関心という命題は広く信じられている。格差と貧困の拡大が若年層を直撃するようになったこの一〇年有余のあいだに、いわゆるロスジェネ世代を中心とする反貧困運動などが登場し、若者の政治的行動にたいする社会的関心がそれ以前よりも高まったことは事実である。とはいえ、その事実にしても、相対的には少数者の運動と受けとられており、「政治的関心がない若者」という強固なイメージを揺るがすには至っていない。本論はこのイメージに疑義を呈し、現代日本の若者たちが身に帯びる政治性とその表明様式とについて検討を加える。

政治的に無関心な日本の若者たちという断定が実際に意味しているのは、日本社会では、青年層の政治的振る舞いがみえていないということであろう。若者たちがどんな政治的関心を抱きそれをどのように表明しているのかについて感知しつたえる「土壌」がきわめて貧弱なのである。若者の政治関心を云々する以前に、彼ら彼女らの政治性を受けとめる社会の側のセンサーが脆弱だということである。とはいえ、この見解にたいしては、若者の政治的メッセージをつたえようにもその事実自体が少ないではないか、という反論がただちに予想される。実際、雇用の不安定化をもたらすCPE（初回雇用契約）制定に反対したフランス高校生の大運動[1]などとくらべると、日本の同世代における政治行動・経験の乏しさは歴然としているように映る。イラク戦争反対といった反戦運動であれ、途上国労働者の搾取への抗議（たとえば、ナイキにたいする米国等での大学生の）やリヴィング・ウェイジを求める運動であれ、欧米諸国では青年層の大規模な参加がつたえられるのに比して、日本ではそういうことがない。政治的舞台での改憲動向が表面化して以降日本全国に広がった九条擁護運動は憲法改正にかんする国民意識を変化させるほどの規模を持つが、運動の中心的担い手は中高年層であり、若年層の参加は少ないとされる。社会・政治運動の規模について同じ尺度で評価するかぎり、日本の若者たちの政治的不活発は明白な事実としか言いようがなくなる。アクティブな行動の種類を数え上げるだけなら、日本でも欧米社会と同じだけの活動を指摘できるかもしれないが、社会的、政治的影響力を考慮した評価となれば彼我のちがいはあまりにも大きい。それゆえに、「日本の若者はなぜこれほどまでに非政治的なのか」という懸念や疑問が提出されるのである。

「非政治的な日本の若者」という評価、イメージには、「世界でもっともすすんだ消費文化を謳歌する日本の若者」というカウンターパートが付き随っている。マンガ、アニメなど、日本の青少年文化が輸出され始めた時期には、それらの文化もまた、社会人としての未熟や幼稚を証明するものとして、非政治性の一環（政治的社会化を遂げることのできない子ども）とみなされてきた。宮崎駿作品が「国民アニメ」の地位を獲得し、青少年「サブカルチャー」を政府が有望な輸出産業とみなすようになった近年ではこの様相がやや変化しつつあるにせよ、「すすんだ消費文化」が政治文化の貧しさという認識と相補的な位置におかれている事情は変わらない。日本で若者たちが自ら開催する最大の「大衆集会」は東京有明ビッグサイトで開催される年二回のコミケであり、数十万人に達するその規模は、かりに社会運動や政治集会がその規模で継続的に開かれるとしたなら、社会的な注目を浴びることは確実であろう。しかし、文化イベントとしてのコミケは、コスプレ・ブースの設置など、ときどきの目新しい話題が風俗現象の一つとしてつたえられるにとどまってきた。要するに、社会的影響力を持たない奇異なサブカルチャーに日本の若者たちは浸っているという理解である。（いわゆるネット右翼にかんする議論は、その評価の当否は別として、サブカルチャーが育てた日本の若者たちの政治性に注目しているが、非政治的消費文化に耽溺する若者という全体像をくつがえすものではない。）

消費文化を謳歌する日本の若者という像は、このように、「非政治的な若者」という認識を強化するイデオロギー的な役割を果たしており、若者たちが持ち合わせているかもしれない政治的志向を覆い隠している。「非政治的な若者」という像は、この意味で、強い政治性を帯びているのである。そこで、「社会的・政治的関心を持たずそれぞれの趣味、楽しみにだけしか眼を向けようとしない若者たち」というポピュラーな像がどのような政治性を帯びているのか、その事情についてみてゆくこととしよう。

（1）若者の政治的〈身体〉をとらえる

①政治的無関心か政治的閉塞か？

アンドレア・G・アライ「九〇年代日本の〈野蛮な・野生の子ども〉the Wild Child」[2]は、九〇年代をつうじてもっとも重要な少年事件とされる神戸連続児童殺傷事件（1997年）が引き起こした社会的反響、とりわけ「何をしでかすか予測できない不気味な子ども」という言説の浸透について検討を加え、これが子どもたちを「ナショナルな主体性」a national subjectivity へと押し上げてゆく政治的回路を開いたとする興味深い主張を展開している。英語でのワイルドという一語が、プラスの意味を帯びた野生と、野蛮・凶暴というこれと対照的な表象とに分裂する様相を浮かび上がらせるために、アライは、宮崎駿「もののけ姫」に登場するサンという野生児と神戸事件の少年Aとを対比させ、九〇年代末の同時期に「子ども」観念をめぐって無自覚な分裂が出現したことを指摘する。山犬に育てられた自然児として描かれるサンが了解可能な存在（飼い慣らされた野生）であるのに比し、一見普通の教育を受けて育った少年Aの行為は不可解で不気味であること――アライはこの事態を近代における「野生」観念にこめられていた両義性、葛藤の顕在化ととらえ、さらに、神戸事件の衝撃は、世論を少年Aが具現化してみせた「子どもという存在」"the child"の「わからなさ」を解消しようとする強迫的な追求に向かわせたと指摘する。少年Aの両親による公刊された手記（『この子を残して』）を検討することで、この強迫的な追求の特徴を浮き彫りにするアライの分析は有益だが、ここでは触れえない。本論とのかかわりで重要なのは、以下のようなアライの認識である。すなわち、「子どもを理解しよう」とするそうした追求こそが、社会に危害を加える恐れのない子どもへの馴化という方向づけにそった社会化の像を背後にそなえていること、また、そうした方向づけが九〇年代における国民的主体の形成という政治的課題につながっていたこと、がそれである。

子ども理解や子育て対策がナショナルな枠づけのなかで進行する事態はみえにくい。それは、アライのいう「子どもという存在」にたいする注目がもっぱら文化的次元で位置づけられているためだ。「〈子どもという存在〉は、国家—政治的なもの the national-political の領域からの文化的なものの領域の分離を自然にみせる」[3]ために、子ども心理の追求や子どもへのケア、家庭内の子育てにかんする言説等々を方向づけるナショナルな枠組みがみえにくいからである。神戸事件は、アライの指摘に拠るまでもなく、少年司法の厳罰主義化をもたらし、社会秩序への馴化を核心とする子どもの統制とこの線にそった子ども像の転換[4]とを促進した。安倍政権時の教育再生会議が提案した子育ての指針（「毎日一度は子どもを抱きしめよ」等々の家庭、母親にたいする子育て方針の押しつけ）は、このみえにくい統合作用があからさまに露呈した例であるが、これにかぎらず、子どもという存在をめぐる「文化的」次元の言説ことごとくに、実は、〈国家—政治的なもの〉の作用がはたらいている。そして、アライの提起したこの観点を若者像にも援用するならば、「消費文化を謳歌する非政治的な若者」という規定が極度の政治性を帯びていることも推測できるだろう。若者の政治的無関心という通念は、この事情を考慮するなら、若者たちの性向に帰せられる問題ではなく、むしろ、政治的閉塞状況におかれた若者たちの現実を彼らの性向の問題に転倒してとらえる錯誤というべきではないか。そしてこの錯誤には、政治的に鈍感な存在であって欲しいという支配権力の要求が強く作用していることも見逃してはならないだろう。

現代日本の若者がおかれているのは、こうして、文化的洗練が政治的未熟と不可分に結びつけられるような構造を媒介として政治的表明の可能性が現実的にも心理的にもきわめて狭い範囲内に押しこめられてしまう事態にほかならない。それゆえ、求められるのは、この閉塞を解き放って政治化のオルタナティブ回路を拓くことであり、若者の「政治的身体」を認知／承認する社会的実践の追求である。若者であれ他の誰であれ、アクティブ、無関心等々の評価・方向づけをつうじて政治的位置づけを付与されており、この位置づけを現に生きている。その意味で人はつねに政治的存在であるが、ここでの「政治」とは、限定された政治舞台や政治領域、政治活動を意味するのではなく、ある政治秩序のうちに位置し生きる状況そのものを指す。身体という比喩を用いるのは、日本の若者がおかれるこの位置が、すでに述べたように、徹底して非政治的に扱われてきたからであり、この位置誤認を正すために、政治性の問い直しを試みたいからである。

②政治化の回路を拓くとは

政治化のオルタナティブ回路を拓くとは、教育等々のはたらきかけをつうじて若者たちに政治的自覚を促すこととは異なる。「子どもの意見表明権」が「子どもに自分の意見を言わせること」ではないように、若者の政治的社会化にとって必要なのは、彼ら彼女らの政治的意思表明を求めることではない。必要なのは、個人であれ集団であれ、規模の多寡を問わず、もろもろの表出行為を政治的舞台の主題として位置づけ、汲み取ってゆく創発的な回路の構築である。この点を自覚できず、「意見があるならそれを出せばいいのに」などと述べる大人の物言いは、自らの政治的意思を表明できない若者という像を暗に想定しており、若者の存在を非政治化する機能を帯びてしまう。そうではなく、政治的〈身体〉を認知／承認する仕方での接近が必要なのである。たとえば普天間基地問題について高校生の政治的〈身体〉を認知／承認するとは、集会での恰好の絵柄として高校生の発言をつたえることではなく、沖縄高校生がとらえ考える普天間基地問題をつきとめ集約して政治的舞台における一つの主題とすることである。こうした努力を抜きにして、彼らがこの主題について意思を持たないと断定はできない。現在の問題は、何よりもまず、社会に課せられたこの努力が果たされていないことである。政治化の回路を塞いでいるのは、この意味で、社会の側であり、若者たちを非政治的なあり方にとどめる強力な装置が作動しているというべきなのである。

このような回路の欠如は、基地問題という、とりわけて政治的な主題にかぎってのことではない。たとえば、現在の異常な「シューカツ」は、これに翻弄される若者たちにとってあきらかに疑問の対象であるが、そうした疑問を社会問題として政治化する機会、手段はまったく閉ざされている。どれだけ疑問があっても、個人的に試練をやりすごす仕方でしか対処できず、またそのように対処するよう誘導され「洗脳」される⑸。ことがらの政治的次元を自覚し具体化する回路を塞いでおいて、「日本の若者はおとなしい」などと苦言を呈するのは犯罪的とさえいえる態度だろう。

政治的閉塞がこのように強固である以上、自ら声を挙げ、運動しなければ活路は開かれないと言われれば、それはそのとおりである。政治的影響力の行使は自分たちで獲得するもので、あらかじめ制度がそれを保障するわけではない。それは正論だが、だからといって若者たちに「政治的閉塞を突破する力をつけて欲しい」とだけ注文してすませるのは悪しき現状追随主義というべきであろう。この態度にひそむのは、「本来声を挙げるべきひどい閉塞状態におかれているのに、その声を出すことのできない無力な若者」という前提である。政治的閉塞という言葉がこの図式の下で使われると、問いただし追求すべき課題が逆転してしまう。「なぜ声が出せないのか、出さないのか」を若者たちに向け、政治化の回路を遮断する社会秩序の歪んだあり方の方は不問に付されるからだ。問題は「声の出し方」の側に引き寄せられ、「実際に出している声」（政治的身体から発せられる多義的でそれゆえに政治的可能性を孕んだ表出行為）をポリティクスの枠内へと位置づけ受けとめる社会技法の貧困が質されることはない。それどころか、若者たちが「実際に出している声」は、アライが分析してみせたように、〈国家—政治的なもの〉から分離された文化的領域のイッシューへと縮約され矮小化される。政治社会を基底で支えているはずの政治的身体は非政治的個体へと翻訳され、そのことによって、逆説的な政治性（「非政治的な若者」という像の持つ政治性）を帯びるのである。

政治化のオルタナティブ回路を拓くためになすべきことは、したがって、政治的身体が表出する行為の現場に近づくこと（実際に出している声を聴きとること）、「実際に出している声」を政治のアリーナに位置づけるうえで欠けている「装備」を発見すること、どうすればそうした「装備」を補給できるかについて検討すること、でなければならない。そこで以下ではまず、「実際に出している声」を聴くとはどういうことか考えてみよう。

(2) 社会的現実の組みかえをめぐる対抗

①「この現実をみよ」という端的な声の意味

若者たちの「実際に出している声」が政治的に汲みとられた最近の事例として、もっともみやすく、また広く知られるようになったのは、日比谷派遣村に象徴される反貧困運動だろう。派遣村運動の政治的イマジネーションは、第一次世界大戦後の米国における帰還兵村や三〇年代世界恐慌にさいしての同じ米国でのフーヴァー村（失業者村）の系譜に属する。つまり、戦争動員や失業等々の社会・経済的な原因によって深刻な被害を受けながら、その困難が社会に受けとめられず見すごされていた状況を転換する運動であり、隠蔽された困難・問題を支配的秩序につらぬかれた社会空間の場に可視化させた点が、この系譜の運動をとらえるうえで重要なポイントである。(6) 個々の企業による「派遣切り」はリーマン・ショック以前から存在していたにもかかわらず、それらは、社会的不正として認知されるにはいたらず、問題を現場でいちはやく感知したユニオンや相談組織などの対処に任されてきた。「実際に発している声」の多くは看過され、個人的解決の次元に押しこめられてきたのであり、「ここに問題がある」と事態を直接に指し示すはずの社会的現実は、たんに隠蔽されているというだけでなく、抹消されていた。可視化の回路を築くことは、したがって、ないことにされてきた現実を回復させ、支配的現実（「派遣切り」等々の事実を切り捨てることで構成された現実）の変更を余儀なくさせることになる。

「この状態が現実だ」あるいは、誰かが「こんな状況におかれてある」と端的に述べるいとなみは、したがって、社会的現実の組みかえ要求という性格を帯びている。告知や告発にとどまるのではなく、その事実、状況をつたえられた「社会」に自らの当事者性を認めさせ、対処の責任を負わせるという意味での組みかえ要求である。雨宮処凜など、自らもロストジェネレーション世代に属する運動家・報告者による反貧困運動は、格差論壇などと一括され、これに告発という以上の意義を認めようとしない論調があるが、それは大きな誤りと言わねばならない。現実を端的に示すことが組みかえ要求として位置づけられないのは、そのように声を挙げた当事者の問題ではなく、突きつけられた現実を受けとめ既定的現実を組みかえようとしない社会の側の問題であるからだ。「実際に出している声」への接近がもしも告発にとどまっている（とどめられている）とするなら、指摘された事態への応答を促された社会の側の不作為こそが問題にされねばならない。社会的現実に直面するとは、そうした応答責任の範囲内に自らをおくことであり、「社会」をしてそうした位置におかせる（派遣村住人に直面した厚労省が寝場所を提供せざるをえなかったことは、こうした直接性＝当事者性の性質を垣間みせた）ところに、「こんな状況におかれてある」と端的に述べること、すなわち発する声の直接性が持つ威力がある。(7) 若年労働者の困窮を具体的につたえる雨宮の報告に付された「生きさせろ」というタイトル（雨宮処凜『生きさせろ！　難民化する若者たち』太田出版、２００７年）には、社会的現実の組みかえ要求が持つ、このパフォーマティブな性格がよく示されていよう。「この状態こそが現実だ」と述べることは、たとえそれが少数者（とみえる）の言説であろうと、現実の組みかえを求めるパフォーマティブな性格をひそませており、それゆえ、既存のそれとは異なる政治的回路を拓く一つの可能性なのである。

「生きさせろ」という端的な要求が向かう先は生存の条件を整えるべき社会であるが、もちろん、この要求が受け入れられるとはかぎらない。しかし、抹消されてきた現実を突きつけられた社会がこれに対処するあり方は、組みかえ要求を拒否する場合であっても、ことがらの政治的性格及び対処の振る舞いの政治性をあらわにせずにはおかない。そうであるからこそ、この新たな政治的回路に引き入れられることを警戒し忌避する試みもまた強化される。「この現実を見よ」という声が政治的身体から発せられるリアルな関係を歪め、迫られている応答の次元を回避する非政治化の操作がとられるのである。端的な異議申し立てを「告発にとどまる」として既存の言説次元の一部分へと押しこめること（告発型の運動といったステロタイプの理解）も、非政治化のイデオロギー操作にほかならない。「なるほどそういう事実はある」と事態への認識を共有しているようでありながら、異議申し立ての政治的核心すなわち新たな現実認識に立つかぎり必至であるはずの現実変更にかんする検討を主題にふくめようとしない。現実の認知をめぐる政治的対抗の下では、こうした振る舞い自体が政治的性格を持っており、パフォーマティブな言説の政治的可能性を無力化させてしまう。非政治化を促す政治的操作が「言説の政治」としてはたらいているのである。

②政治的身体が発する声に接近するということ

派遣村運動にせよ、反貧困運動家・報告者の言説にせよ、「実際に出している声」の代弁ではないのかという、いま一つの疑問についても触れておこう。ガヤトリ・スピヴァクらがすでに論じた、「語りえないサバルタンの声をどうとらえうるか」という問題である。

思うに、語りえないサバルタンを代弁することへの非難（啓蒙主義批判）は、結果的には、サバルタンを語りえない状況におき続ける政治の一部をなす。「代弁すること」がはたして「声なき声」をよく聴きとっているかどうかという問いかけには、たしかに意味があるだろう。けれども、代弁の虚妄を言い立てることによって沈黙を沈黙のままにとどめおく振る舞いは、場合によっては、代弁すること以上に抑圧的である。そうした振る舞いは、「沈黙」の背後にサバルタンの主体（自ら意志して黙っている存在）を想定しており、「沈黙していること」が「沈黙させられていること」と不可分である状況（閉塞とは、各人の意思とその表明とを禁圧する状況との、こうした不可分の関係を指している）を、無自覚にであれ意識的にであれ、看過している。問題の出発点は、「そもそもサバルタンの声を代弁しえないとすれば、サバルタンの声（沈黙）はいかに聴きとられるか」ということであった。この問いへの応答を試みようとする運動／言説にたいして、「いかなる言説も代弁しえない」という非難を向けるのは、この実践的問い自体を拒絶することにほかならない。そうした拒絶が、右の閉塞を再生産する点で強い政治性を帯びていることは明白であろう。その政治的機能は、「沈黙させておくこと」にあり、つまるところ、サバルタンの「主体」を認めるという偽装の下に閉塞を維持することに向けられている。

「発せられない声を聴く」というアポリアには出口がないように思える。発せられない声はそもそも代弁などできないから、「いかに聴きとるか」という問いはどこまでも解答不能な問いでしかない。「実際に発している声」に接近する運動／言説の意義を否定しないとしても、当事者の何らかの声が存在しなければ要求が認知されることはない。「生きさせろ」という端的呼びかけ（カミングアウト等々）が感知されるときにはじめて接近が可能になるのだ……。もしこう考えるなら、サバルタンの声に接近しようとする運動／言説もやはり、「声を出せる主体」を想定しているのではないか。そしてそうだとすれば、きわめて深刻な被害、抑圧をこうむっているために声が出せない当事者（宮地尚子の言うゼロ地点におかれた被害者[10]）の声であるほど聴きとれないことになるのではないか。

認識論的アポリアのかたちで提出された問いには、こうして、もっとも深刻な被害、抑圧に直面しているがゆえに深い沈黙に沈んでいる存在の問題がひそんでおり、そうした存在の声は聴きとられないという現実の困難（アポリア）が反映されている。「実際に発している声」への接近という運動／言説戦略を捨てることなく、この困難を突破することはできるだろうか。

筆者がここでいう「実際に発している声」とは、政治的身体の表出としての「声」であった。身体という比喩を用いたことからわかるように、ここで問題としている「声」は、ギデンズの言う再帰的自己が発するそれではない。したがって自己認知や自己言及の次元をふくんだ言説の枠内には収まりきらない「声」を意味している。若者の政治的身体とは、各人の意思とこれを抑制・抑圧する状況との不可分の関係を生きている「身体」であり、閉塞／葛藤の内側にある「身体」である。そしてそうした「身体」のリアリティにそった表出は、『生きさせろ』と叫ぶ主体によって整理された言説のさらに外側にまではみ出している。若者の政治的身体が非政治的個体へと翻訳されていたことを想起しよう。この状況の下で、政治的身体の表出とは、非政治的な身振りや生活言語の平板な日常性のなかにありながら、自らの現実にそくしているがゆえにそこから染み出してくる心性と言葉とを指す。このように「声」をとらえるならば、構造改革時代における若者たちの日常には、政治的身体の発する声が満ちあふれていると言えないだろうか。たとえば、バイト先の笑えない現実[11]に焦点が当てられた失敗談のなかにも、切り詰めた生活状況[12]を暗示する都市伝説的なマヨラー説話等々にも。

政治的〈身体〉の表出する声に接近するとは、したがって、「理想的発話状況」（ハーバーマス）が前提されない現実（生活世界）のなかにある声に接近することであり、沈黙（そこで言われなかった、語りえなかったことがら）をもふくめた「表出」を感知し、つかみとることである。この意味での接近を果たす運動／言説[13]は、客体として固定化した声の採集者という位置にあるのではない。そうではなく、運動／言説の接近がなければ「声」もまた構築されない——そうした関係に位置するものである。この実践的関与の次元に位置する運動／言説は、その場で出会う身体の表出をまさしくそれとして響かせる、いわば感度のよいスピーカーなのであり、接近／受容をつうじてはじめて構築される声の「主体」を創発的に出現させ可視化させる媒介―関与行為である。「実際に発している声」とは、このメカニズムをつうじて構築された声にほかならず、当事者と運動／言説とを実践的にも認識論的にもあらかじめ切断してとらえる仕方では、政治的身体の表出としてのこの声の性格を見誤ってしまう。

ここまで述べたことからあきらかなように、政治的身体の「表出」という過程において重要なのは、表出を可能にする前述の構築が政治的身体の特質なり性格なりをはじめて浮き彫りにするという関係である。運動の作法として語られるエピソードのなかには、しばしば、この関係が見事に表現される。たとえば、団体交渉、街頭宣伝等々の集まりの後で行う路上の総括について。路上で行うのは、手近な店に行くだけの金が参加者にないからであるが、この事情を無視する集まり方（「打ち上げ」と称する集会後の集まりはどこでもみられるはずだ）は、数百円の金が使えない参加者を結果的には閉め出すことになる。望むかぎりどこにでも参加できる状況がどれだけ、どのように確保されているかは、政治的身体の現れ方に不可分に結びついている。声の構築の現場でつかみとられた経験は、このように、若者たちの非政治化され、不可視にされた政治的身体を自ら取り戻させる手がかりとなる。付言すれば、政治的身体のこの意味での回復にとっては、運動文化のみならず、表出を可能とするような社会・制度空間の構築もまた意義を持つ。「路上」にかぎられず、彼らが金をかけず集まれる自由なスペースを社会が保障できるなら、それだけ政治化の回路は広がるからである。

（3）若者をどのようなエイジェンシー（行為主体）としてみるか

①他者としての若者像の誤り

「実際に発している声」への接近をこのように理解するなら、「当事者の生の声を聞く」といった「素朴」なアプローチにひそむ危険性に気づくはずである。若者たちの貧困な現実への注目は、たとえば、ニートやフリーター、ネットカフェ難民等々を、そうなって欲しくない存在、そうありたくない存在として対象化し、類型化する。きびしい現実が強調されればされるほど、そのきびしい状況に陥った若者をそうでない「普通の若者」から切り離してカテゴリー化する。「働く意欲のない若者」という否定的な特徴づけをともなうニート観念のみならず、貧困の現実を打開しようとする善意の立場からの接近であっても、特殊とみなす存在を切り離す操作の点では変わりがない。

「普通の現実」を生きる多数者には想像もつかない「悲惨な現実」という境界分けを前提にして「悲惨な現実」を解消しようとする発想には、このように、「悲惨な現実」を生きる人々の「リベラルな他者化」（ジョック・ヤング）をもたらす罠がひそんでいる。リベラルな他者化とは、「物質的ないし文化的な環境や資本の剥奪によって生じる不利な立場」におかれた人々は、「もしこれらの環境が改善されれば、…われわれのようになる」[14]という認識によって、自分たちとは異なる存在として貧困層等を扱う仕方である。他者化のイデオロギーが支配する下では、「悲惨な現実」の下におかれた存在は、いったん悲惨な存在として固定され、アイデンティティを付与され、そうなってはじめて、救済や支援の対象とみなされる。若年層の問題にそくしていえば、たとえば、社会的に無力なあり方や劣悪な労働条件等々が「悲惨な現実」に当たるのだが、その悲惨な現実を生きる存在としてフリーターやニート等々が形象化される。このため、フリーターがいかに劣悪な処遇の下で働いているかなどとどれだけ力説しても、他者化を暗黙の前提としているかぎり、フリーターやニートになってはいけないというメッセージがつたえられるだけなのである。

社会生活上、精神生活上の諸困難を抱えた若年層を類型化することには、右に述べた危険性がつねにつきまとう。欧米青年論におけるアンダークラス論や社会的排除論はその典型的例と言ってよいだろう。道徳的アンダークラスとして貧困青年層を扱う保守派の議論はもちろん、社会的に排除された存在である若者たちに社会参入を促す社会的排除・包摂論[15]の場合でも、若者たちをそのようにカテゴリー化することによって社会的統合の対象に据える。つまり、社会が適切な措置をとらなければ救済されない存在として若者を扱い、そのことによって社会秩序の正当性があらかじめ担保されてしまうのである。

日本における若者認識についても同様の問題を指摘できそうである。九〇年代後半以降の構造改革時代に生きる若年層が、経済的にも社会的にも、きわめて不安定な状態におかれていることは事実である。しかしその不安定さを彼らの集団的属性としてアイデンティファイするにとどまるなら、「この危うい集団を安定した秩序内にいかに導くか」という政策課題を誘導することになる。「不安定な若者たち」の認知は彼らを社会的主体として承認するかにみえるが、そこでの「主体」には、すでに、既存の秩序への馴化という方向づけが内包されている。すなわち、不幸なアンダークラスの常態を脱するために努力すべき存在という主体像が内包されているのである。これは単なる事実の認知ではなく、ヤングの言う「他者化」のメカニズムにそった認知だと言わねばならない。

このような「他者認識」に立つ若年層対策は、困難を抱えた若者たちを客体化し、クライアンテリズム型のスキームによって彼らを「救済」しようとする。この種の支援では、当事者への接近は、前に述べた意味での声の構築ではなく、適切と判断されたニーズを満たす救済資源の運搬以上には出ない。実際の支援活動にさいしてこの構図がしばしば乗りこえられ、声の構築に近づくことはあるにせよ、認識のうえでの〈ニーズ把握―救済〉構図は決して破られない。支援することが同時に支援を必要とする当事者と支援を差し出す社会との関係を組みかえるような、前節での「政治化」回路にはならないのである。それどころか、政治的身体のまだ見出されていない大きさを、支援する社会の側の構図にあわせて制約しさえする。たとえば各種の自立支援型政策[16]にあっては、困難な環境から脱しようと努力する人間だけが支援対象に抽出されるスクリーニングが生じる。先の認識構図にしたがえば、劣悪な環境こそが問題であり、これを解消する支援策にもかかわらず、「自ら支援を受け入れない（裏切る）者」は支援対象とする意味がない、ということになるからだ。２０１０年の公設派遣村開設にさいし、交通費等の支給を受けたまま帰村しない「不心得者」がいるといった誤報が広くつたえられたことや、生活保護を受けながらパチンコをしている等々の非難が繰り返しなされる背景には、支援の手を差し延べる「寛容な社会」に応えるべき困窮者という図式が強固に存在している。

②政治的身体を無きものにする自己操作

もちろん、若年層がおかれた社会的、政治的位置に共通する特徴を取り出すことは決して誤りではないだろう。アンダークラス論のような他者化を拒絶することは正しいが、だからといって、社会から押しつけられた困難、不安定な位置を「個」の次元でのみとらえることは、統治メカニズムであり社会文化的な統合メカニズムでもある個人化[17]の枠内に若者たちの苦難を閉じこめる結果となる。

社会経済的困難にせよ精神的困難にせよ、現代日本の若者たちが自分たちの苦痛を最後まで（しばしば文字通り死にいたるまで）「他人のせい」にしないこと、すなわち、責任を社会の側に求めようとしないことはよく知られている。支配イデオロギーとしての自己責任論が猛威を振るっている証拠として語られるこのエートスについては、ただし、ある留保が必要だろう。すなわち、困難を「わがこと」として引き受ける精神性は、貧困やきびしい抑圧状況にさらされた人々にとって、自らの尊厳を保つ拠り所なのであり、「状況を受け入れる」態度のうちには、そうした尊厳要求が息づいている。支配イデオロギーの浸透という次元でだけこの態度を解釈するのは適切ではない。「虐げられてあること」の自己認知は、自ら状況を引き受ける「主体」の構築を要求し、この機制が自己責任論を内面化させる通路となる。そうであるからこそ、自己に課せられた（と思いなす）責任を解除することはきわめて困難な作業となる。

状況を受け入れ、与えられた状況のなかで何ができるかを求める「戦術」は、自分が何事かをなしうる世界に生の現実（リアリティ）を移行させ局限することによって尊厳を保つという転倒を出現させる。わずかながらも自分が生きられる余地を見出すことによって、自分がそのように生きられる現実を肯定するような関係であり、逆に、この小さな現実内では自分を無条件に肯定できるような関係だともいえる。この関係にあっては、生きるための要求を最小限にとどめること（生のミニマリズム[18]）が自己の尊厳を確保するのに有効であるから、社会的に無力な状態におかれた若者たちにとっては、「何かを要求しないこと」「何もしないこと」doing nothing が自尊心を保つ有望な手立てになる。何もできない（資源を持たない、困窮状態にある等の理由から）現実が彼らを強いるのだが、だからこそ、「何も要らない」と表明することで、「何もない現実」の支配者となれる自己を発見できるのである。消費をしない構造改革時代の若者たち[19]が言外に表明しているのは、たとえわずかでも自分の意思次第でなしうることがら、動かせる現実への渇望ではないだろうか。そうした願望が他者にたいする抑圧を快楽として錯視させることは事実であるから、自分の思い通りになる現実の追求は他者を疎外する政治化の一形態ではある[20]。そのことを踏まえたうえで、自分次第で動かせる状況へのこの渇望が、ほとんど何も動かすことのできない自己の無力（社会的無力）に由来することをみておくべきだろう。「何かをなしうる自己」の徹底した欠落（この事態は社会的承認の欠落をともなっており、日本の青少年の自尊感情がきわだって低いことはこの欠落を反映している）こそが、意のままになる現実への夢想を育てるのである。

政治的身体のありようにそくしてこの事態（転倒）を述べるならば、政治的身体を非政治化する〈自己〉操作と言うこともできよう。もちろんここでいう〈自己〉は、自分に関心がある「面白いこと」しか選択しない非政治的主体などという存在ではない[21]。社会的無力性が強いるエイジェンシーとしての自己であり、操作もまた、可能な夢想へと自らを誘導する状況の力（動かしえない現実内におかれてあること）と不可分の振る舞いである。選んでいるのではなく選ばされているのでもないエイジェンシーのありようは、この場合にもつらぬかれている。そしてそれゆえに、後述する政治領域の拡大とは逆に、どんな問題に直面してもことがらを政治的次元から遮断することの可能な文化―意識機制がかたちづくられるのである。

③普通に生きられることを求める

「私は、この裁判で何か特別なことを要求しているのではありません。私はただ普通に働きたかっただけです。ただそれだけです。普通の人が普通に働いてなぜ苦しまなければならないのでしょうか。」（SHOP99裁判原告意見陳述）

いわゆる名ばかり店長として酷使されたあげく病に倒れた青年[22]のこの陳述では、自らの尊厳の要求が、他の人々と同じように「普通の労働者」として扱われるという地点に定位されており、「特別な誰か」ではなく、「普通の人々」の一員へと自己を位置づけ直すことが尊厳を承認させる目標となっている。前節で述べた自ら状況を引き受けるエートスの延長線上に、「社会（他者）にたいする私（個人）の要求は当然だ」という社会化された要求の次元が位置づけられている。そして、「私を普通に扱え」というこの要求は、「他の労働者もまた私と同じように扱われるべきだ」という要求を同時に表明しているのであり、承認要求における平等主義の感覚が鮮明に表れている。各人に引き受けられた困難（それぞれの「顔」を持つ困難）を、他者化の認識構図とは異なる仕方で「共同化」し、位置づけ直そうとする志向である。

承認要求のこの平等主義は、個人を主体として構築する心的回路としてのみ理解すべきではない。「誰もがひとしく認められてあること」（この承認要求は無論、そうした状態を可能とするための再分配要求と切り離すことができない[23]）の実現は、個に焦点化された主体化の回路には狭められない豊富さをふくんでいる。豊富さとは、つまり、いずれは主体へと昇格すべき「個」を暗黙裏に想定せずとも相互承認を可能にする創発的な機制を意味している。「私を認めて」と要求することが「普通の誰か」でありたいという目標（無名性の要求）につながる。「私」と他者とのこの結びつき方には、「自分さがし」の時代とはあきらかに異なる「個」の位置づけや社会的世界の獲得に向かう精神的回路をうかがうことができるだろう。

自分の不幸が自分一人だけのものではなく他者のそれと「連帯」していること、したがって、不幸からの脱却はつねに社会的性格を帯びていること――これらの発見は政治的自覚と呼び慣わされてきた。たとえば、争議の解決によって自分の損害を回復させるとともに組合活動からも遠ざかるのか、その後も積極的にコミットするのかといった差異は、ここでいう政治的自覚の獲得度合いによって生まれるわけである。階級政治論の言語によってこの「自覚」を説明するならば、即自的存在が対自化される過程ということになろう。

ただし、この過程は、すでに示唆しておいたように、他者（運動／言説）との創発的関与を介して進行する過程であり、眠っている主体を呼び起こす過程、本質の顕現過程として図式化すべきではない。この点を閑却して即自的存在をまだ自覚にいたらない「眠れる主体」とみなしてしまうことは、社会の変革にふさわしい「主体」をあらかじめ想定する誤りに陥る。そしてそうした選別をつうじて、若者の政治的身体を都合よく切り縮めることにもなりかねない。

問題は、社会的主体たることを拒絶され「自覚」もできない若者をどのようなエイジェンシー（行為主体）としてとらえるのか、ということである。政治思想の文脈にそくして言えば、T・H・マーシャルが提起した市民権の「拡大」を、市民（的主体）たりえない青少年の位置づけにそくして考えるという問題でもある。本論の冒頭で示唆したように、政治的陶冶をつうじて市民的主体へと成長するという仮定は、とりわけ貧困と社会的無力とに見舞われている若者たちに当てはめることができない。若者の政治的無関心を言い立てること自体、つまるところ、社会の政治的陶冶機能が失われている事実の表明にほかならない。教育等をつうじて「よき市民」として社会的に行動できる能力を陶冶するという理想はたてまえと化し空洞化している。だからといって政治的陶冶に意味がないと判定するのは飛躍であり、陶冶の空洞化は手法の失敗を示すにすぎないとの判断も可能だろう。はたして政治的陶冶はこの意味で不十分なのだろうか。それとも、陶冶の観念それ自体に問題がひそんでいるのだろうか。

この問いは、若者たちの政治的身体をどのようにとらえるか（そもそも政治的身体の把握自体、既述のような接近ぬきにはつかみえないのだが）と深くかかわっている。社会的に徹底した無力状態におかれてきた存在における政治的身体について、右のような陶冶モデルでは適用できない、というのが筆者の判断である。なぜなら、自律的に判断し行動できる市民（近代的市民）という像に含意された主体は、社会的無力者（無所有者）である若者たちがそこへと向かうべき目標たりえないし、にもかかわらず政治的陶冶がそうした方向づけを行うならば、この理想化された主体から排除される多数のエイジェンシーが出現する。つまり従来の政治的陶冶が暗黙の裡に想定してきた主体像は、この像に合致する一級市民とそうでない二級市民に若者たちを区分するのである。政治的陶冶のこの図式を転換しないかぎり、つまり、こうした主体像の放棄をともなう市民権の拡張を行わぬかぎり、若者の政治的身体は疎外され続ける。

（４）「無力」に支えられる連帯

①無力さの政治的ポテンシャル

若者たちがおかれた社会的無力性は彼らの政治的身体が現れる可能性の幅を規定する。そこで、若者をどのような政治的主体として想定できるかという問いに答えるためには、政治的解放（政治的身体のリアルな現実化）を可能にする場と社会的無力性とのかかわりが検討されなければならない。必要なのは、若者が徹底的に無力化されている事態をそれとしてリアルにとらえながら、そうしてつかまれた無力を若者の属性のように誤認させず、社会の側の欠損へと無力を転轍させる視点であり、現実的回路である。こうした回路が拓かれることなしに社会的無力性が政治化を促す「位置エネルギー」としてはたらくことはない。ということはつまり、この回路次第で、社会的無力性は政治的エネルギーの巨大な貯蔵池になりうる、ということである。

極度に無力な状態におかれていることを政治的解放のエネルギー源とみなすことはしかし、いかにも矛盾して感じられよう。無力であるがゆえに政治的舞台に自らを押し上げられないと考えるのが普通だからである。実際、「若者が怒らない（怒れない）のはそれだけ抑圧が深いからだ」と考える理解者でさえ、怒れない状況（無力性）を政治化の地盤ととらえることには躊躇を覚えるにちがいない。政治化の契機はやはりどこか別のところにあると考えたくなる。無力性は何も産みださないがゆえにそう呼ばれる、というわけである。だが、これまで述べてきたように、若者の政治的身体は無力に貶められた当のその場所にしか存在しえない。自分を解放する主体がどこかほかの場所から出現することはないのである。とすれば、徹底的に無力な存在としての若者が、その無力さ、弱さを現に生きている場所以外に、自己を政治的存在として規定し直す場は存在しない。すなわち、その無力や弱さがどのような性格の現実としてどのように表出（社会化）されるかということこそが問題なのである。政治的身体を明るみに出す運動文化の介在は、おそらく、無力性や弱さの表出（社会化）が果たすこの転回（若者たちの無力を克服しえない社会の無力の焦点化）にかかわっている。

無力性や弱さの反転／政治的一体化は、しかし、無力な存在の空虚を解消するナショナルな一体性の組織すなわち国民動員の文脈で解釈されることが多く、政治的ポピュリズムの危険を拡大するものとみなされてきた。ワールドカップ・サッカーへの若者たちの熱狂は、ネイションへの現代的な寄りかかりであり、無力で分散的な過少消費者のまま（そしてそういう存在であるからこそ）政治的存在へと祭り上げられる、というわけである。「そのままその場で生きていてよい」という承認がポリティクスとして機能する。たとえばサッカーのサポーターをそうやってネイション・ステイトの「サポーター」へと変換させ一体化させることがこの承認の核心である。現代のポピュラー・ナショナリズムを特徴づけるこの動員様式についてここで詳論することはできないが[24]、無力性や弱さが、このように、ネイション・ステイトによる組織化を可能とする有力な資源であることは認めねばならない[25]。すでに述べたように、この危険が若年層の政治化における支配的傾向ではないにせよ、無力を無力のままに、弱さを弱さのままにとどめおきながらの「承認」[26]が、若者の政治的身体をナショナルな一体性という幻想的政治化へと導くものであることには留意しておきたい。

②無力者から無産者へ

無力や弱さの表出が政治的身体の自認と外化とにつながるような「介在」とは、ならば、どのようなものか。たとえば、「ウチラ、バカだから……」という無力性の常套表現には、通常、能力を持たない自分たちにとって、難しいこと（「高尚」なこと、政治的なこと、偉いさんのすること等々）などわからないという自認と「寛容」（リチャード・ホガートのいう「程度の低いお仲間意識」）の態度とがふくまれている。「能力」ある人間のように損をせずに立ち回ったり、トラブルを自分で処理したりはできない、だからその報いを受けたとしても「ウチラ、バカだからしょうがない」等々……無力のこうした自認は、個人化のポリティクスが支配する政治文化にあっては、自己責任イデオロギーをポピュラーな仕方で受容させる足がかりとしてはたらく。無力や弱さにひそんでいる政治的ポテンシャルはこの自認の下では決して発揮されぬようにみえる。もちろん、「ウチラ」という集団性の表出には、自分たちを無力な存在として一括りにする社会のまなざしを反転させ、個人化―自己責任化の径路を拒絶する「集団的無力」の押し出しがある。とはいえ、そこでの無力の自認は、「社会」が評価する力、能力等に対抗しえない自己の位置を確認させるものでしかない。「バカなウチラ」という自認が、「バカなウチラでもわかること、できること……なのに、どうしてそうじゃない人たち（この実質的意味は支配する側に位置する人々ということにほかならない）にはわからない、できない……のか」という転回を遂げるには、無力の自認のうちに溶かしこまれ、あれこれの無力の社会的位置にそくして溜められている外化―表出のポテンシャルがつきとめられ解放されねばならない。それがどのような運動文化の介在によって可能となるかは一般化できるものでないにせよ、政治的身体が現れる初発の場は、無力性や弱さが若者たちに刻印される現場以外にはないのである。

若者の無力／弱さの自認と表出とが、国民化をたどることなく民衆政治[27]の一翼をになう可能性は、それでは、どこにあるのか。どのような運動文化の介在（声を聴き取る）によって可能性が拓けるのか。

無力／弱さの表出は、「そうした存在であっても生きていられること」の確証と結びついており、この確証が承認にほかならない。国民化へと向かう承認もこの構造を持つが、「生きていられること」すなわち「生きられる場」の現実的確保を保障はしない。「生きられる場」を再分配すること、これによって無力／弱さを抱えた集団が、そうした困難を持つがゆえに、社会にこの困難を引き受けさせること、そして無力／弱さと社会とのこの新たな関係づけをつうじて社会の側を変容させること――この意味での再分配の政治ぬきに、「無力で弱くとも生きていられる」という承認を獲得することはできないのである。「生きられる場」の再分配は、したがって、初発にそこから若者たちの政治的身体が汲み取られる場であった無力／弱さを、社会の無力／弱さへと転回させる政治的梃子の役割を果たしている。これはネイションに寄りかからせる承認とはまったく異なる。（再分配の政治が中央―地方政府の政策介入と制度構築を不可欠の一部にふくむからといって、ナショナリズムを要求すると考えるのは短絡である。福祉国家における再分配の政治がネイション・ステイトのイデオロギー的制約を内破する展望を持ちうるかどうかは、たしかに、70年代における西欧福祉国家の思想的・政治的試金石となったが、だからといってナショナルな統合内に完結した体制として福祉国家を裁断する根拠はない。新自由主義グローバリゼーションにたいする国際的規制と結びつく国家介入、政策介入は、国民化に閉じられない承認の政治と両立可能である。）さらにまた、この意味での再分配の政治を追求せずに承認要求が満たされると考えることも政治的幻想だと言わねばならない。

以上のことがらを政治理念の次元で考えるならば、今日の無力性や弱さのありようにそくした生存権理念の深化という課題としてとらえることができよう。深化というのは、生存権の現認（無力や弱さの自認／表出を生存権の様態と位置との定位としてとらえること）が、たんに救済としての再分配ではなく、無力や弱さを自認／表出する若者たちの政治的身体を確認すること、かつ政治的身体をそれとして可視化する政治舞台の構築を社会に引き受けさせること、を意味するからである。

すでに紙数が尽きた。若者の政治的身体が表出される回路を、市民的主体の陶冶が暗に想定する中産階級モデルに拠らず構想するためには、これと異なる視点に立つ運動文化の検証が必要であるし、さらにまた、運動文化に接合する陶冶の社会・制度空間が追求されねばならない。いずれもここではもはや触れえないが、「若者の政治」に向かう想像力を広げるためには、無力者という規定を無産者という政治的存在へ転換させるこれらの課題が果たされねばならないであろう。

【注】

（１）二〇〇六年のこの運動を中心的になったのは大学生であり労働者層であるが、高校生の半数がフランス全土での街頭行動に参加する巨大な規模に膨れあがった。その克明な報告として、山本三春『フランスジュネスの反乱　主張し行動する若者たち』大月書店、２００８年参照。

（２）Andrea G. Arai. The “Wild Child”of 1990s Japan, T. Yoda & H. Harootunian (eds.), JAPAN AFTER JAFAN, Duke Unv. Press, 2006

（３）op.cit p.231

（４）保護、教育を中心的課題とする青少年観から能動性の尊重と促進をめざす青少年観への転換が二〇〇三年「青少年の育成に関する有識者懇談会報告」で明記され、この年の「青少年育成支援大綱」（青少年育成推進本部）でも謳われている（いずれも、内閣府政策統括官編『青少年の育成を考える』２００４年、ぎょうせい、所収）。青少年の能動性への着目がただちに厳罰主義スキームの導入を導く文言ではないが、こうした転換論のきっかけとなったのが長崎スーパー屋上からの中学生による幼児突き落とし事件であったことを想起されたい。能動的青少年という像への転換は、少年は法的責任をとらせることのできる存在だとする少年司法政策の動向に添うものであった。

（5）大学生向けに溢れる就職指南書のみならず、キャリア教育の大半が、客観的に眺めれば、異常なシューカツにたいする、カルト的と形容できるほど強力な適応を強いていることはあきらかだろう。間宮理沙『内定取消』（日経ＢＰ、２０１０年）、川村遼平「「新卒切り」～３ヶ月で辞めさせられる若者たち」（ＮＰＯ法人ＰＯＳＳＥ『ＰＯＳＳＥ』vol.7、２０１０年7月）に垣間見られる企業の不当労働行為とこれを野放図に許す採用環境への真っ当な批判的検討はほとんど存在しない。

（6）同様の対抗機能を帯びた運動として、大恐慌時におけるイギリス労働者の飢餓行進を挙げることができるかもしれない。社会的可視化をつうじての状況の転換には、今日ではメディアの介在が大きな役割を果たすようになっており、問題をみえるようにすることと隠蔽することの高度な対抗が出現しており、ソフィスティケイトされた隠蔽が可視化の威力を殺いでいる。とはいえ、たとえば、キャバクラ・ユニオン（フリーター労組専門分会）による新宿でのデモ（２０１０年3月26日）が経営者側の強硬姿勢を断念させた（村上力「キャバクラユニオン「夜の常識」へのたたかい」協同センター労働情報、『労働情報ＲＪ』７９２号）ように、可視化の回路構築が強い影響力をもつことに変わりはない。

（7）「実際に発している声」の持つこうした直接的威力は、「おい、そこのおまえだ」という呼びかけに応じる主体出現の構造（アルチュセール）を逆転させる対抗機能とみることも可能であろう。ただし、国家とそのイデオロギー装置だけが呼びかけの主体たりうるというアルチュセールの前提をおかなければ、ではあるが。

（8）後述する意味で「声を聴きとる」いとなみに着目するならば、これらの社会運動家、アクティヴィストを社会アーティストと名づけることもあながち唐突ではなかろう。ここでアートとは、聴きとりの技法としての側面を指すとともに、声を探知する社会的イマジネーションをも意味している。しばしば自らを「運動屋」などと称してきた組合オルグ活動家が蓄積してきた経験のなかにも、社会アーティストのこの技法とエートスとがふくまれているように思う。

（9）ガヤトリ・Ｃ・スピヴァク『サバルタンは語ることができるか』上村忠男訳、みすず書房、１９９８年。

（10）宮地尚子『環状島＝トラウマの地政学』みすず書房、２００７年、九頁以下。

（11）高校生、大学生のアルバイト現場が搾取の温床となっているにもかかわらず、政治的にはまったく無視されている。塾講師のバイトでは、通例、授業時間しか時給が「発生しない」こと、時給の発生を30分単位、15分単位などと恣意的に行い膨大な不払い賃金を発生させていること――これらはみな、労基法等の法規範を無視したビジネス・モデルが横行していることを示す。生活を支える「アルバイト」が増加している（その意味で、今日の学生のかなりの部分は、パートタイム・スチューデントと呼ぶのがふさわしい）にもかかわらず、小遣い稼ぎのバイトという通念をよいことにした搾取がまかり通っている。

(12) 大学生の生活費の逼迫は東京私大教連の年次調査（「私立大学新入生の家計負担調査」）にくわしい。たとえば、仕送り額から家賃を引いた生活費は、１９９６年の６８０００円から２００８年は３６０００円と、ほぼ半減している。構造改革時代をつうじてすすんだこの生活変動は、これにふさわしい政治的身体を育てずにはおかないはずである。

(13) 宮地は前掲書で、研究者の位置を、環状島（被害の発生現場）に上空から接近するタイプと、支援者と同様に環状島に上陸するタイプに分けている（１７１〜１８４頁）。筆者がここで挙げる運動／言説の言説内には研究・分析もふくんでいるが、声の構築にかかわるのは宮地の言う後者（上陸タイプ）の方である。支配的現実に関与する政策科学とは対極的な意味で、しかし「実際に発している声」に近づくという点では現実に関与する対抗理論というものの位置がある。

(14) ジョック・ヤング『後期近代の眩暈』木下ちがや他訳、青土社、２００８年、19頁。

(15) ノーマン・フェアクロウによれば、英労働党ブレア政権（ニュー・レイバー）の社会政策における中心的な政策言語となった社会的排除 social exclusion は、貧困概念の上位におかれ、ニュー・レイバー特有のレトリックによって物質的貧困と対照的に位置づけられた社会的排除への対処は、これまた、再分配（貧困の克服）とは異なる次元に位置づけられてしまうという。N0rman Fairclough, NEW LLABOUR, NEW LANGUAGE?, Routledge, 2000, p.52-53

(16) 自立支援型政策のこの問題点については、拙稿「自立支援〉とは何か――新自由主義社会政策と自立像・人間像」（共著『格差社会とたたかう』２００７年、青木書店）参照。

(17) さまざまな厄災が個人の「不運」として出現させる現代社会の特質（ウルリヒ・ベック）と、行為の個人的選択可能性の出現・拡大（アンソニー・ギデンズ）とを統治・統合メカニズムとしてとらえるのが筆者の立場であり、ギデンズの個人化論は再帰的個人の行為選択を近代の運命として絶対化し、もっぱら肯定的に扱っている点で同意できない。

(18) 生のミニマリズムについては、拙稿「〈薄い生〉の現在――大衆的生の変容と夢見る権利」（共編著『21世紀への透視図――今日的変容の根源から』青木書店、２００９年）参照。

(19) 若者の消費からの退却現象は各種のリサーチに示される（山岡拓『欲しがらない若者たち』日経プレミアシリーズ、２００９年など）ところであり、経済的危惧の対象になっている。消費しない若者たちの心性は、津村記久子など近年の若手小説家が活写しているように、消費ストライキと言ってもよい意志的な性格を帯びている。なお、「何もしないでいること」doing nothing

は社会に出ることのできないイギリス青少年の逸脱類型として記述されたことがらである。

(20) 何もできないという感覚の遍在・常在は、それでも可能な操作領域の絶対化と、そうした領域への生の焦点化とをうながす。近年の青少年文化における性のメタファー（俺様主義、ＳＭ感覚の日常化等々）には、無力であるがゆえの従属を支配の快楽に転態させる錯視／転倒関係（この関係が実現するのは実際には無力な存在の相互承認にほかならない）が看てとれる。性の言葉に翻訳された政治が語られる（かつてのヌーヴェル・バーグや日活ロマン・ポルノがそうみなされたように）のではない。自分が追求できる領域の観念的囲いこみとその領地内での全能感の獲得が、そのまま社会的現実（したがって政治的次元を不可欠にふくんだ現実）を超克する上位の（日常性をそなえた）現実のように読み直される。その意味での錯視であり転倒である。

(21) 社会的無力性に由来する現実支配の夢想（自分が認める世界以外を見ないでおくナルシスの夢）を「下層階級」の閉塞と直接に結びつけることはできない。若者の格差、貧困を取り上げた議論の一部には、ゲームなどのサブカルチャーやケータイ文化等を下層若者文化として扱う議論が頻出した（三浦展など）。しかし、現実世界の貧困がナルシス的夢想の培養器だとする主張はアンダークラス論の文化的焼き直しにすぎず、社会的無力性が青少年層全体を覆っている状況に正当な関心を払っていない。

(22) この青年の過重労働がどのようなものであったかは、東海林智『貧困の現場』毎日新聞社、２００８年、33～44頁、参照。

(23) 承認要求と再分配要求とを区分し、再分配要求を事実上下位に位置づける議論は、社会的排除・包摂論に顕著である。再分配要求と承認要求をめぐる問題状況の整理として、Nancy Fraser, Social Justice in the Age of Identity Politics: Redistribution, Recognition, and Participation, Nancy Fraser and Axel Honneth, REDISTRIBUTION OR RECOGNITION?, Verso, 2003、を参照。ただし、承認要求と再分配要求の両立を主張するフレイザーの議論については評価を留保しておく。

(24) 現代日本におけるポピュラー・ナショナリズムの性格については、とりあえず、拙稿「社会を剥奪された若者のバーチャル・ナショナリズム」（『唯物論研究年誌第８号　現在のナショナリズム』２００３年、青木書店）参照。

(25) とはいえ、社会的無力性や弱さが、現代日本の政治的文脈において、絶対平和主義のこれまた有力な資源であることにも注意しておこう。萌えキャラを配置した自衛隊表象といった戦争感覚とこうした平和主義感覚との幅広い文化対抗が出現している。

(26) 松岡正剛のフラジャイル論に縷々示されている「弱さを弱さとして愛でる」文化的飼い慣らしの系譜について検討する必要があろう。

(27) ここでいう民衆政治は、政治史上でのポピュラー・ポリティクスの意味とは異なり、本論中で述べた「普通の人」の平等主義に支えられた民主主義（デモクラティズム）という意味で用いている。このような表現を用いるのは、市民的主体を想定した民主主義（中産階級デモクラシー）と区別するためである。

終章　私にとっての戦後、そして若者たちへのメッセージ

(1) 想い描いた場所から遠く離れて

「戦後日本」がたどり着いた場所を思うとき、心に浮かぶのは、生活に行き詰まった兄妹が、明日の展望もなく函館山に昇る大晦日（佐藤泰志『海炭市叙景』）の情景。そして、「無差別に人を殺し歩いている通り魔も私なら、たまたま通りかかって殺される犠牲者も私に他ならぬ」と描かれる世界都市東京（奥泉光『東京自叙伝』）の末期である。

たどり着いたのは、かつて想い描いた場所ではなかった。そのことを嘆いて、「こんなはずじゃなかった」と言いたくはない。「戦後レジーム」の打破を叫ぶ右派言説のように、「戦後日本」がまちがっていたと非難するつもりもない。「戦後」をそのようにとらえ語ることは、阪神・淡路大震災とオウム真理教事件の年に生まれ、いま成人を迎える若者たちが生きる歴史的現実であり起点である「いま・この場所」を、できの悪い作品をあげつらうかのように私物化する行為に他ならない。あたかも団塊の世代が（戦後）社会を思うさまを動かせるかのように誤認し錯覚してきたのではないかと自問する。

もちろん、想い描いた場所にいないという事実——貧困と「無縁社会」化のありふれた事実に触れるだけでも、「戦後70年」のいまをまるごと成功とみなす素朴な思いこみは崩れ去るはずだ——に目をそむけてはならないと思う。「戦後」の歴史的堆積がどのような過程をたどり、どんなメカニズムの下で、望んでいたわけでない帰結へと導かれたのか。「戦後日本」のいわば思春期を生きた団塊の世代がその過程の何を見て何を見なかったのか、自己正当化を交えず自らに問い質すことは、「戦後70年」のこの場所から出立せざるをえない若い世代への責任であるだろう。

（2）無一物の輝き

「戦後」という言葉は、歴史上の定点、それも不動の定点を指す常套句で、「そこから経た年月を数える」心の習慣を私たちは深く身につけてきた。この定点はまた、社会総体を「戦前」から決定的に隔てる断点であったから、「戦後」とは、とりもなおさず、ゼロ地点を意味する。ゼロからの出発。生活実感としては誰もが貧しく、自分個人についても社会についても、先のすがたをまるで想像できない不定形の状況ではあれ、忌まわしい過去をきれいさっぱり脱ぎ捨て、「この先」に意識を向けて生きることができる――「戦後」という言葉には、そんな輝きのある未来を想像させる響きがあった。

50年代に子ども期を送った団塊の世代は戦争がもたらした廃墟を直接体験したとは言えないが、次に来る高度成長期との対比で、「戦後」が、何もなく何者でもない「ゼロ地点」だと感じとられたのはまちがいない。そうしてその感じ方の裡には、何者かになってゆけそうな期待が確実にひそんでおり、自分たちのおかれた貧窮の暗さを打ち消していた。「ゼロ地点」に立つことへの明るい期待には、何ほどか時代の真実が埋めこまれていたことを認めよう。高度成長期以後は死語になってゆく平和国家や平和経済といった、斬新に聞こえた観念は、たとえば、私たちがつくろうとする社会の、以前とは一変する何者かを形容していた。「戦後」と切り離しがたく結びついた、そうした平和・平和主義のエートスは、決して虚構ではなく、「日本人」の現実感覚の一部として、「戦後70年」のいまこの場所にまで届いている。

しかし同時に、「戦後」が素朴に「ゼロからの出発」ではなかったこともいまにして思い返す。無一物となったことにだけ気をとられた「戦後日本」は、自らが引き起こした植民地支配や侵略戦争の責任をも解除されたかのように錯覚していた。[1] 今日に至る朝鮮半島の不安定の始点が朝鮮戦争にあり、その朝鮮戦争をもっぱら成長経済のバネに利用した日本の「戦後」は、東アジア世界全体の１９４５年以後という視野からみれば、あきらかに偏頗なすがたをとっていた。「戦後っ子」と呼ばれた団塊世代の眼に映った無一物の輝きとしての「戦後」は無垢（イノセンス）ではなかった。「これから我々の望む社会が出現するだろう」という願望の無邪気さは、歴史の現実と乖離していたが、米国の世界戦略の傘下におかれ、窮迫を逃れるのに精一杯の意識は、その乖離に気づく由もなかった。

(3) 成長経済から取り残されて

人が生きることのうちには少なからかぬ幻想がふくまれるから、歴史的生の出立点である「戦後」に幻想が埋めこまれていたことを、神の視点に立って迷妄と非難はできない。幻想と現実との乖離が引き剥がされる機会があり場面がある。それらに気づかず通り過ぎるのか、立ち止まるのか——それは、「戦後」を生きた私たち一人ひとりに課せられた難しい試験問題だったと思う。

73年の頓挫にいたるまで、「戦後保守」の体制に支えられた成長経済のめざましさは、乖離の露出を押し流すかのように作用した。64年東京オリンピック、70年大阪万博等のナショナル・イベントに彩られた高度成長は、日々の生活実感をともなって「社会が変わってゆく」ことを普通の人々に納得させた。「安保軽武装」の条件下で成長を遂げる日本経済が、一昔前に唱えられた平和経済の実現であるかのように錯覚し、「安保軽武装」の意味——たとえば、沖縄の占領統治を容認し放置したのはそのひとつである——をつきつめる社会的動機は衰弱した。懸命に働き人並みの暮らしにたどり着こうとする勤勉と願望は、成長の夢に視界を制限されていた。

藤田省三が後に「安楽の全体主義」と形容する、豊かさへのこの囚われは、まぎれもなく生活のリアルだった貧困を土台としていたから、「目覚めよ」という啓蒙主義的批判によって克服することは難しい。難しいが、だからといって、成長経済を支えた精一杯の努力と善意とを、NHK番組「プロジェクトX」のように素朴に賞賛する気にはなれない。松下幸之助を神話的なヒーローに押し上げた高度成長期のサーガにはついてゆけず関心も持てない。

ついてゆけないのは、高度成長によって置き去りにされた現実の方が、私にははるかにリアルだったからである。安定した生活へと離陸する人々を、ついにそうできない場所から怨念とともに見つめる松本清張の作品群は、東京オリンピックの一切と無縁に過ごすため図書館にこもった高校生の私が、手ざわりのあるたしかな現実と感じる世界であった。激しい勢いで上昇を続ける経済社会のすがたは、貧困の上っ面に厚化粧を施すかのように私の眼に映った。

(4) 見過ごしていた置き去りの構造

60年代初め「現代っ子」と命名された団塊世代は成長経済の申し子であり、真に置き去りにされた存在を除けば、主観的意識はどうあれ、成長の果実を受けとってこの時代を生きた。図書館にこもったからといって、果実を受けとれる位置にいたことに変わりはない。欧米ヌーヴェルバーグ文化を「同時代人」として受容した私たちは、成長の果実を反逆の自由に投資することで、社会の欺瞞を告発し、成長経済が生み出す強大な秩序を否定できるように信じた。冷静に振り返ればそれは過信であったろうが、その過剰な信念のゆえに、高度成長が置き去りにし、あるいは開発の犠牲にした、多くの被害・困難に接する機会が生まれたことも事実である。60年代末のグローバルな反体制運動と70年前後の日本におけるそれが同時代と言えたかどうか、実は疑わしい。だが、そのとき大学闘争の渦中にあり、ベトナム反戦運動に加わった団塊の世代——大学内の集会に参加する、デモに加わるというレベルで、それは少数者ではなかった——は、世界史の激動に同伴する感覚を味わい生きていた。

70年代前半、超大国アメリカとの戦争に勝利したベトナム人民の側に立っていたという勝利感、成長経済のひずみが保守政治を各地で揺るがした政治的変化は、「戦後」という言葉に込められていた期待がかたちを取ろうとしていると感じさせた。「戦後日本」はようやく何者かになろうとしている。その社会創生をになう位置に自分たちはある――職業人への入り口にあった団塊人の自負は、旧来秩序に反逆する社会的・歴史的代表者に自己を同定させる。さらにそのことが、自分たちの反抗する青春期を、「戦後日本」変革のアクメ（絶頂期）に重ねさせる。後年の若者たちからひそかに軽蔑され尽くす、「あの時期は真剣だった、社会を変える情熱があった」という「団塊親父」の昔語りが生まれることになる。団塊世代の不幸は、そうした自己認知が社会的評価（ステレオタイプ）として通用してしまった点にある。

しかし、70年前後の社会・政治変動を社会変革の可能性に満ちた輝ける時代とみなすのは、控え目にみても歴史的誤認であった。「戦後日本」が積み重ねてきた置き去りの現実、被害を隠蔽しつつ受忍させる抑圧的な体制は覆されたわけではない。広島、長崎の被爆被害を放置・隠蔽したまま、この時期に次々と建設・稼働し始めた原発の危険を真につかんでいた者は少数だった。沖縄は沖縄のものであることに気づかぬまま、「沖縄を返せ」[7]とうかつに叫んでいたことの不明にも、置き去りの構造への無自覚が現れたと言わねばならない。

(5) 心ならずも金ぴか時代に生きる

政治的、社会的立場を問わず、「戦後日本」のある到達点（したがってまたある終焉）のようにみえたオイルショック後の日本社会は、団塊世代のラディカリズム心情（もちろんそれは団塊世代全体に共有されていたと言い難く、個々人にそくしても心情の地層の一部にすぎないけれども）が期待した方向へと向かわなかった。オイルショックを奇貨として、日本は「経済大国」の地位に納まる。海外からジャパンモデルと名づけられた日本企業の経営・労務管理方式は、「企業戦士」と呼ばれる長時間・高強度の働き方を労働者に強い、すでに弱体化しつつあった労働運動の抵抗をくじいてゆく。勤労者家庭は、この時期に標準化されたライフコースの実現とひき換えに、「企業戦士」の職業人生を支える「後方支援」の役割を負わされ、子どもたちは、企業の富と権力が支配するこの職業社会にスムーズに参入できるよう、定型の教育キャリアを積まなければならなかった。いわゆる企業社会の確立である。

団塊の世代は強い日本経済を支える働き盛りの労働力としてこの時代を生きたが、おそらくは自分たちが「企業戦士」だと自認も自覚もしていなかったろう。自嘲してそう述べたとしても、それは自律的な選択のゆえであり、社畜などと蔑まれる謂われはないと心中では感じていたのではないか。社会を変えたいと願うことと社会に地歩を占めることとの矛盾はなぜか回避された。伝統的社会生活にとらわれない新たなライフスタイルのにない手（ニューファミリー）としてもて囃されたことが、矛盾の露呈を防いだと言うこともできそうだ。「経済大国」の果実を受けとるが、それは伝統を打破する生き方に投資するためだ、というわけである。

ひとつの時代の転換を察知しその意味を告げる観察者、たとえば山崎正和が、「柔らかい自我」の出現を予測し（『柔らかい個人主義の誕生』１９８４年）、村上春樹が意図して時代に掉ささないシニカルでスタイリッシュな生を形象化する80年代には、豊かな生活のアイテムが溢れ、貧困の現実が社会の表面からまったく消え去ったことはもちろん、貧困という言葉も学問の世界からさえ放逐された。バブルに向かう社会でマル金、マルビという流行語で揶揄された「ビンボー」は、もちろん、企業社会の標準的生活とライフコースからこぼれ落ちる貧困の実態とは著しく乖離していた。

「戦後日本」がはじめて経験した、この束の間の「金ぴか時代」は、企業社会の富を原資に肥大化した消費社会の洗練をもたらし、消費社会を「ホーム」として使いこなせる新人類以降の世代の文化的優位をもたらす。社会文化の次元にかぎって言えば、団塊世代が体現していたとみなされ自認してもいた「戦後」の命脈はこの時期に尽きた。80年代を鹿児島で過ごした私の眼に映る怪物的な消費都市への東京の変貌は、そのことを強烈に実感させた。

(6) 異なる戦後の邂逅と交錯

バブル経済が崩壊し、もう一度、しかし今度は未来の輝きも消え去った貧困と格差の現実が到来したいま振り返ると、「経済大国」の豊かさは、実は、特殊な歴史的環境の下で実現したことがわかる。初芝電産社長にまで昇りつめる島耕作の奮闘史(弘兼憲史『課長島耕作』他)には決して描かれえない裏面史があった。アジア地域を中心とするグローバルな経済進出には、途上国との構造的不平等を利用し固定化する手法がビルトインされていたという事情がそれだ。平和経済という夢想の延長線上に描かれた、「良質なものづくり」にもとづく経済成長の物語は、カジノ資本主義の跋扈が世界規模でローカルな生活と労働を荒廃・疲弊させてゆく実態からかけ離れていた。

酷薄なグローバル経済への反発は、米欧日三極経済サミットの対極に、たとえば自由貿易協定(という名の巨大資本・多国籍企業による市場化と経済支配)に抗う農民運動のように、少しずつすがたを現し始めていたが、経済大国化を遂げた「戦後日本」は、これに目をそむけた。企業成長も経済成長も、「先進」資本主義のグローバル支配に支えられていたこと、日本経済のパフォーマンスもこの例外でないことに思いをいたすなら、「戦後」にたいするもう少しちがった像の発見が可能であったろう。しかし、バブルの心地よさに酔う社会は、歴史的現実との対面を、次に来る破局の時代へと引き延ばした。

「金ぴか時代」の裏面史には、より重大なもう一つの顔があった。それぞれに様相が異なるとはいえ、韓国、中国、台湾など東アジア諸国の経済成長と社会変動とは、自国国家と自国史への、民衆による自律的で自覚的な問い直しを不可避にした。そのことは、帝国主義国家日本が負う歴史的負債の追及にすぐさまつながり、引いては、この負債を受けとめ返済できなかった「戦後日本」にたいする責任追及をもたらす。

残念ながら、80年前後から顕わとなる東アジア同時代史のこの転回に、日本社会は、総じて無頓着だったと言わざるをえない。東アジア世界の戦後がはじめて公然と交錯し、それぞれの「戦後」がいわば生のすがたで邂逅し始めたにもかかわらず、「戦後日本」はこの現実とは無縁の、自閉的なすがたのまま年を重ねた。置き去りの構造にたいする注視と批判とが国際化してゆくにもかかわらず、靖国神社参拝にせよ、教科書問題にせよ、外圧としか受け取れない心性が滲み出してゆく。固くこびりついた自閉的な「戦後日本」像からわが身を引き離すことのできない難儀な症状に、私たちの社会は今もある。「外圧」をすっぱり断ち切り、「日本人」のいまと過去を素直に肯定したいと願う誘惑は、現在のヘイトスピーチにまでつながる右派言説、歴史修正主義言説の培養土として、この4半世紀の間に、無視できない規模で広がった。省察の余地ない常套句となった戦後をいったん括弧に入れぬかぎり、東アジア世界の交錯する戦後のなかに「戦後日本」を置き直すこと、「戦後日本」が置き去りにした現実を取り返すことはできない。

この作業は、「戦後」と重ね合わされてきた私たち団塊世代の生を、いまこの場所から総括し直す努力をふくむだろう。それなりに安定した生活にたどり着いたことを安易に肯定する（と映る）団塊世代の言動は、「戦後日本」に安住する「勝ち逃げ」としかみられない。そうみえるだけでなく、実際に「勝ち逃げ」だろう[3]。団塊の世代に問われているのは、いまこの場所に立って、「もう1つの戦後」を問えるかどうかではないか。

(7) もうひとつの民主主義へ

団塊世代の「昔語り」としてつたえられる「戦後」は、有り体に言えば、若い世代にとって実感が持てぬだけでなく、拝聴する意義も見いだせないだろう。戦争待望論だとして衝撃を与えた評論「丸山真男を引っぱたきたい」(赤木智弘2007年)に窺われるのは、「戦後」の資産などゼロだと感じるロスト・ジェネレーションの怒りで、その怒りは企業社会体制の受益者(=「戦後日本」の富の受益者)と目される団塊世代にストレートにぶつけられた。日本人はことごとく「努力教信者」になったと言い、そこから排除された自己を「生ける屍」と述べる「黒子のバスケ」脅迫事件被告の陳述(渡邊博史『生ける屍の結末』)にも、ゼロあるいはマイナスからの出発を強いる社会、時代への呪詛が鮮やかに表明されている。置き去りにされた側から眺める「戦後」は、自分たちをゼロ地点にとどめおく部厚い秩序に映って無理ないのである。

「戦後」70年を経たいまが、再びそこから始まる「ゼロ地点」に感じられるにせよ、私たちの生の歴史的現実とまったく無縁に成り立たせることはできない。ノストラダムスの予言が実現するとされた1999年をゼロ地点として期待を寄せた者もいたが、もちろんそれは幻想に過ぎなかった。まるごと「戦後」を引き継げと求めることの誤りと同様に、「戦後」は何者でもなかったと断定することも錯誤である。主観的にどれだけ切実にそう思うとしても、歴史的にしかありえない生のリアルを拒絶することの代償は重い。

「戦後日本」が、いまこの社会から出発する若い世代に歴史的債務を負わせていることは否定できない。「戦後」が積み重ねてきた不良資産の相続を放棄したい願望はよく理解できる。だが、「コスモポリタン」として自由に生きられるだけの莫大な富を持たない「普通人」は、「債務」をもふくめた歴史的現実の上に立つ以外に、いまここにある困難を突破することなどできない。「戦後日本」をどのように選り分け、自らの未来に資する社会的富の創出に結びつけることができるか——眼前におかれたのはそうした歴史的課題なのだと思う。

この夏、全国に広がった「民主主義ってなんだ」という若者たちのコールに接し、歴史的生を引き受けて動く探求が始まったと痛感している。民主主義を矮小化し、権力者の専制的統治手段に変質させてきた政治秩序への異議申し立ては、「戦後」を選り直すのだという若者たちの宣言のように、私の耳に響く。成長経済の見果てぬ夢に駆り立てる政治に同調せず、社会の豊かさを別様に構想する若い運動家たちも次々に登場している。「戦後」のそれとは異なるスタイルと話法で広がるそうした社会—運動は、自分たちの拠って立つ歴史を見出し、自前の社会構想を育てようとする思想運動でもある。彼ら彼女らの探求もまた、ゼロからの出発でありえない以上、それは幻想をふくむかもしれない。東アジア世界の戦後へと「戦後日本」を合流させる道程には、まだ幾多の困難があることだろう。だが、この道をすすむことでしか、「戦後日本」にこびりついた迷妄と幻想を脱することはできないと思うし、いま始まった若者たちの探求には、『自らの思う道を進め、人々（大人たち）の言うに任せよ』と声をかけたい。

【注】

（1）第1次世界大戦後に生まれた戦後ｐｏｓｔ　ｗａｒという観念は、そもそも、ネイション・ステイトの再建という枠組みを暗黙のうちにひそめており、世界を同時代史的につかむ視点が欠けていた。日本に限らず、帝国主義の清算・克服としての戦後が主題化されないのである。戦後にカギ括弧をつけているのは、こうした欠如を考慮してのことだ。

（2）沖縄の唄者大工哲弘がこの曲を「沖縄へ返せ」と言い換えたのは、この認知構図にたいする痛烈な異議申し立てであった。

（3）もちろん、リタイアした団塊世代が優雅な年金者生活を送っているという非難は事実に反する。置き去りの構造は団塊世代内につらぬかれている。「経済大国」時代の取り分を持ち逃げし、人生の優雅なアフターファイブを謳歌する「戦犯」として団塊の世代は断罪されている。それは必ずしもまちがっていないと思うが、リタイア世代の多くは、最低生活と言ってよい状態におかれている。

若者の「これから」をどうみるか――終わりに代えて

〈若者問題とは〉

「若者問題」とは、若者を社会がどのように考えどう扱っているかという問題である。将来の社会の中核をになう若者たちに「こうあって欲しい」という注文が集まることも、期待に応えようとしない（と感じられる）若者の振る舞いに非難が向けられるのも、理解できないわけではない。しかし、これまで見てきたように、そうした注文も期待も、日本社会のこれまでのあり方を暗黙の前提にしているかぎり、若者たちが生きる現実の重い困難を見過ごしてしまう。「これからの社会をになう」と言葉で持ち上げられても、現実を直視すれば、若年層の労働環境も処遇も低下し続け、職業生活とリタイア後の展望も見通せない。それでもやってゆける方策を探すのが精一杯なのである。

残念ながら、「若者問題」が大きく注目されるのは、多くは、「特異」で衝撃的な事件が起きる場合であり、しかも、その背景、社会文化的な基盤が掘り下げて検討されて来なかったことは、繰り返し触れた通りである。そしてそこから引き出される結論も、社会の期待に十分に応えられない若者のすがたのあれこれになってゆく。

「若者問題」をとらえるこうした磁場とベクトルを転換させたいというのが筆者の考え続けたことで、本書もその意図に立っている。けれども、近年では、若者の言動を社会問題の次元で考えようとする関心自体が弱まっているように感じる。「将来の社会の中核をになう」といった位置づけがタテマエからも消えつつあるのではないか。住居を持てず結婚できず子育てもままならない、使い捨ての労働力として扱われる若年女性、若年男性が急増し、無視できない規模に達していることを思えば(注)、若者が直面している困難が真剣に対処すべき切実な「問題」と受けとめられているかどうか疑わしい。

(注) 政府統計を用い、「普通がいい」と願う労働者の「普通」の暮らしが困難なワーキングプア人口率を2007年で40%と推計し、「いまや、結婚／子育ては「中間階層化」した」と述べる、後藤道夫「ワーキングプア再論」(唯物論研究協会編『貧困の〈隠され方〉』大月書店2019年所収)参照。

〈人手不足は若者の窮状を救わない〉

急激な人口減少が予測され、人手不足の影響が実際に感じられるまでになった日本社会で、「若者問題」が重みを増すのではなく、風俗現象としての扱いに逆戻りしているのはなぜか。

若者を全体として「将来社会の中核」とみなす位置づけが制度上、政策上で放棄されつつあるからではないだろうか。大学入試での英語試験の民営化をめぐる一連の経過は、そのことをはっきりと知らせた。機会の均等や平等の保障といった考え方(理念)にもとづいて若年層が社会に出てゆくみちすじを組み立てるつもりはないという為政者の意図が、萩生田文科相の「不用意な」発言によって一挙に露呈したのである。若者はもはや「金の卵」ではない。経済力や国力の維持に貢献できるだけの「能力と甲斐性」を持つ若者だけが重要だから、そうした人材を育てるために資源を集中しよう、その妨げになる若者の言動は容赦なく排除してかまわない——これが、「若者は将来社会の中核」というタテマエを取っ払った青少年政策の本音なのである。

人手不足が深刻だから若者を手厚く処遇しようという動向が強まるかと言えば、そんなことはないだろう。最低限度の生活を維持するのに必要な最低賃金、時給1500円にはるかに届かない賃金で多くの若者が、アルバイトなどの非正規労働者も含め職場の戦力として働いている。この低処遇を変えなければ「普通」には届かないが、そうするためには、現在のしくみを抜本的に変える労働政策、社会政策、福祉政策が不可欠だ。為政者にその気がないことは、「働き方改革」が、むしろ、現状を追認するだけでなく、さらに不安定な雇用環境を実現しようと試みたことからわかる。

「普通」を実現するために必要なぎりぎりの努力を強いながら、人手不足には外国人労働者の動員で対応する方針が打ち出された。外国人労働者の処遇もまた、「ぎりぎりの普通」を超えるような水準ではありえないから、全体としては、低処遇で不安定な雇用の巨大なプールがつくられることになるだろう。すでに、コンビニや居酒屋など、販売・サービス業種で、アルバイト学生、パート労働者、外国人アルバイト生が一緒に働く状況がすすんでいるが、正規職種とイメージされてきた職種にそれが広がってゆくということである。どんな背景があれ、不安定な働き方の点で同じ境遇におかれるということだ。

〈若者の社会的地位がさらに低下する?〉

若年層がそんな状態に止めおかれるのは、彼らが、外国人労働者とは規模こそちがえ、社会の周辺部に位置づけられる存在だからである。

出生数という人口統計上では、若者は日本社会の少数派であり、社会がこのままであれば、今後ますますそうなってゆくにちがいない。国際比較でみても、たとえば、ベトナムの毎年の出生者数は日本を大きく上回っているから、「日本の若者」について検討され語られる度合いも今よりずっと減少するかもしれない。若者向けマーケットが縮小してゆけば、若年層に向けられる関心も投資も低下してゆく――それが資本主義経済につらぬかれる論理である。

「経済大国日本」が生み出した魅力的な（奇妙な）若者文化が海外でよく知られるといった状況だって変わって不思議ではない。商売になりそうだから（あるいはソフトパワーとして使えるから）不純な動機で若者文化を輸出商品にしようとするクールジャパン政策の未来もおぼつかない。東アジアの小さな国で生きる若者がどんな像にまとめられ、つたわるのかわからないが、今と同じではないだろうということは確実に言えそうだ。

こうした未来予測を聞かされても、当事者の若者にはあまり興味はないだろう。若者というだけで特別視されることを望んだわけではなかったし、海外で受けようと思って自分たちに好みの文化をせっせと創ってきたのでもないのだろうから。

ただ、社会の中での若年層のポジションが変わってゆくのならば、その変化が、自分たちの仕事や生活にプラスになるものであって欲しいと願うのは当然だと思う。あるいは、社会的位置と位置づけの変化を、若者が自分たちの生きやすい環境をつくるための機会に利用するのは当然だと思う。序章で述べた現状維持のラディカルな願いを具体化するためには、社会の現状をどこでどのように変化させるかという視点、発想が求められている。

〈将来の社会で落ちこぼれぬよう準備すればいい？〉

若者たちがいまおかれている状態・現実を固定的にとらえた上で、将来のためにああしろ、こうしろと注文をつける大人たちの主張は、よく考えると、根拠が薄弱だ。たとえば、ＡＩがこのまま発達してゆけばこれから社会に出る者の職が奪われるのは確実、だから、新しい社会でも通用するだけの能力を身につけなければダメだという主張について、本当にそうなのか考えてみて欲しい。

いかにもありそうな予測で、実際、そんな予測は、いま次々に提出されている。「30代、40代で失業したらたしかに大変だ、だからＡＩに負けない努力を今からしておかなくては」と、つい焦るのは仕方ないとは思う。しかし、「ＡＩが人間に代わってできる仕事が増えれば、人間はそれだけ楽になるし、人間が新しくできる仕事を考える余裕だって生まれるはず」という学生のコメントは、職を奪われたら大変という焦りとはちょっとちがう視点でＡＩの普及をみている。これは現実をみていない素朴な楽観論なのか？

そうではないだろう。そもそもＡＩとはどんな「知能」で何ができるのかを知っておく必要はもちろんあるが、その上で、ＡＩという「知能」を活かす社会とはどういうしくみの社会なのかを問題にすべきではないか。２０１９年8月にリクルートナビが企業の閲覧履歴、閲覧時間等のデータから大学生の内定辞退率を予測・評価して、その情報（スコア）を37社に販売していたことがわかり、たちまち事業の中止に追いこまれた。閲覧履歴等の収集データにもとづく予測はＡＩによる自動処理であり、このように、ビッグデータをＡＩが処理して、そこから誰か（データを収集された者であれば誰でも）をプロファイリングすること、つまり、この学生は内定を辞退しそうだ、結婚したら退職する可能性が高い…などとランクづけすることは、いま、ＡＩの利用法として企業が注目し乗り出している事業である。

ＡＩをそのように利用していいかどうかは、ＡＩをどのように活かすのか、どのように活かす社会なのかという問題だ。内定辞退率を内定判断に使われてはたまらないと学生が思うのは当然だし、家族の病歴などのデータから将来の健康がランクづけされ就職に利用されるようなことになれば、それは明白な優生思想にもとづく差別である。そういう差別にＡＩを利用する社会（戦争にＡＩを利用する等々、そんな暗い未来像は他にもいろいろ描けるだろう）とそうでない社会では、ＡＩという「知能」の果たす役割がちがうのは当たり前だろう。

ＡＩが人間の仕事を奪う社会という未来イメージについても同じように考えられるはず。まずいのは、ＡＩに人間の仕事を奪わせるような社会、システムのあり方である。そうじゃない社会のすがたを構想してよいし、いまこの社会の現実から、構想に役立ちそうなアイディアや制度、政策、人間の働き方を探してみることもできる。たとえば、「失業したら大変」と日本の労働者は誰だって恐れるけれど、失業を貧困に結びつけないしくみや実践が世界各国で試みられてきたことも事実である。「失業しても大丈夫」という社会がグローバルな規模で十分に実現したわけではないが、そういう社会をめざす構想の下でＡＩと人間のかかわり合いを考えるなら、ＡＩのコストが下がれば人間はすぐに不要になる社会こそおかしいとわかるはずだ。要するに、社会のつくり方、どんな社会を構想するかで社会の将来像は大きくちがってゆく。「知識基盤社会」がやってくるのだから、そこで生き抜けるだけの能力を磨けという文科省などの人材開発政策はこの点をまったく無視している。

〈ちがう社会を望んでいい〉

社会に役立つ人材になれと追い立てる圧力がいまほど強い時はない。それに乗る必要はないし、取り残されると焦る必要もまったくない。焦っているのは、「このままでは日本社会が持たない＝自分たちが享受してきた権益が失われてしまう」と恐れる支配層なのだから。外国人労働者の流入も、ＡＩの発達も、それらの新たな事態を受けとめ、「では、社会をどのように変えてゆけばよいのか」考え実行してゆく機会にほかならない。

資本主義という経済システムを原動力にした社会のかたちはこのままでよいのかという疑問が、いま、地球全体で広がっている。人類史というとても大きな視野に立って自分たちの生活と社会のあり方を考え直す試みが始まっている。その中核に多くの若者たちがいる。今後ますますそうなってゆくだろう。普通に働き暮らしたいと願っている人々の人生を壊してまで「緊縮財政」を強要し、「経済破綻」を防ぐという政治と政策に対する不信と反対は、いまでは、政治指導者が無視できない規模のうねりになっている。そういう政治と政策の犠牲になり深刻な打撃を真っ先に被るのは、社会的、経済的弱者なのだ。「経済破綻」を防ぐために人間の生活をたたき壊してかまわない社会とはどんな社会なのか？　多くの人々がそう問いかけ始めている。

いまこの日本社会で、さまざまな生きづらさを感じ、普通の人生を夢見ながら苦闘している若者たちもまた、変化しつつあるこの世界に生きる若者たちと同時代にいる。「定年退職までに２０００万円貯めておかないと老後は保障できないよ」（若年層は２０００万円ではとうてい足りない）と宣告する政府は、先行きの人生破綻を他人事のように扱っている。若者には遠い先と思えるかもしれないが、「金がなければ先行きの見通しはないぞ」という脅し文句として効果的だ。「財政破綻」を防ぐためには人間の生活が壊れるのも仕方ないという、世界の経済・政治指導層と共通する主張である。本当にそうか？　「弱い」者ほど生活を壊され置き去りにされてゆく社会を私たちは守りたいのか。そうでない社会を望んではいけないのか。この問いにとりくむ仕事が私たちの前におかれている。

社会をどのように変えるか、変えられるか、その「解」はもちろん示されていない。仕事や生活の場で、「これは変だ」「こんなことはおかしい」と感じる、その感じ方を羅針盤に、自分たちの生きやすい社会を考え求め、その「共同の場」をつくる――そんな試みを通じて「解」はすがたを現すだろう。

本書は、さまざまな媒体で書き連ねたゼロ年代の若者に関する論考を収録している。執筆時点での状況とそれについての認識を示すために、最小限の補遺を加えたものを除き、現時点での補筆を行っていない。日本社会は若者をどうみなしどう扱ってきたか、その「現代史」を提供したいという意図もある。

「若者論」というジャンルに属する検討を筆者が行ってきたのは、振り返って思うに、ものが言えない状態へと若年層を押しこめている秩序や政治、社会文化構造への怒りであったように思う。そういう社会に面と向かって「刃向かう」のはエネルギーがいる。その手段も権力も持たない者にはなおさらで、「若者はなぜものを言わないのか」といった「嘆き」を聞く度に、「そうではないんだけれど」と、内心やるせない思いがする。彼ら彼女らが、社会人として思うさま振る舞える、その機会や条件をどれだけ整えているか自問し続けている。

本書を編むに当たっては、若者と名指される当事者である大澤茉実さんに編集の労を執っていただいた。最初に企画内容を相談してから、原稿の取捨選択、構成から進行具合の点検まで、大澤さんの努力がなければ、本書の刊行時期ははるかに遅れていただろう。遅れがちな執筆にめげず並走していただいたことに深く感謝したい。

初出一覧

序章　社会の壊れ方・人間の壊され方（書き下ろし）

第1章　いまを生きる若者たち――右肩下がりの社会の中で

1　いつでも幸福でいられる不幸

「いつでも幸福でいられる不幸」『教育』(801)：49-58, 2012

2　希望を語らない若者たち――夢見る権利の転態

「希望を語らない若者たち――夢見る権利の転態」『神奈川大学評論』(61)：35-42, 2008

3　生きづらさの時代の若者たち

「生きづらさの時代の若者たち」『民医連医療』(458)：22-27, 2010

4　若者たちのいま――構造改革時代の恋愛文化に焦点を当てて

「若者たちのいま――構造改革時代の恋愛文化に焦点を当てて」『Sexuality』(49)：32-41, 2011

補遺　恋愛離れ・結婚願望の行方（書き下ろし）

5　パラダイス・ロストからパラダイム・チェンジへ

「パラダイス・ロストからパラダイム・チェンジへ」『myb』(40)：16-19, 2012

第2章　社会の変容と若者たち

1　戦後70年――社会の変容、子ども・若者の意識の変容

「戦後70年　社会の変容、子ども・若者の意識の変容」『子ども白書２０１５』：29-33, 2015

2　ライトノベルは格差社会をいかに描くか

「ライトノベルは格差社会をいかに描くか」『日本児童文学』（586）：34-39, 2010

3　団塊世代と団塊ジュニア――家族の新しいカタチを探して

「団塊世代と団塊ジュニア――家族の新しいカタチを探して」『myb』（3）：126-142, 2017

4　息子を見て〝ふがいない〟と思う、バブル期ママたちへ

「息子を見て〝ふがいない〟と思う、バブル期ママたちへ」『女性のひろば』（437）：116-119, 2017

5　若者が築く平成後の社会

「若者が築く平成後の社会――生活世界はどう変化してゆくか」『myb』（5）：30-42, 2018

第3章　日本的青年期の崩壊――状況は根本的に変化した

1　時代閉塞の中で生きる若者たち

「時代閉塞のなかで生き、考える若者たち」『社会評論』（181）：132-153, 2015

2　縁辺化する若者たちの現代史（書き下ろし）

3　格差社会の認識は何をとらえ何を見失ったか

「格差社会の認識は何をとらえ何を見失ったか」『歴史評論』（796）：76-84, 2016

4　貧困と孤立のスパイラル

「貧困と孤立のスパイラルを断ち切る」『現代思想』43（8）: 75–87, 2015

5　ノンエリートの若者たち

「ノンエリートとして生きるモデルを——文化と「社会空間」の可能性」『Posse』（9）: 100–107, 2010

第4章　若者たちは右傾化したか——若者と政治

1　状況をどうとらえるか

「日本社会を変える——現況のとらえ方・歴史的文脈・社会運動の基盤と視点（パネリスト報告1）」、NPOかながわ総研「研究と資料」（203）: 5–14, 2017

2　若者と政治——ナショナリズムを支えるもの

「若者と政治——ナショナリズムを支えるもの」『神奈川大学評論』（78）: 55–63, 2014

3　ネット社会と若者

「民主主義を構想する——ネット社会と現実政治の悪しきスパイラルを超えて」『人権と部落問題』67（1）: 22–29, 2015

4　民主主義なんかいらない？

片岡洋子、久冨善之、教育科学研究会編『教育をつくる——民主主義の可能性』「民主主義なんかいらない？」旬報社、2015

5　現代を生きる若者の社会と運動

「現代を生きる若者の社会　運動」『住民と自治』（609）: 8–13, 2014

6　アンダークラスでもなく国民でもなく——若者の政治的身体

「アンダークラスでもなく国民でもなく　若者の政治的身体」小谷　敏他編『「若者の現在」政治』日本図書センター、2011

終章　私にとっての戦後、そして若者たちへのメッセージ
「私にとっての戦後、そして若者へのメッセージ」『myb』: 42-55, 2015

若者の「これから」をどうみるか――終わりに代えて（書き下ろし）

中西新太郎（なかにし・しんたろう）
1948年生まれ。鹿児島大学教育学部勤務を経て、1990年～2014年、横浜市立大学勤務。現在、関東学院大学教授、横浜市立大学名誉教授。現代日本社会論・文化社会学専攻。主な編著書に、『若者は社会を変えられるか？』（かもがわ出版 2019）、『人が人の中で生きてゆくこと』（はるか書房 2015）、『「問題」としての青少年』（大月書店 2012）、『シャカイ系の想像力』（岩波書店 2011）、『ノンエリート青年の社会空間』（編著・大月書店 2009）など。

若者保守化のリアル――「普通がいい」というラディカルな夢

2019年12月10日　初版第1刷発行

著者――――中西新太郎
発行者―――平田　勝
発行――――花伝社
発売――――共栄書房
〒101-0065　東京都千代田区西神田2-5-11 出版輸送ビル2F
電話　03-3263-3813
FAX　03-3239-8272
E-mail　info@kadensha.net
URL　http://www.kadensha.net
振替　00140-6-59661
装幀――――水橋真奈美（ヒロ工房）
印刷・製本――中央精版印刷株式会社

ISBN978-4-7634-0908-9 C0036

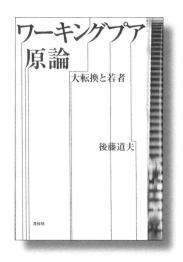